U0137616

福建叶子，奉香世界。

创意出品

TEA
IN
FUJIAN

TEA
FOR
WORLD

茶坐标

标杆千年福建茶

金 穑/著

海峡出版发行集团

海峡书局

·福州·

二〇二〇年度福建省社会科学规划项目［「一带一路」背景下福建茶文化传播特征及路径研究］（课题编号：FJ2020B068）◆

一

"中国茶业看福建。"

看什么？怎么看？

福建有许多中国茶业之最，如茶业全产业链产值、茶叶总产量、良种普及率。福建是乌龙茶、红茶、白茶、花茶以及斗茶、功夫茶艺的发源地，茶叶制作技术、品牌营销能力、茶企竞争力等领先全国。

福建茶业是妥妥的中国茶业的标杆，你大可尽情对标。但领悟福建茶业的核心价值、福建茶业的精髓，仅仅"看"是不够的，还须"读"。《茶坐标——标杆千年福建茶》正是品读福建茶的切入性读物。

《茶坐标——标杆千年福建茶》以福建茶史演变为经线，以每个发展阶段最富创造性的成果为纬线，清晰地连缀起了福建茶政、种植、制作、运输、销售、文化等领域的创新创造成果，勾勒出一个福建茶业在中国茶史上的价值坐标。

这种叙事方式，不蹈袭常规，可能会让你觉得别开风貌。茶类图书林林而群，虽然能够帮助读者掌握基础的茶知识固然重要，但本书不以传播茶知识为主要定位，也不是宣传物，更拒斥教化；本书有学术价值，却不一味追求学术创见，而是落脚于"服务"，为政府、茶企、茶叶爱

▲ 传统制茶工艺日光萎凋，让茶充盈着"阳光的味道"（视觉中国 供图）

好者服务。总之，本书的立意是秉持开放性思维，抛出问题——读者的问题以及我的问题，疑义相析，一起探讨。

阅读一本书不在于发现新的风景，而在于寻找新的视野。你不必太在意书中提到的福建茶业千年的过往与辉煌，却应该从中悟出点什么，进而迸发出创造力，以培养应对茶业的未来的能力。这样，于茶于书于人，价值才可能最大化。

福建是茶业的博览苑。每一座城市，大自然几乎都给予了一款值得骄傲的名茶。而每一款名茶，或记录一段山河变迁，或凝结一段神话传说，或承载一种美好希冀。来福建读茶，就像参观一个个博物馆，而《茶坐标——标杆千年福建茶》无疑是最好的导览，就像旅游之前要做攻略。不论你以什么心态而来，在福建怎样与茶相遇，在一杯茶面前，你肯定有所触动，所以你尽可以放下灵魂的矜持，缘茶而去，浮想联翩。福建茶人的智慧确实值得花点时间来品读，如果能就着福建茶的色香味，也许是阅读福建茶最优雅的方式了。如果你周边有福建茶人，尽可以请教，他们每个人皆是福建茶真正的灵魂。

二

其实，《茶坐标——标杆千年福建茶》也纯粹是我的一个读茶心得。职业使然，我起初不过是为了纠正书稿的瑕疵而对茶文化多关注了几眼，不承想误入了茶的世界，研修茶业竟成为一种成瘾性的存在。令我自己也难以置信的是，十几年来，我竟啃完了《中国茶文献集成》这样大型的资料性丛书（共50卷），其摆起来比姚明还高一大截。这期间，我不仅遍览了茶业科技与经济的经典性著述，也细加耙梳了域外的威廉·乌克斯、马士等人的茶业研究成果，而布罗代尔、斯塔夫里阿诺斯、汤因比、费正清等人的茶业观点散落在大部头著述中，撷拾起来耗时费力，不过又不可或缺，否则看不到域外人士眼中的中国茶究竟是什么样的。全国各地的地方史志中有大量茶的信息，兄弟省市的文献记载则如一面镜子，清晰地映照出福建茶的历史地位。走访茶企，聆听老字号的故事，稽索钩沉海内外茶邮票、茶画中有关茶的片言只语，不时有豁然开朗之感。散布在刊物中的大量茶论实时展现着最新的研究动态，往往能给予我启发而令我萌发新的思考。千年茶业史上的创新创造不是孤立的，而是与政策、制度、科技、赋税、运输、移民等有密切的联系。作为研究者，我必须琢磨其间的微妙所在。先贤馈赠的茶业遗产，时不时敲击心扉，终于演变成了这本《茶坐标——标杆千年福建茶》。

《茶坐标——标杆千年福建茶》以"于史有据、于今有益"之原则，再现千年来福建引领中国茶业走向的丰富图景，自问有良知、有厚度、有亮色。最直观而浅显的体现就是纠正了一些差误，而这些舛讹一直贻误着后人，乃至于他们都有些麻木。比如，诸多茶书开篇即言"神农尝百草，日遇七十二毒，得茶而解之"，甚至这句话在一些庄重的场合也频频闪现。可惜，这纯属臆造。再如，谈到茶叶在英国的普及，动辄就是葡萄牙皇后凯瑟琳的故事，可大量茶叶贸易数据证实，这纯粹是一个美丽的营销故事。当然，本书最重要的价值在于尽量用融通中外的视野与话语，以事说茶，以史彰茶，得出一些结论，提出一些质疑，以提高读者对茶的认知能力。比如：

福建茶业是中国茶业的标杆，依据充足吗？

陆羽《茶经》可否定位为中国的"茶道"？

宋徽宗《大观茶论》在茶史上的地位是否被抬得太高了？

元代是中国茶文化的断层，还是茶文化的分水岭？

郑和的船队中真飘散着茶香吗？

乌龙茶、红茶、白茶、茉莉花茶等每种茶的问世，不断书写出巅峰性的篇章，是不是无形中改变了世界？

不少茶人动辄爱说，是茶引发鸦片战争与美国独立战争，附和者亦言之凿凿。对此，域外学者、政界人士为什么不这么看？

独领风骚数百年的武夷山是否能称得上"茶业圣地"？

福州开埠以来，茶港兴盛，茶市红火，创制了独一无二的花茶窨制技艺，乃至于"福州茉莉花与茶文化系统""福州茉莉花茶窨制工艺"先后列入全球重要农业文化遗产名录、联合国教科文组织人类非物质文化遗产代表作名录。但迄今仅仅将福州定位为"茶港"，这合适吗？

山西不产茶，晋商为什么能踏出了一条万里茶道？

不产茶的英国为什么却宣称"英国茶走向了世界"？

千百年来，日本不间断地模仿中国茶业，他们究竟学到了什么；他们是如何将模仿化为己有，并弯道超车？

▲ 明万历四十三年（1615）镌于武夷山的茶事题刻《两院司道批允免茶租告示》（邱汝泉 摄）

认知的拘囿，势必影响未来茶产业的定位、发展思路，乃至于最终达到的高度。这是千年茶史告诉我们的真理。

三 🍃

历史上，福建开始植茶的时间在四大茶区中稍迟。尽管当汉代四川的集市上传来茶叶的叫卖声时，还难觅福建茶叶的点滴信息，但福建卧海负山、气候温和、雨量充沛、土壤富含有机质、森林覆盖率高，非常适宜植茶。

"水门向晚茶商闹，桥市通宵酒客行。"当大唐夜市的喧哗声中飘来阵阵茶香时，福建正蓄积力量，跃跃欲试，初制研膏，继造蜡面，尽管比起当时最受宠的蒙山茶与顾渚紫笋还寒碜一些。不过，这段时间并不长，尔后一个喷薄而出、光芒四射的福建茶时代就降临了。

气候的变化，改变了茶业格局。朝廷于新的规划中将御茶园放在了福建的建州。建州更没有辜负这个天赐良机。宋初，知建州的周绛高歌"天下之茶建为最"后，闽茶就响彻千年。在帝王意志与审美情趣主导下，贡茶制作技艺与传统的祥瑞文化完美融合，创造了贡茶史上空前的奇迹。北苑贡茶不厌其精，不厌其工，不厌其妙，莫不登峰造极。在那个为茶而倾倒的年代，宋代最具表现力的文人雅士从中捕捉到了无穷无尽的灵感，乃至于中国文化在此久久驻留。茶与文化充分渗透交融，创造出北苑茶的诗文与思想胜景。茶业学术也出奇活跃，极深研几，不仅远超前代，甚至于令后世数百年都汗颜。

唐行榷茶，史无前例，只好摸着石头过河；宋廷继之，打着趔趄呛着水，狼狈不堪往前走，几乎到了北宋的尽头，蔡京当政时终于搭建起了一个相对稳定的框架。

宋人崇尚雅致，将茶的实用功能推向审美境地。点茶法将皇家贵胄、达官显宦、文人骚客、贩夫走卒统统卷了进来，茶人的创造力得到空前迸发。"点茶"之外，还有文雅的"分茶"、刺激的"斗茶"。为了满足茶文化迅疾扩张的需求，在北方流行白釉瓷、南方崇尚青釉瓷的"北白南青"的平衡格局之间硬生生杀出一匹黑马——建盏。

实际上，福建自宋代登上茶叶舞台的中央，千年来就没有退场过。

北苑贡茶尚未式微，武夷山九曲溪畔的御茶园即横空出世。有元一代，饮茶方式出现颠覆性的变革，大俗与大雅，如冷热两股空气强迫对流，电闪雷鸣，暴风骤雨，漫长阴晦，但风雨过后，云天的庄严宏阔，令人豁然开朗，大彻大悟。

明代贡茶制度的"饼改散"是茶史上的一场大革命。由此，制茶工艺大大简化，饮茶方式更趋多样，可谓一场茶叶制作、饮用与茶文化的思想大解放。无数不知姓名的茶人不拘一格，混搭杂烩，重组拼贴，令散茶制作五色迷目。醉情于此的最顶尖的文人空前地打开了散茶价值的想象空间。创物从来因智者，有明一代，福建先贤创造了乌龙茶与红茶，烹点出人间至味。福州的文化名人谢肇淛、徐㶿、喻政与江浙的同好者往来之中对茶理、茶趣的认识达到新境界，将中国茶文化大大向前推进了一步。

光阴流转到清代，东西方文化空前碰撞，不管你愿意与否，都被纳入了世界体系。茶香打动了世界的味蕾，不独是中国品饮了，世界也喜欢。在这个"茶叶世纪"，一个个跌宕起伏、曲折离奇的茶叶故事争先上演着。

清代茶叶最浓墨重彩的一笔是从武夷山开始的。鸦片战争前，中国茶的外销渠道主要有两条：一是经广州口岸，由十三行的行商主导销往欧美等地的海上茶路；二是经恰克图口岸对俄国输出，即由晋商主导的万里茶道。两者的唯一出发点——武夷山，对世界茶业经济、技术、文化的贡献难以估量。武夷山"茶业圣地"之名，当实至名归。

福建因海而起，因海而兴，虽是农耕文明的尽头，却是海洋文明的前沿。谁能说，福建海域里的沉船就比六朝古都的古墓逊色？比起征服陆地，驾驭海洋，在狂涛海啸中讨生活，更需要决绝的勇气。闽商冲波踏浪，敢为人先，为自己烙下海洋文明的印记。

福建是华侨大省，下南洋的福建人将茶文化传播至域外，茶史就沉淀下了一个极具地域特色的概念——侨销茶。

福州、厦门开埠后，茶港兴起，茶市活跃，洋行、茶栈、茶商，甚至传教士都参与进来，上演了一场熙来攘往的茶业大戏，带动了腹地的闽东、闽北、闽南等地茶业经济的红火。花与茶的邂逅，使福州迅疾成为花的窨制中心与集散地。一时间，制作花茶的商号大量兴起，外埠商家不惜路途遥远，将顶级绿茶运抵福州窨制，然后销至华北、东北等地。福州花茶的美名也不胫而走。

谁料，绚烂的时刻竟如此短暂，茶业的繁华梦如一道铺洒在闽江上的残阳。迨至民国时期，外敌入侵，战火肆虐，社会动荡，传统的茶业体系基本走向崩溃。不耻下问，向当年的"学生"学习，也是一种勇气。中国自古有不随波逐流者，茶业虽然落后了，但从官方到民间，没有丢掉茶人的精气神，复兴中华茶的使命感空前强烈。如此，便如吴觉农所言，中国茶业岂会长期沉沦？

民国时期，福建茶业与全国一道积极向现代转型，诸如进行茶业改良、实施茶叶检验、走出经验叙事、拥抱现代茶学。全民族抗战期间，福建茶政服务于国家大局，配合政府的统购统销政策，制定了许多切实可行的对策，得到时人赞许。

新中国成立，茶史翻开了新的一页。福建积极恢复茶叶生产，掀起复垦荒芜茶园热潮，同时开辟新茶园，进行品种资源选育。福建无性系品种类型独步全国，孕育了最丰富的茶树种质资源，也孕育着一代代出类拔萃的茶人。老一代茶人目睹了中国茶业复兴的征程，新一代茶人正扛起"茶业强国"的大旗。

1984年，茶叶流通体制迎来了大变革，传统的购销体制出现松动，茶业生产力得到空前激发。民营茶厂纷纷设立，个体从业者异军突起，茶叶专业市场出现，传统的茶业经济结构出现重大变化，从种植到消费都呈现一派新气象，推动着中国茶业高速发展。

在新时代，福建茶产业依旧是引领中国茶产业的风向标，在生态茶园建设、茶叶标准制定、品牌塑造、销售网络布局、文化提炼、"海丝行"、"茶叙外交"、茶业蓝皮书编撰、"茶文化、茶产业、茶科技"融合等诸多领域占领着制高点或走在最前列。

福建茶史上的一个个标杆，来到我们面前，投射下一个壮阔雄浑的坐标系。这个坐标系是观察中国乃至于世界茶业的方法论，也是校正未来茶业的准星。在坐标前即使走了弯路，也能回归正途。

一眼阅千年。希望打开这本书，你如同走进春日如海的茶园，和风骀荡，红颜绿波，绿蓑青笠，竹篓盈盈，散发着纯真与情思；希望打开这本书，你如同面对一杯透亮的茶汤，体悟茶叶从茶园中一路走来的辛苦与煎熬，谈论茶叶背后的故事，享受茶带来的宁静与平和。甚或，思索福建人整天浸泡在浓烈的功夫茶中，却不失干事创业的豪情之因。

▶壶为茶而生，茶因壶而雅（图虫创意 供图）

茶的本质

茶是什么？

你也许会脱口而出：茶不就是一种饮料？对，但显然不完全对。

茶固然是世界三大无酒精饮料之一，但在成为饮料之前，茶至少还扮演过很多角色，比如，是神话与传说，是祭品，是药材，是食物，是禅修之道；而在人类普遍饮用之后，茶是文人骚客的一种精神寄托，是美学，是一种公共空间，更是一种生活方式。柴米油盐酱醋茶，开门七事虽殿后，待客一杯却在先。客人来了，递上一杯茶，一递一接之间，一切自在不言中。

如此解读，也许你觉得泛化，觉得牵强，但茶在不同的历史阶段就是这样不断变幻着表情，以不同的形式在延续。而且可以肯定的是，这还将继续演绎下去，而我们，只是见证了一个小小的片段。

"茶之为饮，发乎神农氏，闻于鲁周公。"对此，"茶圣"陆羽不予否定，后世也不予质疑，正像我们都心安理得地认定自己是炎黄子孙一样。

为什么每一款历史名茶背后都有一个美丽动人的神话或传说？福建的铁观音、大红袍、福鼎白茶、正山小种，兄弟省份的碧螺春、君山银针、西湖龙井、蒙顶茶等，概不例外。没有人苛责这些非仙即贵的故事，因为它们不是瞎编的，不是无厘头的。茶叶仙子的美丽善良、祖德流芳的崇拜、助人感恩精神的弘扬、对完满姻缘的追求、除恶安民的愿景、不屈不挠的抗争精神等文化基因，不断赋予物质性的茶叶以精神内涵，规范了茶业进化的逻辑。承认也好，没在意也罢，茶业都在按自己的内在规律来演绎，而对茶业运行轨道的扭曲最终都是以更大的代价来偿还的。

在入清以后的"茶叶世纪"，茶是中国输往海外最大宗的商品，是世界认识中国的主要媒介。传统农产品遇到现代工业的淬炼，让人脑洞大开。在域外，从快剪船到茶包，茶是一种效率；从热茶到冰饮料，茶是一种时尚；从个人健康到国家治理，茶是一种文明力量。对于天才般的理念跨越与认知转化，我们该用什么词汇来表达呢？英国人曾说"茶改变了一切"，放在今天，我们或许要换一种说法：茶能改变一切！

茶是一种认知，同时又是一种颠覆。茶历史悠久，但从不保守，更不作茧自缚。唐代张又新即倡言："古人未知而今人能知"。从煮茶法、点茶法到功夫茶，质疑陆羽、调侃卢仝，可以理解为认知的扬弃与茶空间的开阔。一部茶史，也是一部茶文化思想的解放史。

科技始终是茶业的第一推动力，而文化则不断打开茶的价值通道。茶的本质是什么，是否就是始终坚守颠覆的秩序？

虽然茶入人类之口已逾两千年，但我们对茶的认知却还很肤浅，很苍白，很迟滞。不同的文明之间时常产生冲突，不同的茶却相安无事。茶就是一个巨大的价值系统，农业、商业、生态、文化都被和谐有序地编了进来，彼此从不排斥，更不毁灭。比如，福州茉莉花与茶文化系统、安溪铁观音茶文化系统等入选全球重要农业文化遗产，观念中的那杯茶，已幻化为基于"农业生产系统"这个核心，以世代传承、人与自然长期协调、丰富的农业生物多样性、生态文化技术的综合为特征的一个大体系。茶不独是一种饮料了。作为文化系统，茶承载着民族精神情感等，我们要在赓续文脉中讲好故事；作为产业，我们应挖掘其当代价值。进而作为食物呢，作为生态呢，作为景观呢，作为美学呢？如今，每迈一步，都具有世界意义。

对茶本质的追问有多深，在一定程度上决定着未来茶业能走多远。中国茶业生生不息，背后的逻辑正是一代代茶人对茶本质的求索。

▶愿君长忆采茶人（视觉中国供图）

目录

Contents

◀ **香叶嫩芽生闽中（视觉中国供图）**

茶是福建人创造力的最高体现
一盏茶里，浓缩了福建历史文化的色香味韵趣
一杯茶中，福建人开启了一天的生活
有茶香，福建就有了精气神 ▶▶

福建绿茶

Fujian Green Tea

武夷春暖月初圆，采摘新芽献地仙。

徐夤《尚书惠蜡面茶》

唐代

Tang Dynasty

闽茶初长成

茶从远古走来，历经漫长岁月，至唐时茶道大兴，物态层面的、制度层面的、心态层面的文化达到茶史上的第一个高峰。而此时，偏居海隅的福建才以"福建经略军使"这几个字眼进入中原视野。至于福建茶，虽很青涩，但已萋萼满枝，嫩芽初见，喷薄欲出。

Tea has come a long way from ancient times, enduring the passage of many years. It was not until the Tang Dynasty that Teaism flourished, at its physical aspects, institutional dimensions, and psychological aspects, reached its first peak in the history of tea. It was at the same time, Fujian, despite its remote location, came into the orthodoxy's vision as "Fujian Jinglue Junshi" (Governor of Fujian Administrating Army). As for Fujian tea, although it was still immature, it was already showing signs of potential, with tender buds and fresh leaves ready to burst forth.

茶到闽地

历史久远的事，总免不了传说，中外皆然。

"溪边奇茗冠天下，武夷仙人从古栽。"仙人是谁？千百年来，由此引发了多少美好的遐想。茶究竟是怎样从悠远深邃的时空中走来的？

1980 年，在贵州晴隆县发现的古茶籽化石，经检测，距今已有 164 万年以上的时间。迄今最古老的茶叶遗存，是在山东邹城邾国故城遗址西岗墓地发掘的一号战国墓中出现的。我国还拥有世界上最大量、最古老的茶树种质资源。

多年来，科学家们从茶树的生物、化学特征角度反复研究，得出结论：云南是茶树的原产地。云南、贵州有许多古老的大茶树，尤其在云南的澜沧江两岸最为集中。

当今的茶树是从野生驯化来的。从原产地往外迁移，尽管繁殖地开阔多了，但由于各地域气温、雨量、土质等差异，茶树形态特征变化参差万千。向气候寒冷的北边繁衍，树干变矮，叶片变小，小乔木植株变为灌木型的。向气候温暖的缅甸、印度等地延展，则呈现相反的情况。茶树向东迁移，出现变种，比如武夷变种，此外还有印度的阿萨姆变种等。现在栽培的茶树，绝大多数是矮化了的进化型品种，乔木大叶型的

▼ 武夷山分水关（阮任埶 陈映辉 摄）

群落少，而灌木型中叶种居多。

四川与云南为邻，自然是早期茶树衍播地。这也就是中国早期的茶事记载多为四川之故，比如"茶中故旧是蒙山"之类的说法。

关于福建植茶是什么时候开始的以及怎样开始的，科学家们还在孜孜以求。著名茶学家陈椽猜测的三条路径，至今是最权威的说法。

一是 4 世纪初，东晋立国，南京等地渐渐繁兴，商业贸易、农业生产向南拓展而至福州。

二是自浙江的台州、庆元到福建的松溪、政和、建瓯。

三是从温州出海到福州。

至于茶树是怎么到闽南的，陈椽也持海路之说。他认为，先泉州，再南安，后安溪。安溪的自然条件极适合茶树生长。

茶树到闽东，一般认为是浙江的庆元、泰顺衍播至福建寿宁、福安、福鼎一带。

1957 年三四月份，福建开始对野生茶树资源进行调查。野生茶树与地理环境、生态因子密切相关。在林木茂盛、日照少的山林，野生茶树植株挺直，枝干细长，树皮光滑细致，叶片大，繁殖力强，有很大的利用价值，可育种，可驯化，可改良为栽培品种。福建省福安茶业试验站（福建省农业科学院茶叶研究所的前身）的郭元超等先在安溪的蓝田，后在福鼎的太姥山、安溪的珠塔、宁德的霍童等地发现了野生茶树。系统调查的结果显示，闽南、闽西与闽东北成片或零星分布着野生茶树，尤以安溪分布较广。最大的一株野生茶树发现于太姥山，高 6 米，树冠直径 5 米，主干直径 0.15 米，树龄百年。

在漳州，云霄、诏安、平和、南靖、华安分布着大量的野生茶树。尤其是云霄县火田镇白石村的大帽山，野生茶树保护面积达 7028 亩，拥有珍稀的茶树种质资源。

近年来，福建农林大学叶乃兴教授的研究团队在漳州的云霄、诏安、华安，泉州的安溪，龙岩的漳平，三明的尤溪、大田，宁德的蕉城等地的野生茶树资源研究中，挖掘出大量秃房茶（茶组植物分类系统之一，秃房茶主要为乔木型或小乔木型，有疏锯齿，花瓣 7 ~ 10 枚，子房 3 ~ 4 室，无茸毛）以及高苦茶碱、高咖啡因等优特异品种资源，并持续就其微形态特征和分子生物学进行追踪研究。

▲ 云霄县大帽山生长着迄今发现的福建省历史最早、分布最广的古茶树群落

史迹觅踪

　　茶与水稻、桑、高粱、粟、大豆、漆树一样，是祖先栽培出的植物。记载茶事的文献自西周以降就没间断过。不过，早期的"茶"并不称为茶，槚、蔎、荈、茗、荼之名散见于卷帙浩繁的典籍中。名异音同，同音数解，春茶秋茗，代有旁征博引进行辨析者，只是人言人殊，搞得人云里雾里的。南宋魏了翁索性直白地说："虽言之，谁实信之？"不过，可以确知的是，至迟在东汉时期，即有与现今"茶"字一模一样的写法了。1990年，浙江省湖州市发掘了一个东汉墓葬，其中出土的一件青瓷罐肩部有一个大大的"茶"字。

　　在福建省泉州市南安市丰州镇九日山莲花峰存有的石刻中，有块刻于东晋太元丙子年（376）的碑文，有"莲花荼襟"四字。有人解释说，其意谓"站在莲花峰上望见广阔的茶园，可以让人心胸开阔"。如此解读，有人笑而纳之，但窃以为纯属望文生义。如果东晋时南安已经雾起云归，嘉木盈畴，为何南安茶事再起是在唐五代？

　　闽南地区植茶在唐时的文献中间或有记载。"开漳圣王"陈元光有诗集《龙湖集》存世，诗集中有关于采茶、观雪煮茶的描述，说明其在劝农稼穑、开发漳州的过程中包含着植茶的内容。浙江绍兴人秦系，少习儒业，但不喜官场，两次隐居泉州，并终老于九日山。他的《山中赠张正则评事》是福建最早的涉茶诗，诗中有"山茶邀上客，桂实落前轩"之句，颇有雅韵。唐末重臣韩偓，因不愿附朱全忠为逆而南入闽地，晚年隐居南安时，有诗"石崖采芝叟，乡俗摘茶歌"存世。唐五代，泉州周边植茶当有一定规模，否则，文献中不会留下北宋乾德元年（963）泉州太守陈洪进上供茶的记载，至于"数以万计"则恐言过其实。

　　北宋以来的莲花峰题刻中茶元素猛增，乃至于整座山峰氤氲在茶香之中。北宋大中祥符四年（1011），泉州郡守高惠连题有"岩缝茶香"。傅宗教题有"天朗气清，惠风和畅，男女携筐，采摘新茶"。宋元泉州海外贸易兴盛之时，官员常至九日山祈求风信顺利，海神保佑。南宋淳祐七年（1247）1月21日，知泉州兼提举市舶司的赵师耕在九日山举行祈风仪式，当晚宿于莲花台并斗茶。翌日兴致高昂，便题了"斗茶而归"四个字，足见宋时茶事兴盛之日，南安亦有着很浓的斗茶之风。

　　当然，南安茶事的高光时刻是在明代。明正德元年（1506），莲花

師桐成六月於郡人使

進叔滁次伸辛徐明林仲

趙時被寇章正辰景良重同会樂酒峨

下令君建崇腕用晚重酒半南平仝

昌落之酒半登茶若巖漢

硯碾窟啜茗石佛巖選

古堂聚秀閣覽名山之勝

前哲之高風泛容克目徃步

芒光立丁未月面陌

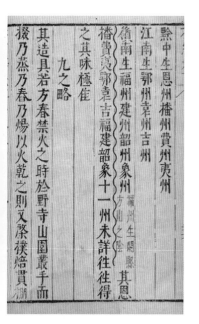

▲《茶经》书影
◀ 南安市九日山东峰的一石刻记录了南宋淳祐壬子年（1252）夏五月，南邑重建三贤祠完工后，官员及士绅在石佛岩喝茶之事（吴世展摄）

峰麓建了座石亭，周边茶叶就得名"石亭绿"。石亭绿茶外形紧结，身骨重实，制作工艺比较独特，后世茶界提炼为"三绿三香"：色泽银灰带绿、汤色清澈碧绿、叶底明翠嫩绿；滋味醇爽，香气浓郁，似兰花香，又似绿豆及杏仁等香气。清末，石亭绿茶远销南洋，甚至直到新中国成立后，华侨对石亭绿茶还情有独钟。

大约在中唐前后，各类表示"茶叶"意义上的字基本统一为今天的"茶"字了。福建茶事信息也时不时闪现在典籍中。陆羽《茶经·八之出》云："岭南，生福州、建州、韶州、象州。福州生闽县方山之阴。"但福州、建州的茶，陆羽知之甚少，所以他也实事求是地只留下一句话："往往得之，其味极佳。"至于《茶经》中搜集的48则重大史料，当然无关福建。

《新唐书·食货志》载，穆宗即位，两镇用兵，帑藏空虚，但宫中依旧大兴土木，费不可胜计。盐铁使王播为图宠幸，大增天下茶税，"江淮、浙东西、岭南、福建、荆襄茶，播自领之，两川以户部领之"。很明显，此时的福建茶已开始向福建茶产业过渡了。

闽国龙启年间（933—934），建瓯人张廷晖将其住地北苑及百亩茶园（遗址位于今建瓯市东峰镇凤山茶场）献给官府。官府设官焙，制贡品，建溪流域茶叶生产迅速兴起。至南唐末，北苑已成为南方乃至全国著名的茶叶产区。

初制研膏，继造蜡面

关于唐时茶叶是怎么制作的，《茶经》总结为："蒸之，捣之，拍之，焙之，穿之，封之，茶之干矣。"

福建茶的制作也不例外。据历史记载，"常衮为建州刺史，始蒸焙而碾之"，推出研膏茶。最早的研膏茶属蒸青末茶，后来又蒸、榨、研、造，折腾出蜡面茶，所以福建茶史上有"初制研膏，继造蜡面"之说。

南宋梁克家《三山志》载，福州"在唐贡：蕉布、海蛤、文扇、茶、橄榄"。贡的是什么茶？梁克家引《新唐书·地理志》做了说明，"福州贡蜡面茶，盖建茶未盛前也"。

此后，相关记载多起来了，并明确解释"膏茶"即为饼茶。

唐昭宗乾宁年间（894—898），进士徐夤归隐闽中，与王审知、王延彬叔侄两人过从甚密，曾得蜡面茶，故有《尚书惠蜡面茶》一诗。为什么称为蜡面茶？南宋程大昌《演繁露续集》说，主要是因为冲泡出的茶汤面上泛着白沫，与溶化了的蜡相似，故名。至北宋时，其就不知不觉被写成"腊面"了，杨亿《谈苑》解释说大概是取先春之义吧。姑且听之，姑且记之。

研膏茶的具体制法是：采摘嫩芽，碾细，与龙脑等香料相掺，调膏油，装在模子中制作成饼状，候干，再以香、膏油涂饰其面，乃成。

这就是典型的蒸青绿茶制作法，所制作的茶叶当然属于绿茶。

绿茶，是中国历史最久的茶类，至今还是中国生产量最大的茶类，约占年产量的65%。这与国际市场的行情是截然不同的，国际市场上占销量70%的是红茶。唐宋元时一般采用蒸青法制作绿茶，即蒸汽杀青，不发酵，以保持绿茶颜色鲜亮。炒青制法，唐宋时即已出现，只是不占主流，至明朝时逐渐以炒代蒸，并最终出现炒青绿茶。中国绿茶品种众多，各地制作方式亦差异很大。至今，炒青类、烘青类、晒青类、蒸青类几种绿茶制作方式并存。

茶农一般在清明至谷雨期间采制绿茶。那时的茶园，春风掠过，撩人心绪，碧绿如海，弥漫着春天的气息。但采摘茶叶并不是件惬意的事，其中艰辛，若你不去经历，是无从体会的。绿茶适合用玻璃杯冲泡，茎叶在杯中与热流交舞变幻，或上浮，或下沉，不一会儿，干枯的茶叶神奇般地鲜绿起来，直至完全鲜嫩如春芽，香味也随蒸汽氤氲开来，谁的味蕾能不为之所动？

福建以茶树品种丰富著称于世。1956—1958年，福建省福安茶业试验站的"福建茶树主要栽培品种调研"成果显示，主要的绿茶产区是宁德、罗源等，主要品种有吴山清明茶、罗源菜茶等。如今，福建的绿茶品类丰富得多了，天山绿、松溪绿、武平绿、龙岩斜背茶等不一而足。

唐代，铁制农具得到大范围推广，水利建设空前展开，茶叶种植区域大大扩充，唐中期有44州，后期即达98州。陆羽《茶经》载，唐时有八大茶区，福建忝列岭南茶区。唐时，福建属边陲之地，"唐茶不重建"自然在情理之中。其时，最负盛名者是顾渚紫笋和蒙顶黄芽。唐大历五年（770），朝廷就在顾渚设置了中国历史上的第一个贡茶院。有了贡茶，随之就有了贡水、贡器，并最终形成了贡茶制度。

关于"唐茶不重（zhòng）建"的提法，明代以来的史书多有记载，如科学家、文字学家方以智（方以智做学问以擅长广征博引、考证严谨而得到后世好评。）撰的百科全书式的著作《通雅》卷三十九曰："唐茶不重建，以建未有奇产也。"

▶ 一杯上好的绿茶，能把漫山遍野的浩荡清香，递送到唇齿之间（图虫创意 供图）

茶之为"经"

760年前后，茶史上具有里程碑意义的事情发生了，那就是陆羽《茶经》的诞生。从此，世界上有了第一部茶学著作，陆羽与《茶经》也成为茶界千年不朽的话题。世人评价陆羽"辨水煮茶而天下知饮"，其功不在稷下。陆羽引经以绳茶而立百世，奠定了中国茶科学与文化体系之基。茶之为"经"，而不是"技、文、史、图"等，乃在于不绳一时而规范百世，脍炙千古，行于中外。所以，自古读《茶经》者，不唯读懂怎么品茶，更体悟陆羽悦志济世、悲天悯人之情怀。如此说来，《茶经》何尝不是中国的茶道呢？何为"道"？明代王艮说："圣人之道，无异于百姓日用。"显然，百姓日常喝茶的方法就是"道"，我们完全没必要目睹了日本茶道、韩国茶礼就坐不住了，进而鼓噪茶界构筑中国的茶道什么的。

茶入税

煎茶，须用水，须用器。茶与水、茶与器，是一场自然和本能的契合，从此开启了一门新的艺术与哲学。茶人沉湎其中，皓首穷经，索幽探微，以求道，以成仙。文人们如沐春风，沉浸在如通仙灵的诗性境界，但朝廷却没有醉情于空灵之美。习惯于专卖的眼睛早在窥视饮茶习俗的普及所带来的实实在在的利益。唐建中三年（782），户部侍郎判度支赵赞提出"茶与竹、漆等十税一"。但具体怎么执行并没有明确，也来不及明确，因为次年即发生泾原兵变，德宗皇帝都外逃了。唐贞元九年（793），盐铁使张滂重提茶税，这次终于落地。从此，中国传统的专卖制又添了茶叶这一项非常重要的内容。并且，茶叶很快上位，与盐等量齐观，成为国家财赋的关键词。

"茶盏子"

在中国较大规模经营海上贸易之前，茶香已随海风飘至域外。隋唐时，日本大规模学习中国。遣隋使、遣唐使带走佛法、典章制度、建筑技术的同时，也带走了茶叶、茶树和茶籽。而在中国南端的广州是另一

▲ 中国唐代沉船"黑石号"出水的碗中写有"茶盏子"字样，明确标示了瓷碗的茶具用途（上海博物馆 供图）

番图景，这个唐代最大的贸易港口实实在在地上演着与阿拉伯人的商品贸易。阿拉伯商人苏莱曼在851年留下了域外香料与中国陶瓷、草药（包括茶）贸易信息的只言片语。这一记载，1100多年后得到证实。1998年，德国探险家在印度尼西亚的勿里洞附近发现了一艘沉船，其载运的瓷器大多来自湖南长沙窑，部分瓷器上有"茶盏子"字样。而"茶盏子"也是福州一带寺僧的口头禅。

《百丈清规》

名茶多出自深山，深山多有寺庙，因此茶与佛结缘，如云烟不分彼此，尽管云是云，茶是茶。名山、名茶、名寺三者相辅相成。诗意安居，成就了中国茶与文化的一大奇观。

不少名茶背后都有一个寺僧的故事。大红袍之于天心寺，龙井茶之于龙井寺，黄山毛峰之于云谷寺，碧螺春之于洞庭寺，松萝茶之于松萝庵，蒙顶茶之于智炬寺，庐山云雾之于招贤寺，此外还有很多很多，难怪有"自古名寺出名茶"之说。有的茶就直接以寺庙的名字来命名，如湖北省远安县鹿苑寺的鹿苑茶。

不少地域的茶史源流，就滥觞于寺院，"浅疏通野寺，绿茗盖春山"。大量的地方史志也提供了佐证，如福建《大田县志》开篇即曰：南宋隆兴二年（1164），大田境内建大仙峰岩寺，僧人在寺院周边植茶。至南宋绍定四年（1231），寺院四周已经茶树成林了，所制茶取名大仙峰茶。既然植茶，就有茶业经济，有的寺院茶业经济强大到直接被纳入官府监管。北宋政和三年（1113），福建路茶事司就向尚书省递折子，称武夷山寺观茶圃多种蜡茶，除供自己消费外，又以馈赠为名，贩卖他乡，伏望立法，并提出具体执行标准：500斤以下，听其自用，不得贩卖，否则以贩私论处；500斤以上，参照茶户标准执行。清代康熙时期，武夷山有豪绅与牙行勾结，压低价格，刁难僧人，官府不得不勒石"严禁以茶扰害僧人居民"。

种茶从寺院开始，品茶从僧众开始。历代的茶文，除了散发着茶香，就是禅味与仙气了，而寺院清规自然也沾满了茶香。晨钟暮鼓，茶禅相缠，其中之妙，僧众自知。

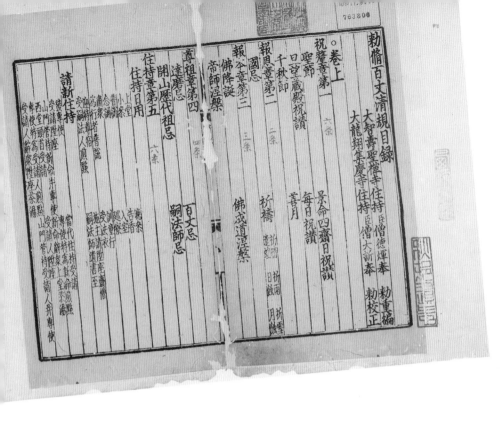

　　怀海，俗姓王，福建长乐人，幼年出家，游历各地，遍览佛经。后住持江西百丈山，故世称"百丈怀海"。怀海把禅修与农作融合为一，首创《百丈清规》，使之成为制度，并被历代寺院继承，这在禅宗史上意义非凡。《百丈清规》原书已散佚。元元统三年（1335），元顺帝命怀海第十八代法孙东阳德辉重修清规，历时近三年，编写出流传至今的《敕修百丈清规》。清规8万余字，茶汤、请茶、吃茶、茶头等词汇频现，可谓字字书香，行行茶香。

　　百丈怀海将当时流行的煎茶法纳入禅门礼仪，极为庄重严肃。吃茶时，须出茶榜、茶状，敲击茶鼓、茶板，烧香、行茶、浇汤、劝吃茶、行茶药、谢茶等，程式繁杂。有的茶榜勒石永志。元代雪庵溥光禅师所书的嵩山戒台寺茶榜便是金石书法的名品。

　　佛性清心寡欲，或许与茶性最为契合。佛家以苦为佛性"四谛"（苦、集、灭、道）之首，而饮茶追求的最佳境界正是所谓啜苦咽甘。清乾隆皇帝有"味甘书屋"，又有题诗《味甘书屋口号》，诗有"即景应知苦作甘"之句，句有注曰："茶之美，以苦也。"从茶的物理性征来说，乾隆皇帝是对的。茶主要有三大成分：苦的咖啡因、涩的茶多酚、鲜爽的茶氨酸。茶人爱说"人生如茶"，或许是有道理的。茶性与人生似有暗合之处，任何甘甜都是苦涩换来的，幸福也是奋斗出来的！

矮脚乌龙

Dwarf OoLong Tea

北苑龙茶者，甘鲜的是珍。

丁谓《北苑焙新茶》

天下之茶建为最

朝代鼎革，没有改变茶业走向，倒是为福建茶的喷薄而出拉开了序幕。正如茶史所言："唐人首称阳羡，宋人最重建州。"气候的变化，改变了茶业格局，朝廷调整规划，将贡茶基地移至福建的建州。在帝王意志与审美情趣的主导下，贡茶制作技艺与传统的祥瑞文化完美融合，创造了贡茶史上空前的奇迹。

在那个为茶而倾倒的年代，文人雅士们从中捕捉到了无穷无尽的灵感，于是中国文化在此久久驻留。茶与文化充分渗透交融，创造出北苑茶的诗文胜景。茶业思想亦臻至新的高峰。唐行榷茶，宋廷继之，历百余年终于搭建起了一个基础性的框架。宋人的雅致追求将茶的实用功能推向审美境地，茶人的创造力得到空前迸发。在那个为茶而狂的时代，理学集大成者朱熹却格外深沉。

As dynasties changed, it did not alter the trend of tea industry but instead opened the curtain for the gushing emergence of Fujian tea. Just as the history of tea states, "Yangxian was counted the first in the Tang Dynasty, while the Song Dynasty valued Jianzhou most." Climate change reshaped the tea industry landscape. In the new plan of the imperial court, a tribute tea production base was moved to Jianzhou, Fujian. Under the guidance of the emperor's will and aesthetic taste, the craftsmanship of tribute tea and the traditional auspicious culture were perfectly integrated, creating an unprecedented miracle in the history of tribute tea.

During the era when people were passionate about tea, literati and scholars captured endless inspiration from tea, and Chinese culture lingered in this context. Tea and culture were fully permeated and blended, creating a poetic scene of Beiyuan tea. The philosophy related to tea industry achieved unprecedented excellence. The taxation and monopoly of tea by the Tang Dynasty was followed by the Song Dynasty, and after a century, established a foundational framework for later generations. The elegant life of people in Song Dynasty pushed the practical function of tea to the aesthetic realm, and the creativity of tea people burst out unprecedentedly like never before. In that tea-infused era, the Neo-Confucianism scholar Zhu Xi stood out with his profound insights.

建之北苑又为最

花落建州

　　入宋以后，农业耕作愈加精细，曲辕犁普遍使用，水利灌溉成就空前，南方的稻谷产量大幅跃升，江西、江苏、浙江的大米沿着大运河源源不断地北上汴京。而与前朝完全不同的是，宋时"坊郭户"从户籍中析出，市民阶层登上历史舞台。经济的、生活的、文化艺术的，似乎一切都朝向繁华而去。

　　茶业更史无前例地活跃，远远把大唐甩在身后，从茶课钞数量即

可见一斑。北宋至道末年（997），285 万贯；北宋景德年间（1004—1007），360 万贯；北宋大中祥符七年（1014），390 万贯。以后虽有波动，但至少是唐代的 10 倍。是时，茶也与油、酱、醋等共同成为百姓的"开门七事"，成为后世百姓居家的基本元素。市镇人口猛增，出现了茶坊等专门喝茶的场所，时有"一个茶芽七粒米"之说，足见彼时茶风之盛行。茶则以草木之英华卓绝，为宋代增添了无穷亮色。

北宋大中祥符（1008—1016）初，江苏常州人周绛任建州主官。大概在建州，喜好茶的他才深深明白什么是茶。茶喝多了，自然有所感触：这么好的茶，《茶经》为什么视而不见呢？一个疑团接着一个疑团，有时竟搞得他彻夜难眠。于是，他提笔撰写《补茶经》，以弥补陆羽留下

▼ 建瓯市北苑凤凰山御茶园（吴震 摄）

的遗憾。可惜，该书已经散佚，只留下一句话："天下之茶建为最，建之北苑又为最。"或许，一句话也就够了。

建，就是茶史上绕不开的建州，在不同时代有不同的称呼与隶属，如东汉时即置建安县。建州为什么会得到上苍的垂青，这还要从天文说起。如果出一道问答题：我们祖先最早掌握的智慧有哪些？估计没多少人会答"天文"。实际上，在农耕时代，社会生活与天文密切相关。二十四节气不就是气候与耕作关系的总结吗？至今，农业与气候的关系依旧殊为密切。光照、气温、水分、土壤等是茶树生长最为关键的因素。气象史揭示，宋代自立国始，天气渐渐变冷，尽管李唐时代贡茶园中的茶树就不能按期发芽了，但皇家的胃口不能不满足，于是，大量官员往南遍访各地，最终锁定建州的北苑。就这样，之前没有准备，没有过渡，昔日的闽国御茶园一下子乌鸡变凤凰。更没人预知，这一风光就是400余年，甚至明洪武二十四年（1391）罢造，在茶史上留下了一个空前绝后的奇迹。

集权制度下的皇家欲望也是创造之源，于茶亦然。帝王的目光投向茶园，贡茶就诞生了。贡茶品质好自是不用说，甚至连名字都高大上，如北苑贡茶系列之瑞云翔龙、太平嘉瑞、龙园胜雪、长寿玉圭、无比寿芽、宜年宝玉等。因为贡茶制作增加了茶农负担，所以抨击之声就没停歇过。帝胄郡王的意志与审美情趣掌控着一杯茶的味道，严格监管下的贡茶制作工序严谨，产品求新求异，这促进了采制技术进步不说，同时也催生了不少极致的茶品，有的一直沿袭至今而成为历史名茶。

北宋太平兴国二年（977），宋廷遣使至建州北苑，在凤凰山扩建龙焙32处，置龙凤模，生产贡品龙凤茶，

▶ 建瓯市东峰镇金盘山茶园（吴震 摄）

以区别于其他茶品。

为什么叫北苑？历来说法不一。北宋沈括认为是因南唐"北苑使"之故；南宋姚宽《西溪丛语》说，因为官焙面朝北方，以遥寄朝廷。现建瓯市东峰镇裴桥村山坡上，有北宋庆历八年（1048）柯适记的北苑茶事石刻，简要地记载了当时产茶地域和制作贡茶情况。透过这些漫漶的文字，可知北苑仿照宫廷布局，殿宇楼阁、水榭亭台、泉眼溪流，一个不落，但其实真正体现北苑贡茶园皇家气派的是机构设置。宋代地方机构的最高层级是"路"，路又有帅司路与漕司路之分。后世很多茶人没注意到，福建路转运使设在建州，而不在八闽"首邑之州"的福州。这在当时是一个个例，其中玄机，估计是为便于掌管贡茶之事。从历任转运使"足上供"的使命来看，猜测应不假。

八大工序

北苑最初制作的是蜡面茶，产品有龙、凤、石乳、白乳等 12 等级，以充岁贡及邦国之用。而充贡的实际上只有龙、凤两种。其制作工艺在当时是独一无二的，大概有这么几个程序：

一是采。一般在五更日出之前，凤凰山上的打鼓亭会准时擂鼓，采茶人闻声从监采官手中领牌入山。采茶时要用指甲，而不可用手指，因怕手上温度影响茶品质。日出前鸣锣，下山收工，不许贪多。

二是拣。就是拣选小芽与中芽的茶，用现在的话说，即是拣选茶芽或一芽一叶，其余的一概弃而不取。

三是蒸。就是将茶芽洗净，放入甑中蒸。蒸时火候要拿捏好，不可蒸得太熟，也不能太生。过熟了，颜色变黄，味道变淡；过生了，颜色太青，有草木的青涩味。

四是榨。就是将蒸好后的茶用冷水冲淋冷却，先小榨，以去水分；再大榨，以去膏泽。然后，用布帛包起来，竹皮捆扎起来，进行压榨。几个时辰后，取出揉匀。如此循环往复，直到将膏榨干净为止。

五是研。压榨过后即放茶入瓦盆，先用木杵捣碎，再研磨。研磨时，兑水次数很关键。依据兑水次数多少，制作不同的等级。研磨是个功夫活，每次必至于水干茶熟而后已。

六是造。研磨好的茶入圈与模制銙，圈有银、铜、竹质地，模是银、

▶ 当今茶企仿制的饼茶（Frank Folwell 摄）

铜质地的。有龙凤图案的饼茶要用银模压制。

七是过黄。就是将茶饼烘干，但工艺很有意思，今天看来，难以理解，为什么呢？古人是先焙火，后用沸水浸泡，重复3次。然后过火，此时要掌控好温度，且不能有烟，以免沾染上烟熏味。饼茶厚的过火达15次之多，薄者亦有七八次。过火后，立即放置到专门的房间，并用扇子不停地扇，以保持自然色泽。

最后，在上面涂抹青、黄、紫、黑等诸色膏油，方大功告成。

龙团凤饼的整个产制过程都打上皇室的强烈印记，即便包装，也是环环相扣，不得有丝毫马虎，"圈以箬叶，内以黄斗，盛以花箱，护以重篑，局以银钥。花箱内外，又有黄罗幕之"。好家伙，似乎每个细节都经得起一个大大的特写。

茶史上开一纪元

不用说，费时耗力的北苑贡茶很珍贵。珍贵到什么程度呢？北宋皇祐五年（1053）的冬至日，仁宗皇帝在南郊的圜丘举行祭天仪式。仪式结束后，其心情愉悦，遂赏赐群臣。最高行政与军事机构中书省与枢密院共4人共得一饼。每人才分得1/4饼，怎么舍得一解口福呢？于是，他们便在家中珍之、藏之，贵客来了赏之，俨然视之为镇宅之宝。欧阳修直到北宋嘉祐七年（1062）参知政事任上才获赐了一饼，因而每次捧玩，无比感慨。王安石在同中书门下平章事位置上时曾得一饼，是怎么处理的呢？他精心包装一番，交与弟弟，以孝敬父母。受赏赐的其他高官好像也是这么处理的，如王禹偁，有诗为证："爱惜不尝惟恐尽，除将供养白头亲。"

《宋史·食货志》载，北苑茶采制最盛时，有官、私茶场1336个，分布达6县，茶季中有几万民众参与劳作，年贡片茶216000斤。北宋大观（1107—1110）以后，北苑贡茶制作愈加精细，数量愈多，形制屡屡出新，其制作技艺，历代赞不绝口。民国时期，非常有影响的茶书《福建之茶》盛赞："宋代茶之制法，继南唐后日有进步，名益新，品益众，为茶史上开一纪元。"

北苑贡茶兴盛时期，中国的贡茶生产进入专门化与制度化阶段，贡茶制作技艺与传统的祥瑞文化亦完美结合，达到新的高度，中国茶业与

▲ 建瓯市北苑贡茶古道（吴震 摄）

茶文化出现质的跃升。"一时之盛，诚为伟观"，茶业制作工序、诗文、茶论、茶俗、宗教等空前交融，如海水与火焰的交舞，迅疾升腾出中国茶业的一个高峰。

可惜，这座高峰长期被人遗忘。北苑之于茶，犹如苏东坡之于黄州。苏东坡成就了黄州，北苑同样成就了中国茶。而今的黄州区擦亮了苏东坡这张文化名片，福建的相关市县也在茶文化、茶产业大发展时期启动了建茶这座精矿的挖掘，建瓯就明确了"抢占中华茶文化的皇冠"愿景，可谓定位准、目标远。

北苑时期，建州茶品众多，如的乳、白乳、头金、蜡面、头骨、次骨、第三骨、末骨、山茶等，但若论茶的生产量，福建其实逊色很多。宋时福建茶叶的主产区在建州，其他如南剑州的将乐、尤溪、顺昌，福州的古田，汀州的宁化、上杭、清流、武平、连城，邵武军的泰宁、建宁、光泽等地也广为植茶，但产量就寒酸得多了。《宋史·食货志》载，宋初"总为岁课"，即官茶数量，江南 1027 万余斤，两浙 127 万余斤，荆湖 247 万余斤，福建只有 39 万余斤。也就是说，福建的茶业经济总量并不大，但增长是惊人的。北宋元丰七年（1084），福建路转运副使王子京在奏折中称："建州岁出茶不下 300 万斤，南剑州不下 20 余万斤"。北宋崇宁二年（1103），尚书省言："建、剑二州茶额 70 余万斤"。《宋史·食货志》载，北宋宣和年间（1119—1125），北苑贡茶达 47100 片。数字的巨大跳跃，有时让人摸不着头脑，可能是源于社会动荡、生产的不稳定。比如，南宋建炎年间（1127—1130），叶浓、杨勔等发动民变，北苑茶户亡散，贡茶生产一度停摆，非贡茶肯定也受影响。

蔡襄从未远去

北苑的生产模式就是典型的官营制，最高行政长官就是转运使。从历史上看，历任转运使多富有才气，精明干练，尽职尽责，绩效显著。其中，有两个人不能不提，即茶史上著名的"前丁后蔡"。

"前丁"了不得

丁，是丁谓。丁谓在历史上名声不好，在文学作品或影视中基本是反面形象。但考其生平，丁谓应该不算坏，准确地说，是没时间去坏。后人看丁谓，是否带上了选择性的眼光？看看丁谓的才气，诗文直追韩柳，绘画、弈棋、音律样样精通，这些都是要花时间、下功夫的，非一朝一夕可以成就。我反复琢磨《宋史·丁谓传》，觉得从史籍中提溜出"揣摩"二字来解析丁谓，反而在逻辑上更讲得通。揣摩，也就是善于动脑子，善于观察、总结与提炼。丁谓显然自小就善于动脑筋，否则不会是"别人家的孩子"。为官后，不论是抚边、治水还是兴修土木，他总能出奇招而不蹈常袭故。修建玉清宫就是他名垂史册的一个施政经典，后世载入了管理学教科书中。那显然不是在朝堂上坐而论道就能想象出来的，而是躬身笃行，对民间经验创造性地升华。

北宋至道年间（995—997），丁谓至福建，监造北苑贡茶。丁谓性格强悍，做事雷厉风行，制定了规范的操作程序，从采茶到入贡仅需10多天。"建安三千五百里，京师三月尝新茶"，令同僚叹服不已。丁谓任内的代表作是大团茶，1斤8饼。为使北苑贡茶天下知，丁谓赋诗，广为宣传，还唯恐不够，又以图表的方式记录了制茶经验，推出专门著述《北苑茶图》。在丁谓眼中，北苑贡茶已经胜出唐以来最有名的顾渚紫笋与阳羡茶了。这个评价很快得到证实。

当然，丁谓也动了不少歪脑子。他很会媚上，最终触犯众怒，仁宗时被贬谪崖州，家产籍没。但丁谓就是丁谓，在崖州时又耽溺于沉香，玩出一本《天香传》，不经意间建立一个香的评判体系，在香史上颇具分量。

不服不行，丁谓做什么都是行家里手。

一人之下

丁谓离任后近 50 年，北苑迎来了新的主事者蔡襄。

与丁谓相同的是，蔡襄也是一位典型的"学者型官员"。甫一就任，蔡襄就身体力行考察北苑贡茶制作过程，从采摘到制作无一不深谙于心，其著名的《北苑十咏》可为证。蔡襄任上造出小龙团，1 斤 10 饼。为纾缓仁宗皇帝无子嗣而长期郁郁寡欢的心情，蔡襄又推出更精致的曾坑小团，1 斤 28 饼。

蔡襄任职同修起居注期间，常与仁宗议茶，深为陆羽《茶经》不载建安茶事，丁谓《茶图》拘囿于采制之论，遂著《茶录》。著述完成后，除了上呈仁宗鉴赏外，还勒石以传后世。

《茶录》是福建茶史上第一部著述，篇幅不大，只涉及茶与器。论茶部分，主要叙说了品鉴标准与品评程式；论茶器，着眼于其材质与特征。后世极力推崇《茶录》，拥趸者中不乏杨时、刘克庄、倪瓒、谢肇淛、董其昌等各时代的大咖名角，但对《茶录》的历史价值似乎并没有给予准确定位。窃以为，《茶录》最主要的贡献是确立了茶叶品鉴"色、香、味"的基本标准。关于茶叶究竟如何品鉴，白居易时代的文人就已有论断，并孜孜以求，如刘言史所说，"求得正味真"。有唐一代，把茶香细化为"香茗、香芽、芳茗"，色有"绿茗、紫芽"之别，最终经蔡襄奠定茶的色、香、味品鉴标准，可谓茶叶品鉴的集大成。至今，茶叶评比色、香、味的核心标准都没有改变，只是根据时代的变化而增设新的要素而已，如叶形、叶底，足见《茶录》之经典与伟大。蔡襄晚年多病，仍烹而不辍，以引发客人一娱。千载以来，如此真趣者能有几人？

《茶录》问世后，欧阳修第一个点赞。赞了内容后还不过瘾，再赞书法。蔡襄善鉴茶，欧阳修善别水，二人珠联璧合而又各自精彩，后世就有了"洛花以永叔谱之而传、建茗以君谟录之而著"的美谈。

但是，茶史上与蔡襄捆绑得最紧的人并不是欧阳修，而是陆羽。"季疵开山之祖，君谟传灯之士。"季疵，就是陆羽；君谟是蔡襄的字，乃仁宗皇帝于北宋皇祐五年（1053）所赐。如果说陆羽《茶经》奠定了茶学的科学体系，那么蔡襄《茶录》可谓确立了茶叶艺术化的品鉴体系。中国古代茶文献中出现频率仅次于"茶圣"陆羽的人物就是蔡襄，也就是说，蔡襄与他的《茶录》在茶文化史上地位之尊，可享第二，甚或说

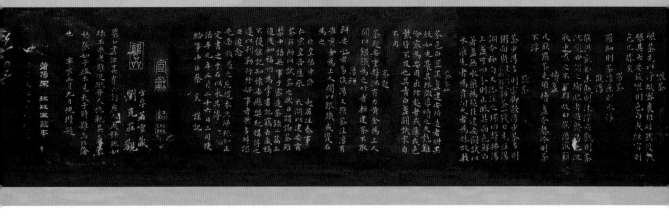

蔡襄是茶史上的"亚圣"。这对蔡襄是公允的。当然，蔡襄监制小龙团，虽有苏东坡、李光以及后世的董天工、查慎行等人诟病其事，但历来为其辩护者也不乏其人。尤其是董其昌，说到点子上了，赞许蔡襄没有"以贡茶干宠"，乃太平世界的一段清事。从蔡襄生平看，玄宰先生的赞誉是站得住脚的。蔡襄政绩卓著，与仁宗心性相契，但并没有趁机要求官家给他升职、加薪呀什么的！蔡襄身后谥"忠惠"，按古代谥法，廉公方正曰忠，遗爱在民曰惠。朝廷对蔡襄人品、官德及其业绩的高度概括经得起后世检验。蔡襄之真气、真情、真趣，值得当今茶人奉为圭臬。

宋时茶事兴盛，斗茶风靡各地，可在权威的蔡襄面前，似乎谁都气短。试举一例。范仲淹著名的《和章岷从事斗茶歌》一经问世即广为流传，人人称叹，唯有蔡襄不为所动。原来，诗中有"黄金碾畔绿尘飞，碧玉瓯中翠涛起"之句。蔡襄指出，茶之绝品色贵白，翠绿实际上是下等茶。众人闻之皆惊。蔡襄建议将诗句中的"绿尘飞""翠涛起"分别改为"玉尘飞"和"素涛起"。希文先生是心服口服的。

王家白茶

蔡襄精于茶事，与其在北苑任上很接地气不无关系。种种资料显示，蔡襄的朋友圈中有许多茶农，且蔡襄与之互动频繁，甚至纳为知己，这隐约折射出建州茶园中的干群关系比较融洽。北宋皇祐二年（1050）十一月，蔡襄应朝廷之召，赴汴京任右正言、同修起居注。自家乡仙游出发，途经杭州，约逗留两个月后，于次年初夏继续北上。临行之际，他给邂逅于钱塘的冯京留了一封手札，这就是著名的《思咏帖》。帖中记载，听福建路转运使唐询言："王白今岁为游闽所胜，大可怪也。"

胜何在？怪何为？原来，这讲的是"一春之盛事"，即斗茶的事，建州"斗霸"王大诏输给了游闰，这大大出乎蔡襄意料。王家白茶，蔡襄对之情有独钟，正由于蔡襄的推崇，令王家白茶闻于天下。蔡襄去世前两年，即1065年，他还写过一篇小文记述了这件事。原来，王家白茶树就一株，每年产量稀少，非亲故不可得。建州斗茶之风盛时，王家凭这一招鲜独领风骚，周边高手没人能比拼得了，于是有人心生歹念，把白茶树毁了，这犹如要了王大诏的命。蔡襄在建州时，王大诏向蔡襄哭诉了这件事，蔡襄也深为惋惜，好生安慰。没想到多年后枯木逢春，王家白茶树长出了新芽。王大诏欣喜若狂，精心呵护，采制后造成一饼，不远四千里，携往汴京请蔡襄品鉴。蔡襄感动不已，王大诏说："只有你才配鉴赏啊！"古有高山流水的故事，品茶何尝不是求得"谁人知此味"呢？

蔡襄之后还有两位转运使值得一提。一是贾青，另一是郑可简。

贾青于北宋元丰年间（1078—1085）在任时，锦上添花，奉旨推出"密云龙"，仅供玉食，不作赏赐。但皇亲国戚讨要，皇上不胜其扰，贾青只好搞升级版，于北宋绍圣年间（1094—1098）推出"瑞云翔龙"，仅供皇帝独享，另专门制作了用于赏赐的"玉除清赏"等。

郑可简在北宋宣和二年（1120）走马上任，其眼光更为挑剔，从茶叶质地到制作程序都进行了优化与提升，崇尚以自然茶香为主，不再加香料，推出了神品"龙园胜雪"。此后，再无出其右者。同样是长着一双挑剔之眼的宋徽宗赵佶，面对林林总总的龙团凤饼也客观地出具了鉴定意见："采择之精，制作之工，品第之胜，烹点之妙，莫不咸造其极。"

只是，宋徽宗没有想到的是，盛之极，衰也极。倏忽之间，一朝上下都被兄弟民族打包带走了，东京梦华竟演绎成了一场噩梦。

因□樂庵詎知其□

游□室不縛之極心初□其時之□

清玩其投自書之清□

更望□□毛□□

大餅於弥朔書既供□

□□以□致之不周惡

〔北宋〕蔡襄《思咏帖》

闲对茶著忆古人

华夏历史演进至赵宋之世，文化空前地创造，新儒学成就不断涌现，文人士大夫也迎来修齐治平的黄金时代，他们的忧患意识、担当精神通过经世致用服务于朝廷。而在建州的文人群体也没有浪费这一大好春光，他们的家国情怀部分分流到茶学领域，为后世留下了近20种丰赡的茶学著述，创下了茶史上的一座思想高峰，并令后世难以逾越。

这些以北苑贡茶为主题的著述几乎是宋代茶著的全部，在中国古代茶文献史上也是独一无二的。其历史价值如何？举个例子吧，清代修撰《四库全书》，饮馔之属，仅仅收录8种，宋代独占5种，分别是蔡襄的《茶录》、宋子安的《东溪试茶录》、黄儒的《品茶要录》、熊蕃与熊克父子的《宣和北苑贡茶录》、赵汝砺的《北苑别录》，其余3种则是唐代陆羽的《茶经》、张又新的《煎茶水记》以及清代陆廷灿的《续茶经》。

一次，隐居杭州西湖的林逋因得到朋友赠送的笔墨和建茶而引发诗兴，留下"世间绝品应难识，闲对《茶经》忆古人"这一名句。可见，《茶经》是和靖先生的藏书之一，而且可以肯定的是，他得闲时会反复咀嚼，否则不会在其他诗歌中反复提到《茶经》。如今，宋代的著述大多已经散佚，好在还有上述几部存世。时过境迁，闲暇时，一杯清茶，一本茶书，临习一下林逋与陆羽的隔代对话，何尝不是一场相知之美？

寂寞宋子安

继丁谓、周绛、蔡襄等著述开先河后，宋子安《东溪试茶录》接踵而至。

宋子安的履历，史上留下的信息单一，只知道是建安人。从其著述看，宋子安一生都穿梭在茶园里，对建州北苑、壑源、佛岭、沙溪周边的茶叶观察仔细，虽承继了丁谓、蔡襄的思想，但明显又青胜于蓝。甚至可以说，北苑诞生了茶史上第一个真正的茶学家。

宋子安对茶树生长环境细加梳理，能辨识不同小气候对茶树生长、茶青加工后的味道和色泽等影响，留下了当时北苑产地的第一手资料。《东溪试茶录》中对茶叶采制的论述明显比丁谓、蔡襄大大推进了一步。

宋代时已经掌握了茶叶移植技术。自古以来，人们认为茶树难以移植，并因此衍化出许多茶的文化意义，如下聘礼等。但一个叫王敏的人，与其父王雅创造了一个移植茶树成活的案例。他们将建溪茶树苗移植至今天的四川省万源市，不仅成活，而且长得郁郁葱葱。于是，北宋大观三年（1109）立碑以记，曰：『得建溪绿茗，于此种植，可复一纪（十二年）。仍喜灵根，转增郁茂。』

▲《东溪试茶录》书影

比如，"凡断芽必以甲，不以指。以甲则速断不柔，以指则多温易损。"显然，对于采茶、制茶，宋子安是有大量实操经验的，不论怎么看，他都像贡茶园的技术总监。更具有划时代意义的是，宋子安在《东溪试茶录》中对茶树品种的性状，如树形、叶形、叶色，芽头大小肥硕、发芽迟缓的认识，前无古人。如对茶树品种的认识，记述有七：一曰白叶茶，次曰柑叶茶，三曰早茶，四曰细叶茶，五曰稽茶，六曰晚茶，七曰丛茶。至于对茶树植株高低与树径，茶叶发芽迟早，芽叶厚肥、形状，茶叶成品品质高下与口感，每年采摘次数等认识，现在看来是科学的。关于地势、土质、日照、气温、湿度、朝向等与茶品质的关系的有关知识，至今还在生产中应用着。从其论著看，包括除草、施肥、遮阴、间种等在内的茶园管理内容在宋代已经很完善了。《东溪试茶录》可以说是第一本现代意义上的茶学著述，反映了宋代北苑地区茶叶栽植的最高水平。

　　苏东坡非常欣赏他

　　与宋子安寂寂无闻不同的是，黄儒有功名，是北宋熙宁六年（1073）的进士，也是建安人。如果说宋子安对茶叶栽植的认识提高到了前所未有的高度，那么黄儒对建茶制作的论述则推进到新阶段。

　　黄儒善于品茶，常常在天朗气清时，临亭适轩，试烹品鉴，因纠结"采造之得失"，遂著《品茶要录》。他从采造过时、白合盗叶、入杂、蒸不熟、过熟、焦釜、压黄、渍膏、伤焙以及辨析壑源沙溪产地10个方面论述种茶、制茶技艺上的缺失。他对采制与气候的关系，茶青品质对茶叶质量的影响，以及蒸青程度的恰当把握和压黄、渍膏之弊病的认识又比宋子安更加深刻。阴雨天采摘、高温天采摘、"汗手熏渍"等都影响到茶的品质。而当时的贡茶园管理显然存在不少不科学之处，例如采摘，"红日新升气转和，翠篮相逐下层坡。茶官正要灵芽润，不管新来带露多。"茶青带着大量露珠，一方面不便制作，另一方面也影响成品茶的品质。

　　可惜，黄儒英年早逝。这是茶学的不幸，是后世茶人的不幸，也是苏东坡的不幸。精于茶道的苏东坡极为欣赏《品茶要录》，认为其委曲微妙，能察物之情，自陆羽以来论茶者所未及。理由呢？黄儒提出建茶采制的十大得失，看似是技术难题，实则是"由技入道"的格物致知，岂止是在辨析茶之得失，实是透过茶之草木之微来"讲理"，主旨是在阐发自己的人生感悟。事物的变化是常态，从表面看，变化难以把握，而一旦把握住了变化深处的"理"，一切就迎刃而解了。黄儒以茶寓理，这就是"高韵辅精理"，相得益彰，而许多杰出的人物也未必能做到这一点，比如东汉张仲景，虽精医理而韵不高，故终生只是一个名医。有宋一代，文人善于"即物求理"，比如苏东坡《赤壁赋》，实则深刻地阐发了自然与人生的关系，与其评价黄儒似有异曲同工之妙。"非静无求，虚中不留"，只有心态淡然，才能察物精深。微言含大义，微物寓深意，面对一件微不足道的小事，只要我们善于观察，善于审己，勤于修身，定能从中悟出道理，继而上升到思索宇宙、人生、自然这些宏阔的高度。不承想，从黄儒的茶文中竟然读出一个哲学家——苏东坡。

　　后世对黄儒《品茶要录》评价甚高。明代时，黄龙德就仿照陆羽《茶经》、黄儒《品茶要录》体例，叙说明代茶事。

▲《品茶要录》书影

是否评价过高了

接下来要说的这本茶书的主题也是北苑茶。它虽没能入《四库全书》编修者之眼，却是宋代茶书中名气最大的，史上唯一由皇帝亲自操觚的茶著。它就是《大观茶论》，出自宋徽宗赵佶之手。或许是沾染皇家的光环，至今一些人提到宋代茶书，就不假思索地推崇《大观茶论》。

应该说，宋徽宗笔下对北宋时期蒸青团茶的产地、采制、蒸压、鉴辨、品种、斗茶、藏焙等详加阐发，洋洋洒洒，行文用语充盈着皇家气息，对品茶高雅、情趣的认知与追求亦流露殆尽。宋徽宗是艺术皇帝，文采飞扬，才情恣意。论茶文之工，可与《大观茶论》相比肩者，的确不多。初读颇能引发情思，再读便疑窦丛生。毕竟茶事是实践性很强的活，未涉茶事的官员墨客们留下美妙的诗篇不是问题，但推出专业性的著述绝无可能。像前面提到的范仲淹，其诗文洒脱，但经不起蔡襄挑疵。宋代几部北苑茶书的作者，或在建安主政，或者如宋子安、黄儒、熊蕃与熊克父子，索性都是建安人，一出娘胎就浸泡在品茶鉴水的环境中。试想，赵家皇帝身居幽宫，奢华靡费，是属于琴棋书画的。遍览徽宗本纪，未有稼穑之迹，况且北苑御茶园远在福建，若非亲历，岂能详尽论述采摘时机的掌控、制作火候的拿捏、工艺与成品茶品质的微妙关系？

大觀茶論

宋徽宗

嘗謂首地而倒生所以供人求者其類不一穀粟之于饑絲枲之于寒雖庸人孺子皆知常須而日用不以時歲之舒迫而可以興廢也至若茶之爲物擅甌閩之秀氣鍾山川之靈禀祛襟滌滯致清導和則非庸人孺子可得而知矣中澹間潔韻高致靜則非遑遽之時可得而好尚矣本朝之興歲修建溪之貢龍團鳳餅名冠天下而壑源之品亦自此而盛延及于

谈到宋代茶著，如果动辄拿《大观茶论》说事，是否冲着帝王的名声而实则是矮人看戏，随人说短长？

所以，对《大观茶论》的评判，倒是适合用这个原则——一分为二。其中采茶、制茶之论，显然都是二手资料，难逃拾人牙慧之嫌。只有"点茶"篇，论述详细而深刻，见解精辟，这是因为点茶之技，徽宗是有实际操作经验的，并总结出了静面点、一发点等点茶之法。蔡京《延福宫曲宴记》载，北宋宣和二年（1120），徽宗延臣赐宴，表演分茶之事。徽宗令近侍摆好兔毫盏，置入研磨好的茶末，然后亲自注汤、调和、击拂。只见指绕腕旋之间，晶莹闪亮的汤花浮于盏面，呈面之发酵状，极富疏星皎月之韵。徽宗十分满意，一边嘚瑟"这是朕亲手点的茶"，一边分给众臣。因为徽宗点茶点得娴熟、点得精妙，所以他也就有自己独到的见解，不拘泥于前贤之论。有意思的是，追求极致主义的徽宗在点茶方面反倒强调实用。如很重要的用水，中泠泉、惠山泉虽好，可除了当地之人，谁又能轻易得之呢？所以只要"清轻甘洁"即为美。至于茶具，在崇金尚银、"汝官哥钧定"窑琳琅满目的宫廷，徽宗为什么选用一个民间的肥厚的粗粝的建盏呢？说白了，还是要最佳效果。

宋太祖立国，把成本降到极致，一件黄袍而已。宋徽宗亡国，也把玩物丧志、纵欲败度推向晋惠之愚、孙皓之暴、曹马之篡难以企及的地步。即便论茶，宋徽宗提出品鉴的甘、香、重、滑之硬件与冲淡、简洁之高韵，虽值得肯定，但多过于浮夸轻佻。至于他将其与治国联系起来，以为人尽其才如茶尽其用，岂不显得滑稽至极？

父子相承

北苑贡茶属于蒸青茶饼类，如龙团、凤团。压制茶饼用模具，模具有银模、铜模，模具上主要的图案是龙。圈有银圈、铜圈、竹圈。模具的形状有圆形、方形、棱形、花形、圭形、多边形等。《斗茶歌》中的"方中圭兮圆中蟾"，就是描写茶饼形状的。"香於九畹芳兰气，圆似三秋皓月轮"的龙团凤饼具体是个什么模样，在熊蕃与熊克父子的《宣和北苑贡茶录》中可以一睹芳容。

熊蕃也是建安人，长于吟咏。《宣和北苑贡茶录》详尽记述了建茶沿革和贡茶的种类。熊克博闻强记，于南宋绍兴二十八年（1158）摄

▲ 南山应瑞（银模，银圈，方一寸八分）

▲ 金钱（银模，银圈，径一寸五分）

▲ 宣年宝玉（银模，银圈，直长三寸）

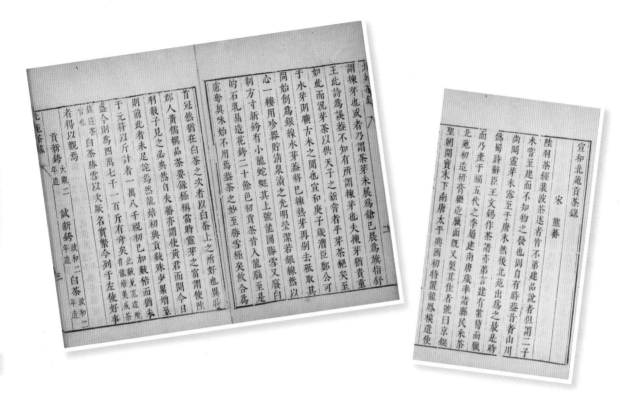

▲《宣和北苑贡茶录》书影

事北苑期间深感其父所撰的《宣和北苑贡茶录》中只记载贡茶名称却没有提供形制的缺憾而绘制38幅图附上。透过这些精妙绝伦的贡茶形制，人们可以窥见龙团凤饼设计制作的形态之美、表面雕龙画凤的图案花纹之美、传统祥瑞文化与制作工艺的绝妙组合之美……

北苑贡茶流变至南宋淳熙年间（1174—1189）时，从政郎、福建路转运司主管账司赵汝砺鉴于《宣和北苑贡茶录》在记述北苑贡茶制作中火候、用水次数、纲次、品色等方面的不足，遂萌发对《宣和北苑贡茶录》进行补正的念头，并为此征求熊克意见。熊克素有从善如流之雅量，便欣然同意。书成后附丽于《宣和北苑贡茶录》，谦逊地以目命名，不乏狗尾续貂之意。但其实《北苑别录》除了补缺之外，还详细描述了北苑产地茶场情况、贡茶的详细生产过程和每种名目的具体数量，如同一份份生产清单，颇有史料价值。于是，后世之人将其分离出来，使之单独成册。

◀ 宋人点茶推崇使用北苑茶和
建盏（视觉中国 供图）

一瓯谁与共 🍃

汉魏六朝以降，茶与文人就缠绵缱绻。文人雅士不约而同地穷尽最靓丽的字词来比拟茶叶，从"灵草、灵芽、嘉木英、瑞草魁"到"尤物移人""破睡当封不夜侯"等。茶与赋、文、诗、词、曲、联、画等反复碰撞，使品茶变得情趣盎然，清雅悠远。文人是茶文化的创造者与实践者，是茶文化精神的践行者，不经意间大大拓展了茶的价值空间。饮茶之事不知不觉就这么诗化了，在诗的抑扬顿挫中越来越散发着茶香的律动。

骚人雅士的准星只要与帝王的喜好一致，那么共同推崇的对象绝对登峰造极。北苑的龙团凤饼就是这个情况。当然它并不是孤例，明代的鸡缸杯，也是一器难求。北苑茶香在勾起诗人嗅觉、味蕾的同时，也让诗人从中捕捉到了无穷无尽的灵感。诗歌的国度从此开发出了一块茶诗领地，让中国的诗歌在此久久驻留。茶叶茶人、茶品茶事、茶德茶情、茶理茶趣、茶礼茶道统统诗化了。

宋代茶事空前兴盛，文人空前风雅。龙团凤饼冠绝天下，茶是北苑茶的天下，茶诗何尝不是北苑茶诗的独秀峰呢？

歌颂北苑茶的名流之多、数量之巨、评价之高、跨度之久，同时代的其他茶品如江西双井、浙江日铸等都只能羡慕嫉妒恨了。一个时代的顶尖大文人，如王禹偁、林逋、范仲淹、梅尧臣、欧阳修、蔡襄、苏颂、王安石、苏氏兄弟、黄庭坚、秦观、李清照、陆游、周必大、辛弃疾、白玉蟾，把最美的文字馈赠给了北苑茶，把最佳的意兴赋予北苑茶诗词。据统计，大约有 500 首，数量也是空前的。此后任何一款茶都无法与之媲美，此后任何一个朝代也无此胜景。即便改朝换代，对北苑茶的追思依旧弦歌不辍，耶律楚材、文征明、郑板桥等宋之后的文人们又为后世留下约 200 首北苑茶文化的诗作。

北苑茶与文人的人生际遇、心态、追求、情趣、人格完全联系在一起了。

赠茶是当时文人间最常见的问候与情谊的见证。北苑茶稀缺，当然也是宋代文人交往中最珍贵、最雅致的赠品。文人赠茶时一并寄上诗作，被赠者要和诗答谢。北宋元祐五年（1090）春，福建建安壑源山上的新茶面市，转运使曹辅给远在杭州任太守的苏东坡"快递"了一些，并依照当时风尚，同时呈上一首七律。鉴茶水准很高的苏东坡喜不自胜，当即品饮，和诗《次韵曹辅寄壑源试焙新芽》答谢。于是，"从来佳茗似

▶〔南宋〕刘松年《茗园赌市图》

佳人"横空出世，千年清新。或许，这是历史上难以计数的茶诗中最灵动的一句。

近年来，北宋的历史文化很吃香，苏东坡当之无愧成为最佳符号。从"苏轼"到"苏东坡"，里里外外都被挖了个遍，仅仅吃的方面，苏东坡一人就撑起一桌菜。其实，茶对苏东坡亦然。种、摘、制、品、斗、用水、烹茶、茶器等，一人从茶园到茶杯，完全可以撑起一条"苏茶"产业链。从湖北到海南，从江西的双井茶到四川的月兔茶，从"乳瓯十分满，人世真局促"的愤懑到"一蓑烟雨任平生"的释然，苏东坡还是把最美的赞誉给了福建茶。他"独携天上小团月，来试人间第二泉"，并认为建茶"森然可爱不可慢，骨清肉腻和且正"，天生具有君子的品性。苏东坡曾给歙砚、柑橘做传，同样也用拟人化手法为福建茶写了《叶嘉传》。按照他的脾性，他应该对福建茶是做了专门研究的，可当今的福建茶人怎么就没留意苏东坡的茶思想呢？难道是因为北苑茶诗的汪洋大海中随便舀取一瓢都浮光跃金，所以才无暇兼顾吗？

欧阳修赞曰"不是人间香味色"，苏辙叹道"闽中茶品天下高"，陆游发出"建溪官茶天下绝"之感慨……每一首北苑茶诗，都是福建茶的千年广告，明清福建茶产业的大突破就此奠定了基础。但今天我们在浩繁的文化遗产面前反而头晕目眩，理不出个头绪来。

宋代为茶文化发展提供了一个自由驰骋的舞台，而茶也没有辜负那个时代。大唐的茶风沿袭至宋时更加兴盛，并开启了一个新的饮茶方式：点茶法。宋人赋予它以"雅"的意境和韵味，使得这种饮茶方式充分承载起文化的风格，体现出审美情趣、生活的从容淡泊和雅致。"烧香、点茶、挂画、插花"为宋人四般闲事，此之"闲事"不是闲暇之事，而是经济、社会、文化生活中一个人的生活状态和人生体验。

无形中，北苑茶记录下人生精彩。南宋乾道五年（1169），大名鼎鼎的主战派胡铨过生日，周必大写诗祝寿，还送上了北苑茶8饼。3天后，胡铨和诗，周必大又作《邦衡再和再次韵》，两人相互勉励，愿以西汉良相王嘉为榜样，共展抱负。

有宋一代，烹茶品饮之风，一如宋之工笔，细腻讲究。"一瓯谁与共"，饮茶器具也已经成为茶叶品鉴的一个重要元素了。"伊公羹，陆氏茶。"将陆羽所煮之茶与伊尹负鼎煮羹相媲美，其匡时济世之抱负恰与宋代文人的理想相契合。

▶〔北宋〕苏轼《啜茶帖》

道源無事只今可託
杜顥吸茶店有少事須至
面白 孟空多少好
然至 上

茗战不争

茗战，就是斗茶，原产地是福建，至迟于五代时就在文献中有了记载。而要说清楚斗茶，显然还要从如何喝茶讲起。

饮茶流变到大宋

喝茶，自然离不开水，陆羽《茶经》就有专门的论水内容。唐元和九年（814），状元张又新《煎茶水记》问世，这是史上论水最有分量的著述。张状元聪明，有见地，特别是其疑古精神，更为后世津津乐道。古人说"见贤思齐"，张又新不服，"岂能仅仅思齐就够呢"？他最具代表性的话是这样说的："显理鉴物，今之人信不迨于古人，盖亦有古人所未知，而今人能知之者。"的确，茶是不断演进的。比如，"传统的中国茶"说法本身就很含糊，是唐宋还是明清才称得上传统？实际上，中国茶的传统并不保守，不保守才是中国茶生生不息的底色。

陆羽扬弃前贤煮茶法，把茶从食用阶段升华到饮用层次，从此"煎茶"取代了"煮茶"，完成了饮茶史上的第一次革命。煮茶需要茶器，而煎茶是不讲究器具的，这就推进了茶器的专门化发展。目前发现的最名贵的茶器无疑是陕西省法门寺出土的唐代宫廷茶具，从烹煮到饮用、贮藏，一应俱全，美轮美奂，一出土就震惊了世界。不仅中国人至今还在深入研究，日本人也有钟情者，如棚桥篁峰，竟然依据出土文物，将唐代茶道复原为20个流程。

唐代的都市文化活动场所多集中在宫廷和寺院。理郡酬酢、好友相逢、亲人话别，多以寺院为中心展开，通过举办茶会而铺陈开来。一次，王昌龄途经洛阳，好友洛阳尉刘晏就携随从在天宫寺设茶宴雅集，以洗心尘。既然茶席设在寺院，座中当然不能没有高僧。人、茶、佛三元素支撑起了一场富有禅意的茶席。

宋代就不同了，大量的文化活动就在十字街头展开，世俗的文化、市井的文化在这个时期开始大放异彩。茶楼酒肆、巷陌街坊都成为士人呼朋唤友来来往往的空间与场所。这在《清明上河图》中一览无余，在《东京梦华录》里比比皆是。

于茶而言，唐代流行的煎茶法，其繁文缛节自然束缚不了宋人解放

▲〔南宋〕佚名《斗浆图》

思想的冲动。煎茶重在煮茶的锅，要领在掌握水的沸腾时机，茶本身似乎成为配角了。这与宋人追求雅致以及对茶的认识格格不入，于是宋代茶人推出了自己的时代之饮法，即点茶法。

纵观中国饮茶方式之演变，基本遵循从繁到简的规律，其中不乏审美的追求。文明的起源最初都是基于实用，然后才吸纳艺术因素。茶艺程式也是它所处的那个时代自然与人文的折射、诗性与思辨结合的产物。

云脚粥面

点茶法，就是饮用时先将饼茶碾碎成粉末，再用极细的丝罗筛过，然后用茶则（民间烹试茶时量取茶末入汤的量具）将茶末放在茶碗里，

▲《荈茗录》书影

注入少量沸水，调成糊状，用茶筅（一种用细竹丝制作的类似打蛋器的茶具）搅动，茶末上浮，形成粥面。饮用时连汤带茶，一点不漏。茶与水的比例要拿捏得恰到好处。茶少汤多，则云脚散；茶多汤少，则粥面聚，故谓之"云脚粥面"。因为这种茶汤经过注水、搅拌后，上面会有一层极细腻的白色泡沫，时人便以茶汤色白程度来品定茶质优劣，自然演绎出了斗茶胜景。

点茶的最高境界是体悟茶中"三昧"（点茶时须专注，摒弃杂念，自然就会进入一种境界；后人亦有用"三昧"表示领悟了其中真谛的意思），点茶高人就被称为"三昧手"了。时人多有赞之，所谓"闲中一盏建溪茶，三昧手，不须夸"。

不知点茶哪来的魔力，竟将达官显宦、文人骚客、市井细民统统卷了进来。茶人智慧的碰撞又激发出新的花样，"点"出了极致，"点"出了文雅，这就是"分茶"，也称汤戏、茶百戏等。分茶，最早的记载出现在五代宋初人陶谷的《荈茗录》中，即茶点好后，在白色的茶沫上绘飞禽走兽、花鸟虫鱼，如水之丹青。虽然须臾就散灭，但极富情趣。今天，人们常以咖啡拉花来形象地比拟。《荈茗录》记载，僧人福全是当时的一个茶百戏高手，具通神之艺，众人吹捧多了，他也飘飘然起来，竟敢嘲笑陆羽只会煎茶，不过如此而已。茶百戏后来一度失传，但近年来，在武夷山等地又有爱好者重拾此艺，在茶聚中时不时就露一手。

从分茶的表演技艺来看，点茶在一定程度上已经开始脱离饮茶的实用功能而走向审美。有不嗜茶者，认为品茶的器具众多，程式繁杂，耗时费力，而不知这恰恰是茶与其他饮料最显著的区别之处，也恰恰是这一点成就了茶饮的审美与茶之为"经"的理由。

如果说分茶还流淌出一种淡雅的文人气息，那么斗茶则如一场极富趣味的运动会，多少流露出功利与世俗色彩。

斗茶总体程式与点茶无异，只是斗茶有比赛规则，而点茶仅仅是品鉴而已。斗茶评判的标准主要是两条，一是汤色、汤花以纯白均匀为上，依次是青白、灰白、黄白；二是汤花持续时间长，与盏接触面没有水痕者为上。斗茶胜负的关键是茶末研磨细腻，点汤击拂恰到好处，汤花久聚不散，行话叫作"咬盏"。既然是斗茶，当然要有看家之茶，前面提到的王家白茶就是王家的制胜法宝，而叶家白茶也是叶家的撒手锏。有时，高下难分，胜负就在一水两水之间。所谓"建安一水去两水，相较

岂知泾与渭",输赢都很难判定。

　　陆游提举福建路常平茶事（宋时主管茶盐司的最高行政长官称"提举常平茶盐公事"，只有福建路是个例外，只主管茶事，盐事另行设置，足见北苑茶之于朝廷的重要性）时，在南宋淳熙六年（1179）的一天目睹了武夷山开台竞茶赛。那次斗茶的目的是征集北苑贡茶的上等原料，从另一侧面也足见当时的贡茶制作管理之严苛，每个环节的要求都极为细化，尤其为了更加准确量化，竟然引入了竞争机制，类似今天的招标制。正是这次观赛，完全颠覆了陆游的三观，乃至于其在《建安雪》一诗中起首就高歌："建溪官茶天下绝。"

　　今天，人们想象昔日斗茶的精彩，尽可以走进范仲淹《和章岷从事斗茶歌》的场景中体会"林下雄豪先斗美"的酣畅快意。这是斗茶诗歌中的绝品，完全可与唐代卢仝的逸品《走笔谢孟谏议寄新茶》相媲美。南宋刘松年《斗茶图》《茗园赌市图》，元代赵孟頫《斗茶图》和明代顾炳《斗茶图》，都将宋代街头茶市斗茶情景描摹得淋漓尽致，对茶贩的装扮、生炉煮水的方式，如何提壶注水以及举杯品饮等细节的刻画都极为传神。同时，这些美术作品也传达出很多信息，如民间斗茶赛中，汤瓶、茶盏等不是太讲究，"斗"的成分明显比蔡襄时代稀释了很多，似乎更多的是在"品"，品而后再售，品与售有机地结合在一起。小贩们带着磨具，或许表明宋代时的散茶也是须经研磨，然后再冲泡吧？

　　综观宋时的"斗茶"，实际上是"比"，通过公平公开的比较来检验茶的质地。斗茶，不是斗气，更不是斗争。明代曹士谟有言："茗战不争，汤社不党，茶之君子。"汤社，即虽常聚会饮茶但不结党营私，彰显君子人格。倒是今天的一些茶事活动中，存在"斗"是为了"炒"的狭隘现象，弄个"茶王"什么的荣誉，好把茶卖个高价钱。如果仅仅停留于此，于人于茶都走不远。

　　斗茶时尽可以吆五喝六，宣泄制茶的艰辛，享受品茶之快乐，但不可遗忘了史上茶人馈赠的精神气度和清意高远的追求，正如《和章岷从事斗茶歌》所描绘的，"众人之浊我可清，千日之醉我可醒"。屈原匡时济世、以天下为己任的理想抱负，岂不是范仲淹"先天下之忧而忧，后天下之乐而乐"的源头吗？今天的斗茶赛依旧是各项茶事活动中最精彩、最抢眼的项目，辐射之广远超古代，但该扬弃什么，也依旧颇费思量。

▶〔南宋〕刘松年《斗茶图》局部

兔毫盏里滋味高 🍃

点茶、斗茶，当然要有茶具，高规格的点茶、斗茶对茶具有很高的要求。而说到茶具，要从魏晋时谈起，因为当时的青瓷茶具已经成型，如著名的鸡首壶。在福建霞浦，也出土了晋代青瓷茶具五盅盘等。

▲ 福建霞浦出土的晋代青釉五盅盘（宁德市博物馆 供图）

"邢不如越" 吗

陶瓷衍迁到了唐代，"北白南青"的格局已经奠定，即北方流行白釉瓷，南方崇尚青釉瓷。至于茶具，唐时一般称瓯，或碗，或杯，或汤瓶，或茶注，并且出现了茶托。如刘禹锡被贬为朗州司马时，月下独饮，思绪万千，吟出"今宵更有湘江月，照出霏霏满碗花。"自称"别茶人"的白居易收到友人相赠的茶欣喜若狂，即刻汲水烹煮，以为"满瓯似乳堪持玩，况是春深酒渴人"。他的诸多诗中，多用瓯字，如"食罢一觉睡，起来两瓯茶"。

陆羽在《茶经》中有二十四器的专论，还提出过一个论断引得后世争议不绝，即"邢不如越"，就是邢州的白釉瓷不如越州的青釉瓷。理由呢？一是邢瓷类银，越瓷类玉；二是邢瓷类雪，越瓷类冰；三是邢瓷白而茶色丹，越瓷青而茶色绿。若干年后，著名史学家范文澜批评其以瓷色与茶色相配来定质地优劣，着实太离谱。不过，为陆羽辩护者更生猛，他们的理由是：陆羽是何等人物，会不明白邢州白瓷货走天下的美名？在《茶经》中，陆羽实则是从审评的角度看茶具。唐代流行蒸青饼茶，汤色是绿的，最佳茶具当然是青瓷。但问题又来了，如果是审评，使用白色茶具，对比度不是更强吗？或许，我们都还没有真正理解先贤的意图！因茶成就了茶具，解析了茶具，故当从茶入手。

高古意蕴，自然造化

白也好，青也罢，白、青统治天下的格局中硬生生杀出一匹黑马。不须太多的解释，一切都是源于斗茶。

茶色白，宜黑盏，所谓"取白注黑乖所宜"。为了能更好地分辨茶色，黑瓷就成了理所当然的选择。因为只有在黑色茶器中，白色茶汤才能达

▲ 南宋黑色光素漆盖托（福州市博物馆 供图）

◀ 建盏的尺寸方圆之内，灿若星河，仿如宇宙（薛瑜婷 摄）

到最佳的辨识度。"建安所造者，绀黑，纹如兔毫，其坯微厚，熁之久热难冷，最为要用。出他处者，或薄或色紫，皆不及也。"这是最著名的北苑贡茶监造者蔡襄的观点。而最著名的点茶高手宋徽宗赵佶也所见略同。两个人的人生没有交集，但他们对茶艺的认识与追求竟高度契合。

由唐代的瓯与碗到宋代的盏，茶具的变化不是简单转换，实则是晋唐豪放习气向赵宋优雅内敛审美格调的收缩。后世紫砂壶的出现，摒弃了繁复的程式，就更为自由自在和自我陶醉了。一部茶具史，也是由繁到简，由实用发端，逐渐演化到实用与审美并举的过程，其中透射出茶文化衍迁的隐形脉络。

产于建州的茶盏为建盏，是宋代常见的黑釉茶具，厚重粗朴。其状如倒扣的竹斗笠，敞口小圆底；内胎较一般陶瓷为厚，又有砂眼，利于保温。代表性产品有兔毫盏、鹧鸪斑盏等。兔毫盏表面分布着雨丝般条纹状的析晶斑纹，类似兔毛；鹧鸪斑盏上布满斑点，如鹧鸪。命名都极为形象、贴切而自然，而且还带有文气。宋时的毛笔有用兔子毛制作的，所以兔毫有文雅之意。

中国科学院上海硅酸盐研究所自 20 世纪 80 年代至今与福建博物院合作，对建盏开展了系统研究。专家通过观察建盏黑釉的显微结构，指出釉面条纹或斑点的形成是氧化铁因过饱和而在釉表面析晶所致。纹路、斑点纯粹是自然的造化，呈现自然之美，如汝窑寂静，哥窑开片，钧窑耀眼。工艺上的差异产生窑变，循规蹈矩的程序却出现不可控的结果，因而引发人们心旌荡漾，也把黑瓷推向历史的巅峰，取得陶瓷史上黑釉系最高的成就。

建盏色黑，但从不黑暗，反倒如星夜般深邃，引人沉思与遐想。古人把玩建盏的方式是"握"，即抓在手上，杯口朝下，好像人与杯在交流。拥有如此高古意蕴的现世雅好者，不知还有几人？

建盏又名天目碗

斗茶不仅中国人喜欢，日本僧人南浦绍明等把这一套玩法搬到日本后，据说其引发的炽热程度不亚于大宋。不少建盏精品也就漂洋过海到

▶ 一盏一匠心（图虫创意 供图）

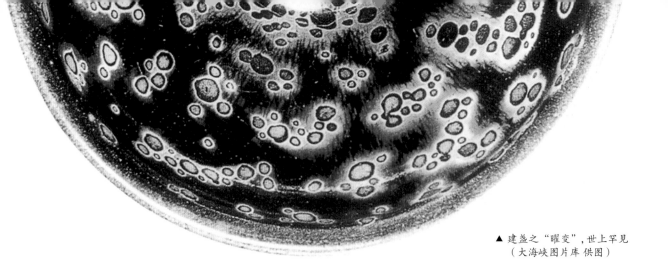

了日本,并拥有了一个新的名字:天目碗。接下来的轨迹就是:追捧,被书院茶道指定为唯一名贵茶碗;次鉴赏;再收藏,一时价值倾城。那个陈列在东京静嘉堂的"碗中宇宙"曜变天目,不知是否还有更好的文字来描述其玄奥?

中国茶叶很早就走出去了,但茶文化却大多留在了本土。实在要寻找一个成功的例外,可能就是建盏了。至少,建盏在国外已经荡出了大宋茶文化的涟漪。

中日两国一衣带水,但两种文化的审美情趣很不一致,甚至截然相反。中国歌颂名山大川,日本赞赏涓涓细流。日本在色彩、音乐、文学等领域皆以素净、简约、纤细、寂静为最高准则,与中国人欣赏的欢快、喜庆、热烈、高大、雄浑分明就是两个极端。显然,一国文化要走出去,寻找共同语言很重要。就建盏而言,其以自然厚重的质地、幽深的颜色、钝黯的光泽、冷寂的触感,承载了日本茶道的美学理想,与日本美学强调的"侘寂"理念完美契合。侘,是在简洁安静中融入质朴的美;寂,是时间的光泽。日本人的侘寂美学意识,大概有如中国文人雅士钟情于紫砂壶吧!

当年,有多少建盏流到了日本肯定无从考证了。能说得清楚的,比如,福州洪山镇洪塘窑烧制的酱釉薄胎陶罐,在日本叫"唐物茶入"。福清东张窑烧制的黑釉盏、福州建新镇怀安窑等古代窑口烧制的茶杯等茶具在日本都有发现。当然,最顶尖的建盏也都流入日本了。

有人说,产茶的地方多有瓷。这话大抵不错,如浮梁茶之于景德镇瓷器、北苑茶之于建盏、安溪茶之于德化白瓷。茶与瓷之间珠联璧合,是文化意义上的知音,更是产业发展的内在关联,当为今天茶产业发展规划者所深思。

茶法，终归一统

早在汉代，老祖宗就为朝廷的专卖制度创造了一个极为传神的新词——榷。榷，本义是渡水横木，不知何时演变为独木桥之意，再后来就引申为专卖。汉以来，盐铁是朝廷专卖制度的专有名词，至唐代悄悄增添了新的内容，即"榷茶"。令其始作俑者没想到的是，榷茶竟成了后世茶业管理制度的核心内容，并成为中国茶业史上一个里程碑式的标志。但是茶业管理，不是有了一个制度就可高枕无忧了，其难度真的不是我们能想象的。

榷茶之始

唐文宗时期（826—840），权臣郑注建议榷茶，以供朝廷之需。于是，朝廷诏司空王涯为榷茶使，王涯就成为中国历史上第一个专门管理茶行业的最高行政长官。王涯虽贵为代国公，但显然是一个混账的"茶局长"，他主张将茶户所有的茶树统统移植到官营茶场，非官营茶场产制的茶叶不准买卖流通。树挪死，这是常识。果然，这位老兄的瞎折腾引发民怨，结局连他自己都没有想到，他终因宦官乱政而稀里糊涂被腰斩，并殃及家门。他的后任令狐楚头脑就清醒得多，洞悉了王涯的榷茶"有同儿戏，不近人情"，是典型的蠹政。

王涯死了，榷茶还要继续。为使榷茶顺利实施，必须严刑峻法，但没想到过犹不及，结果引发私茶猖獗。唐宣宗时期（847—859），裴休针对贩私行为推出更严苛的刑法，让人后脊发凉。"私鬻三犯皆三百斤，乃论死。长行群旅，茶虽少，皆死。"州县官员日子也不好过，一旦失察，以"纵私盐论"。裴休立税茶法12条，征收办法是在重要关卡设专门人员，当面估值交税，税率1/10。至于缴纳物，则可多样，可用钱、布匹、绸缎、药材等。

茶法屡变

拜大运河所赐，唐代饮茶普及，延展至宋代，茶叶生产、流通与边境贸易空前活跃。北宋乾德二年（964），朝廷就在京师、建州、蕲口以及边界开始置榷场。与唐代不同的是，宋时，茶、盐就取而代之成为

▲ 建盏中最有代表性的宋代兔毫束口盏（陈琦辉 摄）

专卖的主角了。《宋史·食货志》中，"茶、盐"二字常常连用，且使用频率极高，凸显出茶业经济在宋代举足轻重的地位。

茶业经济空前繁荣，规范茶业管理的茶法自然不可或缺。但从历史文献看，茶法让宋代朝廷上下伤透了脑筋，尤其是北宋时期。如果用一个字来概括北宋时期的茶法就是："变"；用两个字来表述，则要再加上"乱"。元代时，脱脱修《宋史》，也频频使用"屡变、屡易"等词汇，估计也被搞晕了头。简单梳理一下，比如：

北宋淳化二年（991）施行贴射法，北宋淳化四年（993）初行交引法而罢贴射法，茶利大增。所谓贴射，就是官府不再直接经营茶叶，其收益损失由茶商向官府贴纳，茶商补偿后，官府发放凭证，茶商持证向园户购茶销售。所谓交引，就是商人向官府交纳钱物后领取的货物运销凭证。贩茶者领取的凭证称"茶交引"。此外，还有盐交引、香交引等。

北宋咸平五年（1002）立三分法，即"以十分茶价，四分给香药，三分犀象，三分茶引"。可见，当时官府手中积淀了不少香药珍宝，否则怎么会把香药、犀角、象牙这些海上贸易得来的珍宝当硬通货偿付给贩运的商人呢？

北宋天圣元年（1023）恢复贴射法，执行了3年，没想到茶利都到商人腰包去了，官府仓库则堆满了劣质茶。众多官员因此受到处罚，枢密副使张士逊、参知政事吕夷简、鲁宗道等高级官员被罚俸一个月，御史中丞刘筠等被罚铜20斤。

宋代茶法之乱，除了体现在不断变化这一方面外，各地标准也不一，东南诸路与西川路不一致，即便在东南，福建路也与两浙路、江南路有差异。福建禁榷时日明显长于他处。

私贩不绝于途

宋代承袭了唐代的茶业禁律，且更严苛，对私自藏匿、贩卖、毁坏茶树，贩卖假茶以及主管官员走私贩私等行为，一旦发现，按数量论罪，轻者黥面、流放，重者弃市砍头。利剑时刻悬在头上，冷森森的，令人不寒而栗。但具讽刺意味的是，朝廷管制意图与实际达成效果之间极不匹配。贩卖茶叶的利润是很丰厚的，尽管茶法谨严，私自交易仍不绝于途。有成群结队的走私集团，甚或与官府勾结，恣意妄为。也有官员、

▲《宋史·食货志》书影
（中国国家图书馆 供图）

文人们虽饱读诗书，但在利益诱惑面前不顾廉耻，走私贩茶，沦为一个典型的见利忘义之徒，甚至到了非议尧舜、肆意诋毁孔孟的地步。

既然隆刑峻法也难奏效，就难免出损招。北宋大中祥符五年（1012）的一天，负责财政的三司上奏，建议针对违法贩茶者，动员其家属向官府揭发告密。还好真宗皇帝反复思量，觉得有违传统教化，朝廷不该推出这样的阴招，遂断然遏止。

当然，更多的官员一直认真思考如何改进茶法。北宋熙宁四年（1071）三月的一天，神宗与文彦博、吴充、王安石等在朝堂讨论过往茶法之失。文彦博、吴充都肯定了西北用兵坏了茶法，加之茶法不断变易，茶商、茶户无所适从。王安石干脆质疑，榷茶制推行了这么久，朝廷究竟得到多少油水？此时的王安石正主导变法，意气飞扬，提出朝廷依赖商人贩茶有12个弊端，诸如朝廷收入受影响；要为运销设置榷货务，即付出了保驾护航的成本；茶叶积压变质，弊端丛生。王安石在提点江东刑狱任上时就对茶法、茶叶流通体制看不惯，坚决主张罢黜榷茶之法，理由是深文峻法也没有解决私贩行为呀！

与商争利

宋代商品经济空前活跃，市场自然会培育起来，所谓"村墟卖茶已成市"。市，也就是唐宋时比较典型的与茶叶交易密不可分的草市镇，商品经集市交易然后贩运至城镇。有市，就有肆，就有坊。唐代茶商群体渐渐从传统农业中析出，但朝廷对其高度控制。至宋时，茶商的专门组织"茶行"也出现了。有了商业，就少不了商税，传统上对商业的抑制在宋代出现了180度的大转变。有学者统计，北宋熙宁十年（1077），商税收入达朝廷财政收入12%之多，远远超过茶税；个别年份商税收入竟然高达40%～50%。尤其是到了南宋时期，商税在国家财政收入中占比超过农业税，乃至于后世称其为"农商社会"。当时的商税征收方式是实行"祖额"制，即由诸课利场逐级向转运司申报日、月、年收到的实际数额，然后由户部汇总，报皇帝裁定，最后以诏令形式颁行。

商业活跃催发了借贷业火爆，官府、寺院、官员纷纷介入其中。专门从事借贷业者甚至出现特有的装束："裹巾着皂衫角带"。商业发展也带来了一系列新问题，比如，大商人趁势垄断盐、茶等资源。蔡襄《荔

枝谱》就记载，商人垄断荔枝销售带来种种弊端，诸如侵人田产、取人之女，乃至于刑事案件时有发生。王安石变法中有一项内容是"市易法"。什么内容呢？就是在汴京设置专门的市场，收购滞销的产品，市场有需求时再卖出。为此，朝廷成立了都提举市易司，从事川茶、京师茶买卖，包括京师的水磨茶。北宋元丰七年（1084），朝廷就购买了建州蜡茶17万斤，结果大量积压，府库堆积如山，时间一长，茶叶霉烂变质，以至于连王安石都叹息官茶粗恶不可食，索性一把火烧了，或直接扔进河里。王安石变法的目的是"以财利兵革为先"，即富国强兵。但显然在执行中，其却演变为将商人权利收归朝廷，与商人争夺商业利润，与初衷出现偏差。

茶业的高度管制，带来的第一个负面效应如上所述，是贩卖私茶，甚至走私到辽、金等地，官府禁而不绝，结果有基层官员提议索性放开茶叶经营。其次是假茶泛滥，层出不穷。上交官茶中杂以皂荚叶、槐树芽、柿子叶等。温州茶农用桑树叶子冒充茶叶出售，以至于出现了"温桑茶"这一假茶代名词，连宋徽宗都叹息无可奈何。宋代时科举制度已经成熟，通过层层考试选拔出的能人特别多，士大夫群体个个才情充沛，可是谁都没能把茶法整出个名堂。但也就在徽宗时期，准确点说是北宋崇宁四年（1105）后，茶法基本稳定下来了。

这与一个人的出场有关，这个人就是蔡京。

政和茶法

蔡京在历史上背负巨奸恶名，但中国的茶法却绕不开他。蔡京的茶法变革之路也不那么顺畅，于1102至1117年的十几年间历经了三次大的变更。

先是废除了通行40年的通商法，恢复官购商销的禁榷制，由官府直接参与茶叶买卖，并独占关键环节。而通商法是朝廷向园户收茶租，向茶商收茶税，允许商人与园户直接交易的茶法。

次则又废除了官榷法，在淮南茶区时断时续实行过贴射法，即茶户可与商人直接交易。看得出，茶政更宽松了。

最后确定了以加强国家管理为主要内容的"政和茶法"。

政和茶法的好处在哪？其集合了前两者的优点，激发了商人的积极性，为朝廷增加了茶利。这显然是蔡京"商农相因"思想的落地。蔡京在户部尚书任上曾气势逼人地与"限商派"展开论战。蔡尚书提出，如果商业不活，产品怎么销售？商品一旦积压，受害的是农户。农商不能相养，岂不置百姓于水旱之际？这不是治理朝政的良策啊！

宋代茶叶产区大大扩充，民间有"千茶万桐，一世不穷"之说。淮南、江南、两浙、荆湖、福建等产茶之地设有山场，种茶制茶者统称"园户"。园户纳租后，还要把多余茶叶卖给山场。茶商贩运前，首先必须到官府缴纳现金或金帛实物，以换取用于提货的凭证——交引和笼篰（相当于今天的许可证）。交引由最高权力中枢监管，太府寺印造，都茶务发卖。茶商拿着交引到山场换取茶叶。茶叶贩卖过程中，官方统一称量、点检、封记，标注日期、商号信息、销售地、茶叶等级等。茶商到指定的贩卖地后，茶叶经当地官方再次检证后方能启封，购买者在茶引上签署购买数量。可以看出，官府通过掌控茶引以实现专卖的程序是相当严密的，颇有当今时尚的可追溯机制的味道。

茶引分长、短两种。持长引者被准许至外地贩茶，期限一年；持短引者只能在本地销售，期限一季。北宋政和二年（1112），官府规定长引 120 斤，输缗（1000 文合 1 缗）100；短引 25 斤，输缗 20。

笼篰，就是一种竹编的篓子，用于盛放茶叶，由官府制作，有不同规格。销售完毕，限期交回茶引和笼篰。

从整个交易过程不难看出，官府就是个典型的中间商。他们用商人所创造的商业智慧，去与商人争利。低价购进，高价卖出。以福建路的建州片茶为例，头金、蜡茶、头骨、山茶购进价分别为每斤 135 文、120 文、90 文、13 文，而在海州、真州的售价则是每斤 500 文、415 文、355 文、80 文，官府没收的私茶价最低，每斤只有 48 文。由于品质参差，路途远近不一，销售之地与生产之地一般价差几倍至十几倍。

蔡京是茶政法典的集大成者，但不是推动茶法"出笼"的第一人。第一人是谁？可能你会有点意外，他就是史上最有名的"理工男"，即《梦溪笔谈》的作者沈括。他晚年有篇《本朝茶法》，其中"本朝"指的是宋哲宗元祐时期（1086—1094）。后来，陆师闵、沈立都对茶法的完善有所建树。蔡京当政时，出台了《崇宁茶引法》《崇宁茶法条贯》《崇宁福建路茶法》等，林林而群，包括水磨茶法、园户茶商自相交易法、茶商持引贩卖法、长短引法、茶价确定法、蜡茶通商法、笼篰法以

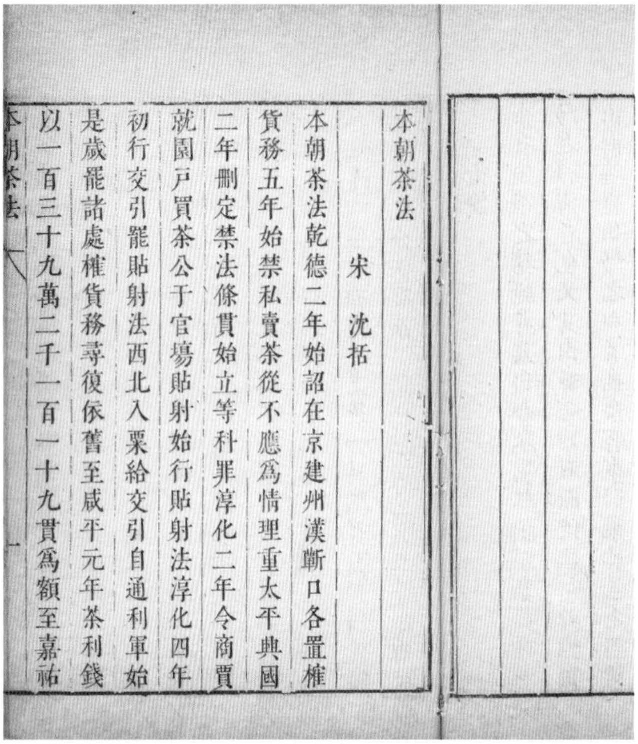
本朝茶法

宋 沈括

本朝茶法乾德二年始詔在京建州漢蘄口各置榷貨務五年始禁私賣茶從不應爲情理重太平興國二年删定禁法條貫始立等科罪淳化二年令商賈就園戶買茶公于官場貼射始行貼射法淳化四年初行交引罷貼射法西北入粟給交引自通利軍始是歲罷諸處榷貨務尋復依舊至咸平元年茶利錢以一百三十九萬二千一百一十九貫爲額至嘉祐

本朝茶法 一

◀《本朝茶法》书影

及赏罚则例等。这是茶史上最完整的一系列茶政法典。

那么，历史是怎样评价蔡京茶法的呢？

一任褒贬

新中国成立后，学术界对蔡京茶法的评价否定者居多，诸如“组织方式更加严密，剥削更加残酷”等，显然带有时代色彩。改革开放后，客观看待蔡京茶法的学者多起来了。毕竟蔡京茶法自南宋乃至后世得以继承，沿袭至明代引榷之制，为府库赢得较为稳定的税利来源。显然，其茶法是比较完善可行的，否则不可能萧规曹随。有资料显示，北宋政和六年（1116）的茶产量达 1281 万余斤。而当年宋夏议和，宋每年向西夏提供 3 万斤茶叶，与年产量相比，简直是毛毛雨了。

历史上，一种制度从初创到完善，有时需要折腾数百年，耗费无数人的心智和生命，如科举制。而一旦确立，其在文化繁衍中的作用又不可估量。的确，蔡京茶法虽没有跳脱出专卖的窠臼，但明显能看出来的是，官府从直接专卖向间接专卖转移，融合进了商品经济的因素。官府不再直接参与茶的生产过程了，不干涉茶农与商贩之间的交换，而是从宏观层面进行茶户、商贩监控，产量、质量、包装标准登记等等，大大激发了市场的活力。

而蔡京茶法之误，依旧在官府、商人、茶户三者的利益平衡上。一任朝堂利益至上，为朝廷谋福利，官府成为最大商人。这自然弱化了统治的根基，如时人所说，天下利源尽矣。不独是茶叶，蔡京的其他施政措施，如盐法、钞法等也是如此。蔡京自己显然始料未及，不然也不至于历来被抨击为苛政。形象点说，蔡京的理政就像拿个大耙子，好处尽往朝廷搂，不知不觉竟把赋税的根基掏空了，大宋被整成了一个危险的倒三角。随着宋末农民起义的风声以及金人的马蹄声起，王朝迅疾崩溃。

时光倒流至北宋政和三年（1113），宋徽宗赐予蔡京《千里江山图》，并说"天下士在作之而已"。作，即造就人才的意思。显然，皇帝希望蔡京好好为大宋殚精竭虑，打造出一个赵宋版的"基业长青图"，但结局却恰恰相反。

600多年后，《千里江山图》落入乾隆皇帝手中。他以帝王视角审视一番，题诗一首，其中有"曷不自思作人者，尔时调鼎作何人"之语。你徽宗怎么就不反思一下，竟然任用蔡京这样的人呢？

但仅仅是用人的因素吗？在同一时期的地球另一端，一个英国人说了这样一句话："一个社会的发展成果不能充分流到大众手中，那么它在道义上将是不得人心的，并且是有风险的，因为它注定要威胁到社会的稳定。"说这话的是亚当·斯密，现代经济学的鼻祖。这句话，不管怎么读，都感觉是在批评北宋之失或告诫治国理政者。

两个同时代的人，两种不同的思想状态，显然不是两个人的差异，大概反映的是清朝与工业革命萌发时期价值观的巨大鸿沟。这为后来两国的通商、法律制度等的冲突，乃至于刀兵相见埋下伏笔。当然，这是后话。

竭泽而渔，是违背常识的。蔡京一定懂得，但道理似乎是讲给别人听的，轮到自己头上就把持不住了。蔡京如此，后人亦多如此，中外皆然。每次出现世界经济危机之类的动荡，根源其实并没有专家们解读得那么复杂，有时仅仅是违背常识而已。

江山千里望
无垠元气淋
满运以神北
宋院诚鲜二
本三唐法绘
弗多敏可惊
尝世王和赵
己评一堂君
吾臣昌不自
思作人者尔
时调鼎作何
人

丙午新正月
御题

▲〔北宋〕王希孟（据蔡京跋文记载）《千里江山图》局部（北京故宫博物院 供图）

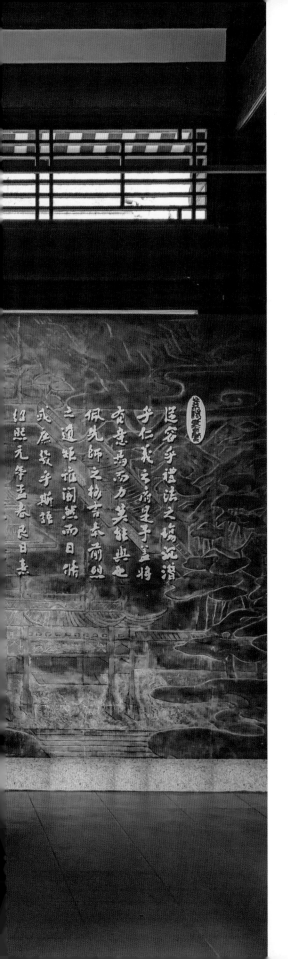

朱熹：居止取足以障风雨

靖康之变后，宋朝进入下半场，也就是后世所谓的南宋。

时代巨变的血腥渐渐散去，当尘埃落定，原有的格局完全是另一种模样。由于北方人士大量南迁，福建人口猛增，本来就"地狭人稠"的局面更加窘迫，米谷要由两广、浙西来接济，福州遂有"南船不至城无米"之说。所以，对福建来说，经济开发是当务之急，只要有利于解决温饱，农也好商也罢，赶快一起上，"农商社会"特征就在福建体现得淋漓尽致。最显著的表征，就是泉州港空前繁盛，迅速蹿升至中国第一大港地位。2021年，泉州以"泉州：宋元中国的世界海洋商贸中心"主题入选世界遗产名录，可谓实至名归。在沿海城市福州，土地交易频发，各类集市迅速发育起来，像我们今天熟悉的闽安、海口、渔溪等镇，都是在南宋时就生机勃发了。

倒是文明没有因时代变故而受影响，福建的文化教育前所未有地兴旺，官学私学并举，书院学派多得令人目不暇接。文化的不断累积，终于爆发出巨大的能量，涌动着的文脉一个接一个高高隆起，朱子理学无疑是最高耸的那座山峰。

"琴书四十年，几作山中客。"朱熹在武夷山筑构精舍，讲学授徒，著述立言，长达四五十年。显然，武夷山是儒学焕发生机而臻为中国思想文化史第二高峰的圣地，其"道南理窟"之誉名副其实，亦是中国文化重心南移的标志与集理学之大成的标杆。

朱熹治学，擅长学科之间贯通，文学、史学、教育，甚至自然现象的探究常常穿插交错。在武夷山，朱熹触目可及的都是茶，种茶、采茶、品茶、推广栽培技术、

◀ 武夷精舍，人称"武夷之巨观"，是朱熹著书立说、倡道讲学之所（图虫创意 供图）

参加茶宴等茶事活动贯其一生，其学问中自然飘散着缕缕茶香。

朱熹在教学活动中常常以茶喻学，以茶喻理，以茶明伦。一日，朱熹吃罢茶，自言自语道："物之甘者，吃过必酸；苦者，吃过却甘。茶本苦物，吃过却甘。"

他突然面对学生，发问道："此理如何？"

有学生认为其也是一个道理，对曰："如始于忧勤，终于逸乐，理而后和。"

这正是朱熹想要的答案，自然之"理"、人世之"理"通达了，天下就有了规则，社会就和谐了。朱熹以茶喻学论理，运用之恰当，令人容易顿悟，又觉妙趣横生。

朱熹的一些茶诗也很有影响。如《茶灶》就是朱熹以五曲溪水中传说的仙人遗石为题写就的，平和淡雅，却引发共鸣，历代不乏文人雅士唱和。"饮罢方舟去，茶烟袅细香。"岂止是茶香余韵绵长，何尝不是朱子理学文脉之香？茶墨俱香，上茶妙墨，与武夷秀水明山是多么和谐地融为一体。

但令后世纳闷的是，朱熹的诸多茶诗中没有一首为北苑贡茶唱赞歌。如前所述，北苑茶香降服了宋代文坛，令文人们纷纷缴械，穷尽才华赞之颂之，包括朱熹的父亲朱松也留下了诸如"仿佛三生玉川子，破除千饼建溪春"的赞叹。只是，朱熹是个例外。

按理说，朱熹是最有条件为北苑贡茶高歌的。宋代一流的文化人中，只有朱熹一生的大多数时间是在北苑贡茶区度过，而且与北苑贡茶核心区建瓯有不解之缘。朱熹童年、少年启蒙于建瓯，弱冠之年学于建瓯，成年后讲学活动常寓居于建瓯，去世前还作《致仕告家庙文》，交代长孙在建瓯建家庙祀祖。应该说，他对包括北苑贡茶在内的建茶可以说是烂熟于心的，如他说："建茶如中庸之为德，江茶如伯夷叔齐。"江茶就是江浙一带的草茶，属于散茶类，而朱熹把儒家最高道德标准以建茶喻之，可见他对建茶之推崇。

也有人说是因为北苑贡茶衰落了，这显然站不住脚。南宋初，虽然茶农起事，但官兵迅速敉平，贡茶生产很快恢复如初，北苑茶的魅力照样不减。朱熹同时代的杨万里嗜茶成癖，晚年"骨瘦如柴痛又酸"，依旧是来者不拒，尤喜建茶。"分茶何似煎茶好，煎茶何似分茶巧"就出自这老兄笔下。老朋友陆游更是沉醉在建茶中，留下了史上最多的茶诗。

而在武夷山的白玉蟾，则整天津津乐道于品茶升仙。

那么，朱熹为什么没有留下以北苑贡茶为题材的诗呢？斗胆揣测，大概恰恰与其理学家的身份有关。理学主张尊道德而道学问，强调内在的道德修养与外在的功业完美结合。朱熹特别强调君主应明德而至善，率先垂范，自我鞭策，树立远大志向。中国古代民本思想观深入人心，在中国经济思想史中，不论何流派，都对其有所体现。孔子就提出"养民、富民、教民"之说，孟子赓续而提出让老百姓治"恒产"，而朱熹的民生思想更根深蒂固，指出"民生之本在食，足食之本在农，此自然之理"，将民本思想上升到理学的高度。实践中，朱熹身体力行，有一套"平易近民，为政之本"的做法，如廉勤爱民，约束官员，体恤百姓疾苦。朱熹在出仕第一站同安主簿任上，就在县署大堂高悬"视民如伤"匾额。意思很明白，如果官员对待百姓都像对待自己身上的伤口一样，该是国家之福啊！而在漳州任上，朱熹已经60多岁了，这个年龄段的官员多是老油子了，但朱熹初心不改，发劲农文，提"正经界"（田多者多缴赋税，公平税负，减轻百姓负担），备荒赈济，发展教育，传播理学等。孔子讲"仁"，孟子重"义"，朱子崇"理"，虽侧重点不同，但首先都强调要有道德修为。儒家认为，通过"定其家、正其身、治其心、固其道"等能够修得福气，因此后世留有难以计数的家训、学规等，几至汗牛充栋。传世的治家修身经典珠玑满目，但主题归一，如孟子所言，"行有不得者，皆反求诸己"，即通过自我努力，以修德配命。作为理学家的朱熹，身体力行，比如在对待茶的态度上，一生都主张"茶取养生，衣取蔽体，食取充饥，居止取足以障风雨"，从不奢侈铺张。显然，这一态度与北宋末期的奢靡之风，与北苑贡茶不惜制作成本而劳民伤财格格不入，朱熹不为之高歌，想来就在情理之中了。

朱熹树立了一个反躬自省，加强自身修养的标杆。朱子理学自被宋理宗确立为正统的官学地位以后，元明清承而继之为国家意识形态，其对后世治国、理政、齐家、修身的价值观的影响无与伦比。很多人可能没注意到，散居在八闽山山水水间的宗祠楹联，除了传统的耕读传家、出孝入悌、勤俭仁义外，还弥漫着浓浓的理学情结，如"门多理学接程朱""守西铭族训""理学播儒经"。后世茶业政策取舍、茶叶品饮风尚变化以及明代贡茶制度变革、理趣之辩等，亦隐约可见源头在此。

武夷肉桂
Wuyi Rougui Tea

论茶自古称壑源，品水无出中泠泉。

洪希文《煮土茶歌》

元代

雨前最胜唯武夷

　　传统上认为元代茶文化遭到毁灭性破坏的观点实则是站不住脚的。殊不知，那是中国茶业变迁的分水岭。伴随着民族与文化的全面交融，传统茶文化其实被赋予了新的内涵与生机。在大俗与大雅空前交锋之时，武夷山的御茶园演绎着别样的精彩。

The traditional view that the tea culture suffered catastrophic destruction during the Yuan Dynasty is untenable. In reality, it marked a watershed moment in the transformation of China's tea industry. With the comprehensive integration of nationalities and cultures, the traditional tea culture is endowed with new connotations and vitality. At the time of unprecedented confrontation between the unrefined and the elegant, the Royal Tea Garden in Wuyi Mountain was showcasing a unique and splendid narrative.

風味德馨為世所貴然其所間

而郝源之族為甲嘉以布衣遇天子爵徹侯位

八座可謂榮矣然其正色苦諫竭力許國不為

身計蓋有以取之夫先王用於國有節取以

布制至於山林川澤之利一切與民嘉為策以

權之難救一時之急非先王之舉也君子譏之

或云管山海之利始於鹽鐵丞孔僅桑弘牟之

謀也嘉之策未行於時至唐趙讚始舉而用之

清苦先生傳

元楊維楨

先生名栐字莽之姓賈氏別號茗仙其先陽羨

人也世係綿遠散處之中州者不一先生幼而

頴異於諸卷族中最其風致卜居隱於姑蘇之

虎丘與陸羽盧仝輩相友善號曰三隽每二

人遊必挾先生隨之以故情誼日殷衆咸目之

為苑生交然先生之為人芬馥而藥朗磊落而

茶集　　卷

五

元代的茶业创新

对于元代茶事，后世总体评价不高，甚至有著述避而不谈。究其原因，不外乎是认为元代时传统的茶文化遭到毁灭性破坏。依据呢？社会动荡，文化冲突，茶著述几为空白，数得上来的仅仅是杨维桢的《煮茶梦记》《清苦先生传》一两篇小文，以及耶律楚材、萨都刺的一些茶诗。

此说不无道理，但却不自觉地以前朝为标杆。我们如果以更宏阔的视野看，这个结论显然过于草率。

忽必烈时期，马上打天下的蒙古人渐渐收起屠刀而行汉化，甚至在某些方面为传统的汉文化带来活力。为拓展政治空间，草原上兴起的民族不拒绝海洋文明，眼睛老早就盯着蓝色疆场，比南宋更重视经略海洋。终元一朝，鼓励海上自由贸易。忽必烈时期，亦黑迷失就5次出使西洋，不能不说也是一个壮举。陆路更不必说了，元代建立了驿站制度。"驿站"一词就出自元代。元代驿道四通八达，功能齐全，提供马匹、水、粮食等物资。驿站众多，自然是商业活跃、社会发展之需求。从朝廷对商人的管理看，商品流通是极为频繁的，否则官府在治理中不会法律、税收、金融等手段多管齐下，如进出驿站的商人须持"牌符"（类似今天的身份证）。朝廷发行纸钞，大大降低了交易成本，尤其是具有借贷性质的"斡脱钱"制度，降低了商业的融资成本。这一切，都把中国的商业文明推进到了一个前所未有的高度。

市场上物资充裕，显然是以农业经济的充分发展为前提的。史上总结农业经济的"五大农书"，元代独占两席，即《农书》和《农桑辑要》。这两本书，都把茶树广为栽培和茶叶制造作为重要内容来介绍。正是透过这些并不多见的文献资料，我们得以窥视元代茶业经济的特征。

《农书》有言，"茶乃国家课利之一助，民生日用之所资，上有王公贵胄所尚，下而小夫贱隶不可缺"。的确，元代茶市比宋时更为热闹，商业味道也更为浓烈。京都茶肆中有专门的"茶博士""茶三婆"等人员，且他们都掌握了一手高超的烹茶技艺。茶肆中售卖的茶品多，品质高。由于市场竞争激烈，各个商家也就不吝口舌，放声吆喝。"金芽嫩采枝头露，雪乳香浮塞上酥。我家奇品世间无。君听取，声价彻皇都。"口气倒是不小，这或许是人家真有底气吧！茶肆中既有金芽玉露，又供应塞外奶茶，使我们可以窥见不同民族饮茶风俗的融汇。

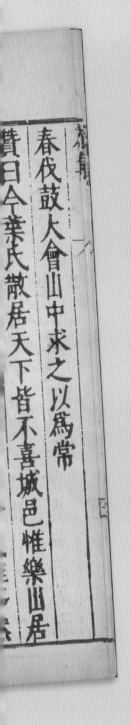

▲《清苦先生传》书影

至于产茶区域，"闽浙蜀荆江湖淮南皆有之，唯建溪北苑所产为胜"。赫赫有名的耶律楚材就酷爱建溪茶。他在随元太祖西征时作的《西域从王君玉乞茶因其韵七首》是元代茶诗的代表作，道出了自己的饮茶观。

粗放的茶政

元代茶政初期照葫芦画瓢，基本继承宋制，施行中不断完善，一度还准许自由买卖，最终过渡至引票制而稳定下来。由于元代再次疏浚了大运河，南方茶区的茶叶大量运抵北方地区。为更加规范茶叶贩运，除

了茶引外，官府还琢磨出了一个新元素，即"公据"（茶商纳税后官府开具的凭证，由中书省的户部印照）。具体做法是：茶商先向榷茶都转司缴纳茶税，领取公据，然后到产茶地按照公据载明的数量购买茶叶，再回到茶司上交公据，换取茶引，凭茶引发卖茶叶。元至元十三年（1276），朝廷对长引和短引进行明确规定：长引计茶120斤，收钞五钱四分二厘八毫，期限一年，贩茶区域可至外地；短引90斤，收钞四钱二分八毫，期限一季，只能在本地买卖。但仅仅过了4年，就废长引而专用短引，税率也大幅提高，达二两四钱五分。朝廷显然是尝到甜头，于是茶税继续大幅增长。《元史·食货志》有关茶税的资料显示：

元至元十三年（1276）仅有 1200 余锭，10 年后的元至元二十三年（1286）是 40000 锭。历经至大、皇庆间的平稳增长，朝廷看到茶税的巨大空间，遂再次加大征收力度，至元延祐元年（1314），税额就达 391876 锭，增长幅度挺吓人的。此后的元至治三年（1323）也有 289000 锭。

朝廷的贪欲，终于带来负面效应，茶户、茶商不堪重负，叫苦不迭，以致铤而走险，大量假茶引出现，扰乱了市场，官府只好严刑峻法，但出台的法令又明显带有"头疼医头，脚疼医脚"的痕迹，甚至很不人道，鼓励相互揭发。

元代茶业管理总体上比较粗糙，漏洞很大。

"客来不须茶当酒"

宋人杜耒有"寒夜客来茶当酒"名句，元代就不一样了，张可久有诗曰"客来不须茶当酒"，因为茶早就是居家必备品了。

在蒙古铁骑强劲的旋风下，宋代精致优雅的茶文化格局被冲得七零八落而迅速下沉，新的茶文化因子大量萌生于所谓"俗间"的元曲中。史上，元曲是堪与楚骚、汉赋、唐诗、宋词相提并论的，很广泛化的、接地气的，作者遍及大江南北，既有汉人也有少数民族，还有不少不知名字的真氏、王氏、珠帘秀等女子。至于内容，一年四季所有的茶事活动都囊括其中了，甚至还包括民族交往与文化融合的内容。

与唐宋时期的茶文学作品相比，元曲少了细腻，缺了风韵，却多了豪放、热烈与烟火气，可谓兼容并包。这或许是因为蒙古人的饮茶习俗与宋人截然不同。蒙古人习惯喝奶茶（往茶里加牛奶、面粉之类的东西一起煮的茶饮品）。唐宋以来的名茶，元代一并接纳，团茶、散茶概不拒绝，还经常将花果入茶，并推出茶食品。茶盏里的色彩大大丰富了。乔吉《卖花声香茶》中提到"细研片脑梅花粉，新剥珍珠豆蔻仁"，"梅花粉、豆蔻仁"即是以香花、药材等入茶。以果品入茶的记载也很多，如马致远杂剧《吕洞宾三醉岳阳楼》描写的岳阳楼茶馆掺入杏仁等果干的"杏汤"、掺入木瓜等果品的"木瓜茶"，关汉卿杂剧《钱大尹智勘绯衣梦》中赞美的以橙子的果肉调制的"金橙茶"。此外，还有"荔枝膏茶""枸杞茶""话梅茶"等，足见元代香花、果品等入茶已经相当普遍。

元杂剧中有大量各式各样的有关"客来敬茶"情节的描写。迎客点茶，送客点汤。"柴米油盐酱醋茶，应用的家活都有了""七件儿全无，做什么人家""安排些茶饭与你""客到家常饭，僧来谷雨茶"……看到没，茶与饭是使用频率很高的词汇，茶是饭，饭也是茶。闲茶浪酒、酒灶茶锅、浇茶奠酒是一种日常生活状态。张可久《满庭芳春情》曰："家家酿酒，处处闲茶……珠帘下，香销宝鸭，按舞听琵琶。"多么悠闲的生活景象啊！"临风三劝酒，对月一烹茶"，说蓬莱都是假，真是赛似神仙啊！"娇儿将学语，稚子惯烹茶"，透漏出妇孺孩童涉茶的信息，更有将小孩名唤作"茶茶"者。

石乳香自御茶园

御茶园，与一对父子密切相关。

元至元十六年（1279），江浙行省平章政事（地方最高主官）高兴途径武夷山，看到武夷茶品质优良，就亲自监制了几斤石乳，向皇帝邀宠。没想到龙颜大悦，朝廷遂下令岁贡20斤，采摘户有80个。次年，督造贡茶的浦城县达鲁花赤（元代在路、府州、县三级长官之外另设置的、只能由蒙古人和色目人担任的长官，是真正掌权者）孛罗和崇安县邑史林锡翁将此事镌刻于御茶园对岸的四曲溪北的题诗岩。

御茶园

元大德五年（1301），高兴之子高久任邵武路总管。次年，高久与地方官员不辞劳苦，在九曲溪的四曲溪畔兴建皇家御茶园，专制贡茶。元大德六年（1302）动土，崇安县尹孙瑀奉命主持建造此恢宏巨构。

竣工后的御茶园是一幅怎样的场景呢？有殿，第一春殿、清神殿；有堂，清神堂；有亭，思敬亭、焙芳亭、浮光亭、燕嘉亭、宜寂亭；有仁风门、通仙井、碧云桥、廊庑；等等。晨雾缥缈，暮色深沉，如人间仙境。时人多有诗赞，如赞碧云桥"一径入烟霞，卧虹桥百尺"，又赞通仙井"神入洞天游"。

管理御茶园的官衙设两个高官，茶园户250人，年度贡茶360斤（元代时贡茶中茶芽占很大比例，《元史·百官志三》载，"常湖二路茶园户二万三千有奇，采摘茶芽，以贡内府"；"建宁北苑武夷茶场提领所，提领一员……掌岁贡茶芽"），龙团5000饼。这显然与皇家的欲望相去甚远，于是元泰定五年（1328），崇安县令张端本在御茶园左右方又各建了一个茶场。

御茶制作，自然非同小可。朝廷派大员监制，地方官吏小心翼翼，即便如此，还生怕世人或者上司不知，所以多勒石以记。女真人完颜锐曾任崇安县尹，于元至大二年（1309）、元至大三年（1310）春两次奉上司命督造贡茶。

◀ 而今，武夷山御茶园遗址除留有"通仙井"外，还栽种着许多名贵的武夷岩茶，堪称"武夷岩茶博览园"（刘达友摄）

▶ 武夷山御茶园是元、明两代官府督制贡茶的地方，在茶史上留下了一个空前的奇迹，园内的珍灵草木裹挟着山川的隽永、岩石的韵味、云雾的清新（刘达友摄）

喊山台的余音

元至顺三年（1332），建宁总管谙都剌在通仙井旁筑造喊山台。据其《喊山台记》载，台高5尺，一丈六见方，台上有亭，曰喊泉亭。亭四周是栏杆，栏杆周边栽植花木。喊山台紧邻通衢大道，左方是溪流，正前方是金鸡岩，高高耸立，后托隐屏峰。从此，御茶园的贡茶生产也就有了固定的规制。比如，每年惊蛰日，崇安县尹率御茶园官员、场工、茶商等举行隆重的祭茶仪式，愿茶树快快发芽。祭祀仪式繁杂，仪仗队手擎彩旗在前开路，县尹要宣读祭文，曰："惟神，默运化机，地钟和气。物产灵芽，先春特异。石乳流香，龙团佳味。贡于天子，万年无替。资尔神功，用伸常祭。"接下来，随员吏卒鸣金击鼓，众人齐喊"茶发芽，茶发芽……"，很是富有情韵。

武夷山地耸岩峦秀，川洄泷濑潆，山蕴瑞气，草木敷荣，是令人心驰神往之地。元时，福建属浙江行省。刘仁本任江浙左右司郎中时常来福建，喊山仪式自然是不容错过的。一次恰逢大雨，但他雅兴丝毫不减，事后赋长诗一首，吟道："鼓噪千军勇，喧啸万蛰惊"。正因喊山声势之雄威如千军万马杀奔而来，是采茶、制茶季节的一道风景，所以每每令人心潮腾涌，诗兴大发。

明代陈君从赞喊山台曰："武夷溪曲喊山茶，尽是黄金粟粒芽。堪笑开元天子俗，却将羯鼓去催花。"清初的周亮工博览群书，多才多艺，又钟情茶事，在福建布政使任上留意观察闽北、闽东茶情和茶俗，著有《闽茶曲》10首，颇富历史价值。其一曰："御茶园里筑高台，惊蛰鸣金礼数该。那识好风生两腋，都从着力喊山来。"

当然，喊山是官方行为，首先要祈求"君恩濡泽降，天助振雷轰"，顺利完成贡茶制作的年度指标。即便到了明景泰年间（1450—1457），御茶园茶事荒废，喊山祭祀仍不能少，费用自然摊到茶农头上。茶叶上贡当然更不能缺，那怎么办？从其他地方选一些，冒充武夷茶，糊弄朝廷。这些弊政被在福建任职的郭子章发现后下令禁绝，茶农不再受折腾了，受惠的百姓理所当然把造福一方的郭公铭记在心。

而今，时过境迁，武夷山的"喊山祭茶"则是春茶开采时节不可或缺的仪式。每年惊蛰日，雷声乍现，茶芽萌发时，茶界上下都会到茶园举行喊山活动，预示着一年茶事的开始。喊山场面之壮观，如茶人的劳作号子，期盼汇聚力量，做强茶产业，做好茶文化，更如茶文化自信的一种宣言。

▶ 通仙井（郑友裕 摄）

"五马荐新茶"

御茶园的茶品质如何？

赵孟𫖯《御茶园记》的开篇就赞美道："武夷，仙山也。岩壑奇秀，灵芽茁焉。世称石乳，厥品不在北苑下。"实际上，这话并不是赵孟𫖯的原创，而是化用了丁谓《北苑茶录》里的表述，"石乳出壑岭断崖缺石之间，盖草木之仙骨"。如今谈武夷岩茶，多崇尚其"岩骨花香"，当是有源头的。

赵孟𫖯为什么写《御茶园记》呢？原来，赵孟𫖯在担任江浙行省儒学提举（主管科考、教育、文化）时，高兴是他的顶头上司。高氏父子非常看重自己督造御茶园之功，欲刻石以记之。由谁来濡笔呢？"元人冠冕"赵孟𫖯当然是不二人选。但与赵孟𫖯评价高氏父子"忠孝之美，萃于一门"不同的是，后世对高氏父子多有骂名。

张涣身为武夷贡茶督造官，感受就更深刻了，在其所作的《重修茶场记》中写道，北苑龙团凤饼当红的时候，武夷山的石乳还藏在深闺，属于茶人眼中的土茶、粗茶，专属当地乡野之人劳作之余临风自啜而已，与王侯第宅斗绝品不可同日而语。然而，武夷山的茶芽就如精灵一般，吸吮岩石之精华，浸沾朝露之高洁，劲道十足。石乳茶叶饱满，汤色翠碧、晶莹剔透，香高醇厚、回甘持久。其于清明前后采摘并制作好后，用快马送进京，上贡头春，称为"五马荐新茶"。昔日备受宠爱的龙团凤饼，已经风光不再了。

"和气满六合，灵芽生武夷。"武夷茶正式接过了北苑团茶的接力棒而跑出了福建茶的精彩。武夷茶生长在高岩石壁间，日照短，昼夜温差大，终年溪泉临幸，云滋岚润。特有的自然环境幻化出武夷茶清、香、甘、活的岩韵。如今，石乳是武夷岩茶的一个品种。时人的大量笔墨，也多渲染武夷山御茶园沟壑纵横、烟霞蒸腾、泉眼细柔之景，万斛之产量，蓓蕾之品质。

歌颂武夷茶的诗篇，元明清以降未间断过。武夷山的坑涧沟壑都成为诗人描摹的对象，留下了大量茶诗。如蔡廷秀的《茶灶石》曰："仙人应爱武夷茶，旋汲新泉煮嫩芽。"隐居武夷山的理学家杜本《咏武夷茶》曰："春从天上来，嘘拂通寰海。纳纳此中藏，万斛珠蓓蕾。一径入烟霞，青葱渺四涯。卧虹桥百尺，宁羡玉川家。"林锡翁《咏贡茶》

▶《重修茶场记》书影

曰："百草逢春未敢花，御茶葆蕾拾琼芽。武夷真是神仙境，已产灵芝又产茶。"后世文人对武夷茶的珍爱，又超越了前辈对北苑茶的钟情。福建茶文化的文脉有致，清晰可鉴。

汉时称太守为"五马"，其后衍化为一地最高行政长官的代称（有时也称一地开基者为"五马"）。明代喻政在福州知府任上时，王穉登有诗《题唐伯虎烹茶图为喻政之太守三首》之一曰"灵源洞口采旗枪，五马来乘谷雨尝。从此端明茶谱上，又添新品绿云香。""荐新"是最上等贡茶的名称，一直沿用到明代。

之用而蕃葺備其休證澇流兆其禎祥茂以尚
于此矣建人士以爲北苑經數百年之後此始
出於武夷僅十餘里之間歴産屏豐于北苑殊
常盛事曠代奇逢是宜刻石兹山永觀無斁爰
示興創頗末禪孟從受而祐簡畢焉孟從不得
辟是用比叙大槩出以授之庶幾彰聖世無疆
之休垂明公無窮之聞且使嗣是而共歲事者
益加敬而增美云

重修茶場記

元張　渢

建州茶貢先是猶稱北苑龍團居上品而武夷
石乳漈岩谷間風味惟野人專浧聖朝始登職
方任土列瑞産掌雨露寵日蕃衍縣是歲增貢
額設場官二人領茶丁二百五十茶園百有一
所蓺辟封培視前益加斯焙遂與北苑等然靈
芽合石姿而鋒勁帶雲氣而粟腴色碧而瑩味
節而芳採擷清明旬日間馳驛進第一春謂之
五馬薦新茶視龍團風在下矣是貢由平遠專
公平江南歸觀而獻未遜恭丁專美邵武總管

茶集　　〈一〉卷

散茶终于上位

　　后世提到元代时，时有讥讽其国祚短促者。其实，元代不能言短。
回溯秦汉以来中国历史上大大小小五六十个政权，超过元代的有几个?
即便如东晋、北魏、辽、金等，也只是半壁江山。

　　有元一代，饮茶方式出现颠覆性的变革。自唐宋以来，茶业发展轨
迹遭受强烈冲击。元代饮茶习俗与宋代所呈现的奢华、烦琐之景截然不
同，大俗与大雅，势如天壤的饮茶方式不得不空前对话。这个过程是漫
长的，甚至对茶人来说是痛苦的，但对茶业的发展却是一件幸事。

　　元时，宋代的饮茶遗风尚存，赵孟頫虽仕官元朝，但他画的《斗茶
图》中仍然是一派宋朝时的景象。他的许多诗句也毫无酪味，依然一派
清新。南方不少地方的饮茶习俗仍保留着唐代的煎茶习惯。但盛极必衰，
点茶的烦琐程式已令一个朝代不堪重负。近百年的交融，终于柳暗花明，
别有天地。元代茶空前地包容，花果大量入茶，至明代走向极致。

▼〔元〕赵孟頫《斗茶图》

这一切，与元代制茶技术变革（蒸青散茶的出现）密切相关。

北苑兴盛时，贡茶制作方法虽比唐朝大有改变，但仍费工耗时。而武夷茶盛时，茶户逐渐采用蒸后不揉不压、直接烘干的方法，将蒸青团茶改为蒸青散茶。《文献通考》载："茗有片，有散。片者即龙团旧法，散者则不蒸而干之，如今之茶也。"据王祯《农书》载，蒸青散茶的制作程序大致是这样的：以甑微蒸，须掌握好生熟火候。过生，则味涩；过熟，则味淡。蒸好后，摊晾，乘湿稍微揉捻，然后匀火慢焙，不能焙焦。

其实，宋室南渡之后，茶"渐以不蒸为贵矣"，团茶开始向散茶过渡的倾向很明显了。当然，这句话并不是说散茶是由饼茶过渡而来的。最早的茶叶，显然就是散茶。茶叶家族中，散茶就没有断供过，只因唐宋团茶名声过盛，掩盖了散茶的存在感。《宋史·食货志》载，淮南、归州、江南、荆湖等地大量出散茶。比如，宋英宗"治平中，岁入蜡茶489000余斤，散茶255000余斤"，可见宋时散茶的数量不小。不仅存在散茶，散茶还是一大品类，等次也分十几个层级。陕西省蓝田吕氏家族墓葬中就发现了大量北宋时期的散茶。墓主吕大圭曾任主管酒茶的税务官，品级虽不高，但近水楼台，日用用茶应是不缺的，后人便将其陪葬入土，无意间为后世留下了一个物证。

王祯《农书》亦曰"茶之用有三：曰茗茶，曰末茶，曰蜡茶。"而在民间，散茶多以"草茶"来称呼。

唐宋流行的饼茶于明洪武二十四年（1391）九月被朱元璋下令罢造，这样散茶就迎来了属于自己的时代。福建茶叶生产也焕然一新，更加繁盛。关于具体生产情况，《元史·食货志》没有留下太多信息，我们只好从明史中来探寻。《明史·食货志》载，"其上供茶，天下贡额四千有奇，福建建宁所贡最为上品，有探春、先春、次春、紫笋及荐新等号。"明代谈迁《贡茶》也记载，计天下贡茶共 4022 斤，而建宁茶品为上，其中建宁县 1360 斤、崇安县 941 斤。占比不小啊！明初，崇安县的茶品有先春、探春、次春、旗枪、石乳等，每年交贡茶 900 多斤。明代徐𤊹《武夷茶考》载，当时九曲之内茶户数百家，产量达数十万斤，水浮陆转，鬻之四方，而武夷茶之名甲于海内矣。

贡茶制度的"饼改散"是茶史上的一个革命性变化，最直观的表现就是制茶工艺简化了，茶叶制作成本降低了，冲泡更方便了。散茶更好地保留了茶叶原有的色、香、味，易于茶客们领略茶的天然本性。饮茶

欽定四庫全書　　卷十

則久而不沍宜置頓高處令常近火為佳凡煎試須用

活水活火烹之故東坡云活水仍將活火烹者是也活

水謂山泉水為上江水次之井水為下活火謂炭火之

有焰者當使湯無妄沸始則蟹眼中則魚目纍然如珠

終則泉湧鼓浪此候湯之法非活火不能爾東坡云蟹

眼已過魚眼生颼颼欲作松風聲盡之美茶之用有三

曰茗茶曰末茶曰蠟茶凡茗煎者擇嫩芽先以湯泡去

熏氣以湯煎飲之今南方多效此然末子茶尤妙先焙

习俗更趋于大众化。

团茶被罢贡，北苑贡茶园面临着重大选择。官府遴选 500 个茶户专门为明廷制作贡茶，而作为行政区划的北苑则被裁撤后并到周边乡里，洪武后文献中不复北苑之名了。茶史上最辉煌的贡茶时代黯然收场。

御茶园的情况也不妙。皇家的口腹之欲与茶农的重负永远冲突着，最终演化为茶农逃逸至外乡，甚至直接与官府对抗。一直到明嘉靖三十六年（1557），建宁府主官钱璞以"本山茶枯"为名上报朝廷，将贡茶基地移至延平。"自从献御移延水，任与人间作室庐"，御茶园从此荒废，存续了 270 年左右。至清代，有人路过御茶园遗址，看到的依旧是"欹侧残碑卧草莱"，零落凭谁吊？清初，查慎行过建阳，看到制茶时节家家起灶，满山茶香，心情无比愉悦。行至武夷山，站在御茶园的废墟上，心情却久久不能平静，奋笔对高氏父子谄媚邀宠、劳民伤财之作唾骂了一番。

延平的半岩茶也属于建茶，北宋元丰年间（1078—1085）以之入贡，有茶焙 5 座。直到清末，半岩茶在全国都很有市场。俄国茶商就曾在延平等地创办砖茶厂。

北苑已成记忆，御茶园也走入历史，但武夷茶的名声却不胫而走。乾隆时，蒋周南任政和知县，目睹漫山遍野的丛丛佳茗在细雨中抽芽，感到无比惬意。但由于政和茶制作技艺稍逊一筹，名气不足，茶农只好挑着茶到武夷山去贩卖，周知县无奈发出"楚材晋用"之叹。不过，他没想到的是，五六十年后，政和制作出白毫、政和工夫，行销海内外。

元代饮茶方式发生变革，散茶的兴起节省了备茶过程的许多繁文缛节，也大大精简了所需茶具，因而唐宋以来的炙、碾、罗、煮等相关的造茶器具、茶具便逐渐退出了历史舞台。散茶上位，终究是历史的趋势、茶业演进的规律使然。

元代茶业的天下气概，奠定了后世的茶业格局，开拓出新的空间。福建先民在这次文化碰撞中成为先行者。明代许次纾《茶疏》曰："江南之茶，唐人首称阳羡，宋人最重建州，于今……阳羡仅有其名，建茶亦非最上，惟有武夷雨前最胜。"其时，江浙皖一带也是名茶勃兴，如长兴罗岕、安徽松萝、钱塘龙井等。明代谢肇淛一次清明时节游历武夷山时，夜宿茶洞，茅竹藤床，极为简陋。一夜雨后，甚是爽朗，"山中一夜清明雨，收却先春一片青"。好一出福建茶版的"春夜喜雨"，预示着一场新变革的到来。

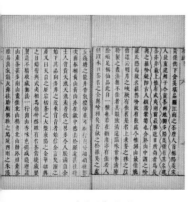

▲《茶疏》书影

正山小种

Lapsang Sauchong Tea

明兴茶贡永革除，玉食岂为遐方累？

释超全《武夷茶歌》

茶自天生，工开于人

　　贡茶制度的"饼改散"是茶史上的大革命。在明代，从制茶技术到文化创造都出现了不少里程碑式的事件，如炒青绿茶技艺定型。炒青法，最主要的优点是释放了茶叶的香气，保留了茶叶的鲜嫩度，至今仍是绿茶最主要的制作方式。福建茶人创制了乌龙茶与红茶，烹点出人间至味。喻政、谢肇淛、徐𤊹等福州的文化名人与江浙的同好者在心照神交中开辟出茶理、茶趣的新认知。科技与文化的融合更是大大推动了茶产业发展。

The "change of compressed tea to loose-leaf tea" of the tribute tea system is a great revolution in the history of tea. During the Ming Dynasty, numerous milestone events occurred in both tea-making technology and cultural creation, such as the technical standardization of stir-fried green tea. The primary advantage of stir-frying method is that it releases the aroma of tea and retains its freshness. It is still the main method of making green tea today. Fujian tea artists created oolong tea and black tea, and brewed the best tasting tea in the world. Yu Zheng, Xie Zhaozhe, Xu Bo and other cultural celebrities in Fuzhou, and the like-minded people in Jiangsu and Zhejiang expanded new knowledge about tea philosophy and enjoyment through mutual exchanges. The fusion of technology and culture has greatly promoted the development of tea industry.

植茶与茶课

　　福建传统上有三大特产：茶叶、纸张和木材。这源于福建的气候地理特征。福建山高林深，雾浓露重，粮食耕作有不小难度，不过挺适宜植茶、栽树，因此，福建茶叶、林木量大质优，是农户维生的支柱产业。

　　有明一代，福建茶叶种植区域继续扩展，形成完整的产区，有了固定的场地，推出大量的茶品。有些在当时就有很高知名度，乃至于至今犹存。各类文献中记载福建茶叶生产的信息明显多了起来。

　　首府福州，县县皆产茶，尤以福州周边的方山（今五虎山）、鼓山、凤岗为盛，长乐、连江、永泰、闽清等地亦有大面积的茶园。鼓山灵源洞一带有专门的茶户，茶产量不甚多，而味清洌无比。主政福州的官员

▼ 五座主峰巍峨高耸，形似五虎盘踞，故名之曰五虎山（图虫创意 供图）

与文人雅士常至鼓山登高览胜，汲泉烹茗。闽侯人陈鸣鹤一日登鼓山，情不自禁地写道："半岩结屋还依树，疏竹围园尽种茶"。就是说，村民的房前屋后到处是茶。其实，不唯福州，全省皆然。

泉州各县皆有茶，而晋江清源洞及南安产者尤佳，还有南安的英山茶、德化的雪山茶等。清源山茶、英山茶等新品锐气十足，不亚于当时知名度很高的虎丘茶。

谢肇淛《长溪琐语》云："环长溪（今霞浦一带）百里诸山，皆产茗，山丁僧俗，半衣食焉。"明万历年间（1573—1620），陆应阳的《广舆记》载："福宁州太姥山出名茶，名绿雪芽。"明万历《福宁州志》之《食货·贡辨》记载更详细："芽茶84斤12两，价银13两2钱2分；叶茶61斤11两，价银1两4钱7分9厘。"这段记录，提供了当时福

鼎茶叶的市场价格行情，极为难得。

明万历《漳州府志》载，龙溪县的天宝山茶、梁山茶、南山茶、龙山茶和漳浦的鼓雷山（今古雷山）茶，品质俱佳。这说明漳州制茶技术在明代也迎头赶上了。

莆田遍地茶园。明弘治《兴化府志》载："龟山第一，柯山第二。"不过，莆田茶的高光时刻出现在清代，乾隆特别推崇莆田上贡的郑宅茶。福州人叶观国曾受赐郑宅茶，有诗赞曰："嫩芽来郑宅，精品冠闽溪。"

因福建各地好茶多，故上贡的也就多。《八闽通志》载，明朝崇安县贡茶：荐新 428 斤、探春 32 斤、先春 380 斤、次春 150 斤。明正德年间（1506—1521），漳浦县贡"叶茶 86 斤，芽茶 115 斤"；龙岩县贡"叶茶 33 斤，芽茶 44 斤"；南靖县贡"叶茶 32 斤，芽茶 42 斤"〔明嘉靖年间（1522—1566），南靖县贡叶茶 50.92 斤与芽茶 64.99 斤〕。

明正德《福州府志》载：闽县"茶课钞 2 锭 4 贯 880 文""茶引由钞 3 锭 1 贯"。正德时，龙岩"茶钞 10 锭 40 文"，武平"茶课钞 1 锭 1 贯 880 文"，连城"茶课钞 1 锭 3 贯 550 文"，南靖"4 锭 1 贯 24 文"，宁化"茶课钞 3 贯 380 文"。旧时用绳索穿钱，每 1000 文为 1 贯。这些记载，虽只是短短的几个字，但实则意蕴深刻，值得玩味。

茶课，就是茶税；茶课钞，就是茶课收缴的钱。"鬻茶多则有引，少则有由"，即大茶商的准运证为"茶引"，茶贩子的上岗证叫"茶由"，不管大小，"俱有课"。茶课钞数量的多寡，从另一侧面证实了各地植茶面积的大小。

历代茶税征收的标的物是不同的，有折色交茶者、折色银者或同时并行者，完全根据朝廷需要。例如，元代无须茶马贸易，自然不必折色交茶。明代尤其是晚明以降，经济社会发生巨变，"一条鞭法"出笼，赋税白银化，这也在福建诸县的茶课钞中得到反映，说明当时福建商品经济活跃。

明代茶税征收的具体方式，在今天看来，既笨拙又好笑。一般是以实有茶株数量核计，按比例抽成，即"茶株课钞"。官府派员清点株数，税率为十分之一，含芽茶与叶茶两部分。明代散茶兴盛后，芽茶和叶茶已成为茶叶生产和消费的主体，茶叶在社会经济生活中的地位大幅上升，朝廷在平衡官府、茶商的利益上明显比蔡京时期进步了很多。

▲太姥山"绿雪芽"茶树母树。清初周亮工履职福建时有《闽茶曲》十首，其中之一曰："太姥声高绿雪芽，洞山新泛海天槎。茗禅过岭全平等，义酒应教伴义茶。"作者自注："闽酒数郡如一，茶亦类也。今年得茶甚伙，学坡公义酒事，尽合为一，然与未合无异也。"

乌龙茶与红茶的问世

中国茶叶史，实则也是茶叶品类不断丰富与制茶技术不断革新的历史。任何一种新茶的产生，都需要有一个时间段，而不可能只是一个时间点，况且，还有一个完善与最终定型的程序。即便是定型，也还有一个再出新的过程。乌龙茶、红茶也一样，甚至谁先问世，至今没有定论。但可以肯定的是，一个新茶类的诞生都有其逻辑线索。散茶兴盛后，茶叶制作也迎来百花齐放的态势。乌龙茶、红茶就是在这种情况下来到我们面前的。武夷山御茶园解体后，茶枯山荒，茶户流落到周边茶区，同时也带去了贡茶制作工艺，无形中普及了制茶技术。

继宋元之后，福建茶脉之沿袭，又一次让后人受益与骄傲。

这三个人

江苏嘉定人陆廷灿在清康熙晚期任崇安知县时，广泛涉猎茶叶史料，依照《茶经》原目采撷诸事而续之，成《续茶经》。《续茶经》是清代最具影响力的茶叶著述，系统梳理了中国茶叶与饮茶历史发展，《四库全书》列载的8册茶书中有其一席之地。《续茶经》还是中国历史上篇幅最长的茶著，约10万字，有点大总结的味道。陆廷灿是个有心人，在《续茶经》中记载了乌龙茶的制法，但这并不是他原创的，而是引用另一个人（即王草堂）的说法。

王草堂，本名复礼，浙江钱塘人，善诗文，学识博洽。清康熙四十七年（1708）夏，王草堂受聘来闽主持鳌峰书院，寓居武夷山十多年，其间修志著文，曾与陆廷灿校订《武夷山志》。王草堂对武夷山的茶叶制作过程观察细致，其《茶说》记载：自谷雨至立夏采摘头春后，以竹筐匀铺，架于风日中，名曰"晒青"。俟其色渐收，然后再加炒焙。当时江浙一带知名度很高的阳羡、岕片"只蒸不炒"，火焙而成，松萝、龙井皆"炒而不焙"，唯独武夷山的茶叶制作是"炒焙兼施"。这4个字是关键。《茶说》记录的武夷茶的制作工序有晒青、摇青、炒青、烘焙、拣剔等，这些工序乃是当今武夷岩茶的基本工序。武夷茶冲泡后"半青半红"，也符合青茶叶底"绿叶红镶边"的特征。也就是说，至迟在清初，乌龙茶制作技术已经成型。

▲《续茶经》书影（中国国家
图书馆 供图）

　　记载乌龙茶制作的资料，还有略早于王草堂《茶说》的《朱佩章偶记》，"武夷茶炒做得法，与他茶不同。别处茶皆青，唯有武夷茶青红兼而有之，味道有兰花香，甘甜，品类多"。这些文字信息显然只是表明乌龙茶制作技术的成熟，而至于制作的肇始，又可从谢肇淛的记载中窥见一斑。《五杂组》说，"揉而焙之，则自本朝始也"。徐燉《茗谭》亦提到"焙茶"。很明显，乌龙茶的制作至少在明中期就已经是进行时了，而至明末完全成熟，释超全见证了这一切。

　　释超全，俗名阮旻锡，明末同安人，曾在郑成功储贤馆任职，自谓与郑成功"生同时，居同地，身同事"。清军占领厦门后，阮旻锡入武夷山天心永乐禅寺为僧，法号"超全"。释超全平生种茶、喝茶、写茶、爱茶，还是一个诗人，其《武夷茶歌》和《安溪茶歌》是反映乌龙茶制作技艺最明确的史料。"岩茶"一词，也得名于这位老僧。

　　从《武夷茶歌》所载乌龙茶的制作看，其至少采用了漳州茶人的制茶工艺。当时，包括漳州在内的不少闽南人在武夷山从事制茶活动，自然把漳州制作茶芽、茶片的技艺带到武夷山。对于制茶的技艺，他们历来是保密的，毕竟是赖以为生的本钱。其关键技术是鼎炒笼焙，低温候香，核心要领是"心闲手敏工夫细"，由此方得如梅之馥郁、兰之幽远的上品武夷岩茶。

　　概而言之，武夷山的茶人在大量的、长时期的实践中逐渐掌握了半发酵、全发酵技术，其与当时流行的阳羡、芥片、松萝、龙井的工艺完

全不同。这就产生了后世六大茶类中的乌龙茶（青茶）与红茶。经过进一步总结、提炼，乌龙茶制法基本定型为晒青、晾青、做青（摇青）、炒青、揉捻、烘干等工序。在六大茶类中，以乌龙茶的制作环节最多、加工技术最为考究。如今的武夷岩茶制作就继承了这一精髓而又将之不断发扬光大。

茶叶一经发酵，苦涩味去除，香味更加浓烈，易于被人接受。这不知是否是红茶红遍世界的原因？

与乌龙茶相比，红茶的源头非常清晰。世界上首款红茶出自武夷山星村，也就是现在威名远播的正山小种的发源地。

名称之美

历史上，茶叶由于没有现代意义上的"分类"的概念，只有"命名"之说，所以同名异茶、同茶异名的情况特别多，如雀舌、银针、雨前、龙须等。还有的则是从品种演化为品类，如"乌龙"，起初是一个茶树种，现在则是六大茶类之一。

茶叶的命名方法五花八门，可做专门研究。以福建为例，举其要者，最多的是以原产地命名的，如武夷岩茶、安溪铁观音、福鼎白茶、天山绿茶、涂岭红茶。在哪儿产的，就以产地名来命名。

其次，很多是以制作工艺命名的，如工夫红茶、红碎茶。采用什么工艺，就参照前人的命名习惯，如邵武工夫、闽侯工夫、福清工夫、沙县工夫，也算是对前贤的尊重吧！而"工夫"，最早也是一个品种，竟演进为一种工艺。

还有的以形态命名，如白毫银针、茉莉龙珠等。

茉莉花茶、珠兰花茶等则是以花木来命名。

中国吉祥文化与审美渗透至生活的犄角旮旯，当然包括茶饮，于是就有了北苑的龙团凤饼、福鼎的绿雪芽等名目。而不少笼罩着神话与传说背景的命名，如大红袍、铁罗汉、白鸡冠，多散发着祥瑞文化的气息。

此外，还有以茶的色香味、采摘时令、相关人物等命名者。

名目上虽眼花缭乱，但都有一个共同特点，即都富于审美，或色彩的视觉美，或语言艺术美，或历史人文之美。这对当今的茶业经营者应有所启迪。

▶ 安溪县感德镇高山生态铁观音（图虫创意 供图）

从小种红茶到工夫红茶

正山小种的前身究竟是"小种红茶"还是"松制茶"，言人人殊，各有依据。如武夷山上时为清乾隆二十八年（1763）禁止胥吏敲诈勒索茶农、茶僧的一块石碑就写道："其松制、小种二项，毋许丁胥、差役人等勒买"。其实，那只是工艺上的些微差异，而没有实质性的区别。

"创物从来因智者，世间何事不由机。"新品种在武夷山创制成功，与汇聚在当地的茶人的茶技之交融分不开。武夷山桐木村有一首童谣："七岁进茶丛，萎凋十年功。发酵二十载，三十见锅红。熏焙学一世，才能做小种。"一泡好茶，岂止是制作出来的，更是茶人经验、智慧乃至于毕生心血煎熬出来的。

后来，福建茶人又推陈出新，产制出工夫红茶。"闽红三大工夫茶"，即坦洋工夫、白琳工夫、政和工夫。三大工夫红茶各有特色，坦洋工夫滋味厚，白琳工夫条索细、白毫多，政和工夫叶底厚、香高味醇水色艳，时有茶商将三者拼配为"闽红"而外销。晚清民国以来，闽北、闽东等茶区红茶生意畅旺，各类以"工夫"命名的茶品多达百八十个，足见工夫茶之盛。

红茶的传播

红茶在福建问世后，即向外传播，安徽的祁红、浙江的九曲红梅等属于较早从武夷山引进的品种。此后，红茶迅速普及，宁红、宜红、越红、苏红、滇红等，达十几种。如今更是红遍天下了，走到那儿都有红茶的色彩。

红茶的制作工艺主要是萎凋、揉捻、发酵、干燥等，其中发酵至关重要，因为红茶是全发酵茶。成品红茶一般条索紧结，色泽乌润。红茶的汤色绚丽无比，茶性温润，味道醇厚，至柔至滑，至美至爽。以正山小种红茶来说吧，其色泽橙黄透亮，味呈桂圆香。其他或如甘薯香，或如蜜枣香，不一而足。红茶深邃包容，能与牛奶、柠檬、奶酪、糖等调和相处，这大概也是其畅行世界的原因之一吧！

福建先贤从不缺乏创造性。茶中新贵金骏眉的诞生也是打破常规而出现的新景致。用任何词汇来描述金骏眉的色、香、味，恐怕都是笨拙的。遇到一杯纯正的金骏眉，须将嗅觉、视觉、味觉调整到最佳状态，尽情

▶ "世界红茶鼻祖"正山小种
（图虫创意 供图）

地去品咂，去浮想联翩；不免感叹瑶台玉液为什么会飘至人间，如览九寨沟的五花海，如品高季迪的咏梅诗。金骏眉，才是地地道道的茶中美人、茶中之茶；金骏眉的出现，让红茶的优雅似乎有了具体的参照。

中国茶叶最初输出的是绿茶。但很快，以武夷茶、工夫茶、小种茶、白毫小种为主的红茶就唱了主角，尤其是销往英国的茶，基本是红茶。而美国市场就不一样了，最大宗的是绿茶。俄国人的嗜好又是另一番景象，他们特别钟情红砖茶。

红碎茶

清末，英国人为适应工业化需要，在印度制作出红碎茶，取代了中国传统红茶。应当说，红碎茶有其优点，茶汤浸出率高，便于冲泡，所以一经问世便在市场流行开来，迄今仍是世界红茶生产与消费的主流。目前有 30 多个国家生产红茶。中国、肯尼亚、印度、斯里兰卡、土耳其、印度尼西亚等是主要生产国。中国人最初对红碎茶是不接受的，觉得拼配的红碎茶有掺假嫌疑，但为适应世界市场的需要，1958 年开始在广东、云南等地试制红碎茶，先后推出大叶种茶制作的滇红碎茶、英德红碎茶、海南红碎茶等。20 世纪 50 年代末，漳州为安置印度尼西亚、越南等国的归侨，先后成立了云霄常山华侨农场、龙海双第华侨农场、南靖丰田华侨农场等。农场先后栽植云南大叶种、政和大白茶以及福云系品种等，先制作条形红茶，20 世纪 70 年代初开始制作红碎茶。到了 20 世纪 90 年代，漳州的红碎茶因香高味浓、鲜爽回甘而在海外有良好的口碑。

异代知己 🍃

由于贡茶制度出现大变革，团茶改为散茶，制茶工艺简化了，瀹泡（就是冲泡，主要有壶泡与撮泡两种方式，核心要素是包含着洗茶、浴壶等环节）更为随意，饮茶习俗更趋大众化，于是各地兴起了一股探索散茶泡法的热潮，用现在的话说就是脑洞大开，充分进行"茶叶＋"，可谓一场饮茶方式的思想解放运动。散茶的制作上，无数不知姓名的茶

◀ 福建高端红茶的代表——金骏眉（视觉中国 供图）

人不惧俗，不惧媚，混搭杂烩，重组拼贴，把技术推上新高地，新品更是珠玑满目，美不胜收。

而散茶价值的想象空间依旧是由文人来打开的。

那群茶文化精英

入明以后，江南市镇勃兴，尤其是环太湖的苏州、常州、嘉兴等府以丝绸、棉纺织业为核心的手工业，带动了当地经济空前繁荣。一部分人从农业中分离出来，脱离田亩耕作而专门从事手工业生产，典型的如徐霞客，其母经营纺织作坊，家道殷实，方可支撑他经年外出游历。还有更多的外来者，如今天的农民工一样，迁移至此并定居下来。一时间，江南地区人口密集，涌现出了大量富甲一方的商人。商人群体又乐于后代读书业儒，因此崇文、重教、藏书之风大盛，涌现出了中国文化史上

绕不开的文化精英。这个群体中，文征明、唐伯虎、徐渭、张岱、袁宏道、陈继儒、许次纾、屠隆、文震亨、冒襄、李渔等嗜茶如命，并以此为一种精神寄托。文人们对茶理钩玄呈现"唐宋未有清亦不能"的格局。论茶不仅体系完整，涉猎领域涵盖茶之产、造、色、香、味、汤、具、侣、饮、藏、源、境等，非前朝可比，在饮茶价值观上也比宋元时大大推进了，将品茶"色、香、味"的范畴推进至"色、香、味、韵、趣"的境界，茶美学达到新的高度。诗人周晖就自信满满地说明代人饮茶最得茶之真味，并赤裸裸挑战陆羽的地位，认为其专著昔日可为"茶经"，今天就不一定了。

茶叶冲泡程式的删繁就简、崇尚自然，使在山林沟壑间听松烹茶成为可能。因为这种饮茶场景与画家的山水观、审美意识无意中高度契合，所以明代出现了大量以茶为主题的山水画。文征明、唐伯虎、仇英等爱茶之人就创作了不少意境幽远的茶画。《惠山茶会图》《茶事图》等都

▼〔明〕文征明《惠山茶会图》

成了传世之作。这些画作多在宏阔的山林石泉边置一小亭，画中人或独啜，或三五知己对饮，在空灵里寻觅一份傲世孤立的充实。文徵明家族甚至成为苏州世代雅好茶事的典型。

明代还出现了一个新词汇"茶寮"，即专门饮茶的茶屋。屠隆《茶笺》曰："构一斗室，相傍书斋。内设茶具，教一童子专主茶役，以供长日清谈。寒宵兀坐，幽人首务，不可少废者。"与宋时茶楼、茶肆、茶坊的市井气息相比，茶寮就雅致得多了，遂被日本茶道借鉴为茶室。

茶人谢肇淛

也许是江浙的文化精英声名煊赫，遮掩了同时代福建文化圈的茶事春秋。其实，两地茶人一同撑起了明代的茶文化大厦。况且，两者就根本无法分开。比如，谢肇淛虽是福建人，但他身上的杭州元素很多，出生在杭州，字在杭，号武林。谢肇淛一生在南方几省为官，政声颇佳，著述丰硕，游历广泛，常穿行于茶区，留存有很多茶诗，对茶事不仅谙熟，还常有独到见解。

在谢肇淛时代，江浙、安徽的松萝、虎丘、罗岕、龙井、阳羡、天池声名鹊起，大有盖过福建武夷、清源、鼓山茶之势，而方山、太姥、支提等俱产佳茗，但一度制作粗糙而影响品质。谢肇淛很是着急，于是认真观察松萝茶如何制作，并向僧人请教，最终发现松萝茶制作火候掌握得好的秘诀是原料均匀。明末松萝茶制法引入武

◀〔明〕文徵明《茶事图》

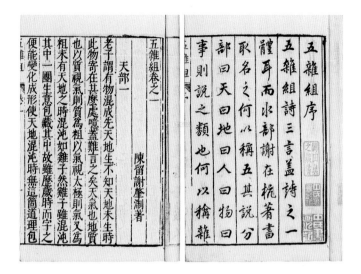

▶ 谢肇淛所著的《五杂组》为明代时期的一部颇有影响的博物学著作

夷山，不知是否得益于谢肇淛？

　　谢肇淛善鉴茶，还识水。他笔下的水，除大名鼎鼎的中冷泉、惠山泉外，还有山东济南之趵突泉、山东临淄之孝妇泉、山东青州之范公泉、浙江吴兴之半月泉、浙江杭州西湖之龙井水、浙江新安天都之九龙潭水、江西铅山之石井寺水等。福建的自不必说，武夷之珠帘泉、太姥之龙井水、支提之龙潭水、鼓山之喝水岩泉、冶山之龙腰水等，他皆认为甘冽异常。

　　后世之人中不乏对蔡襄顶礼膜拜者，但唯有谢肇淛引之为"异代知己"，可谓至情至性。谢肇淛赞赏蔡襄忠孝大节、风流文采、才名志节，认为其可与苏东坡相颉颃。谢肇淛崇信蔡襄，但不迷信。如关于宋代流行的点茶法，他就与蔡襄掐了一回。他非常不解蔡襄《茶录》中所述的这句话："茶色白，故宜于黑盏，以建安所造者为上"。宋时碾磨后的茶粉色宜带绿，岂有纯白者？即便以白色的茶注入黑盏，亦浑然一色，何以辨浓淡？其远不如明代流行的景德镇所造的白瓷器。宋以来流行的黑盏越来越不适应散茶的冲泡需求，新的茶具呼之欲出。"盏以雪白者为上"，绿色的茶汤与白色的瓷器相得益彰，因此白釉瓷大行其道。对权威的挑战，正是谢肇淛"无一议不心自裁夺"的写照。还有一事可佐证，即关于苏东坡与蔡襄斗茶用的竹沥水，数百年来估计没人起疑过，但谢肇淛却进行考辨，认为竹沥水不是直接取自竹子，而是用鲜竹子浸泡的水。

闽中有佳泉，只在此山中

座次之争

是茶，成就了水，使之升华为泉。自陆羽《茶经》问世，煎茶与辨水就浑然一体了。

辨水，既宏阔而又精微，并迅速开枝散叶，向纵深演化，其主要原因是时人头脑中有水茶相宜的观点，也就是后世讲的"茶性必发于水"的论断。辨水成为一种专门学问，论水佳作，张又新、苏廙、欧阳修以下代不缺乏，甚至感觉论水更胜于论茶。唐代的茶界名流刘伯刍率先推出小型的选秀赛，给天下泉水排出座次，共七水上榜，扬子江南泠水第一，无锡惠山泉第二……较真的张又新一一核验，确认无疑。而行迹更广的陆羽则发布了二十水的排行榜，庐山康王谷水帘泉第一，无锡惠山泉第二……

茶史上，陆羽鉴水轶闻被传得神乎其神，且历来质疑之声不断，还包括其倡导的茶叶制作与品饮方式。比如，明代时，黄龙德就鉴于当时茶叶制法与唐宋大不同，遂著《茶说》。在书中，他客气地说，如果陆羽在世，看到如此精品、如此美味，也一定会手舞足蹈的。清代时，张潮就不客气地说："然有所不可解者，不在今之茶，而在古之茶也。古人屑茶为末，蒸而范之成饼，已失其本来之味矣。至其烹也，又复点之以盐，亦何鄙俗乃尔耶。夫茶之妙在香，苟制而为饼，其香定不复存。茶妙在淡，点之以盐，是且与淡相反。吾不知玉川（卢仝自号玉川子）之所歌、鸿渐（陆羽字）之所嗜，其妙果安在也。"确实，茶中加了盐等杂物，再好的水还能品出甘美？梁章钜、金农亦发出同感。

有意思的是，陆羽自己也颇富质疑精神。他曾指斥采用"煮茶法"煮出的茶水如沟渠之水般脏污，恶心极了。其实，《茶经》何尝不是陆羽对前人智慧的扬弃？或许，正是有了不断的质疑精神，中国茶业才生生不息。

既然如此，为何唐以来的茶人对泉水那般较真？相较之下，茶叶本身似乎更值得玩味。或许，我们可把他们视作鉴水思想的先行者。名茶难得，名泉亦难寻。名山有名茶，亦有名泉。龙井茶之于龙井泉，庐山云雾之于水帘泉，顾渚紫笋之于金沙泉，径山茶之于苎翁泉，等等，几

▶ 闽泉宜烹茗，盖水土之宜也
（视觉中国 供图）

乎都有茶史典故。

　　遍览历代论泉名篇，在没有现代科学检测手段的条件下，竟把天下之泉一一排座次、一一分门别类，真是神奇！泉甘如酒者，曰醴泉；如玉石之精液者，曰玉泉；带有神话传说的是神泉或圣泉；泉中藏丹者谓之丹泉。此外，香泉、龙泉、乳泉、震泉、甘泉、灵泉，不一而足。但显而易见的是，挑战泉水排行榜者是一个接一个，关于天下第一泉、第二泉之争，历代不知打了多少笔墨官司，乃至于气短者索性以"天下第五泉"自居，反而没人找碴子。但不管座次如何，古人普遍有惜泉观念，这也算求异存同或殊途同归吧！

　　泉之趣

　　应该说，明代散茶兴盛，泉水的使用价值才真正体现出来，泉文化重新梳妆打扮，恰似惊鸿照影，出现诸如田艺蘅《煮泉小品》这样的论水名作。至于涉猎泉水的著述就更多了，如高濂《遵生八笺》，对泉水的评析就很有见地。

▲《煮泉小品》书影

茶有趣，泉亦然。比如，史上契约无数，运送泉水的契约则独一份。李日华与平显和尚订有《运泉约》，即运送天下第二泉惠山泉水的契约。运泉容器坛的大小、价格、运送时间、搬运方法都规定得很细致，不知是否受唐代李德裕千里运泉的启发？

李日华工书画，精鉴赏，同样精于品鉴茶，曾著《茶衡》一文专门点评明代江浙的虎丘、龙井、天目等名茶，并得出结论：天下不是没有好茶，只是被茶工做坏了，犹如好弟子被庸师教坏了。李日华的论述，透露出明代茶业的很多关键词：制好茶、泡好茶……

一次，李日华携好友杨澹中游庐山问茶，但僧人制茶手段落后，先蒸后焙，弄得茶外形如枯秸，汤色赤红，但当着寺僧的面又不便直说，二人只好戏谑曰"笑谈渴饮匈奴血"。

其实，还是独孤及说得好，"物不自美，因人美之。泉出于山，发于自然，非夫人疏之凿之之功，则水之时用不广"。是啊，人永远是第一位的，是人在看泉，而不是泉牵着人的鼻子走。

福建泉脉

与史上福建茶"建为最、天下绝、唯武夷"等赞誉不同的是，福建的泉似乎寂寂无闻。

这不难理解，陆羽在大张旗鼓搞泉水比拼时，福建尚未开化，福建茶尚且被边缘化，福建的水自然无缘登场角逐了。迨至王审知开闽，发展商贸，招贤纳才，广开庠序，福建才与经济重心中原、江浙等地热络起来。等福建铆足了劲准备角逐时，泉水的争霸赛却已拉上帷幕，茶界的兴奋点早转移至点茶和斗茶上了。而之前上榜者如板上钉钉，牢牢占据着排行榜，永久享受着荣誉的红利，至今还用来说事，如有某地就声势浩大地打造"茶泉"产业者。而茶业经济总量第一的福建反而逼仄了，论茶，蔚为大观；论泉，却名声羞涩。

端本正源，福建地貌八山一水，森林覆盖率全国最高，境内山川密布，溪、池、瀑、潭、湫、漈、涧等词汇充塞在地方文献的各个角落，佳泉自然难以计数。

其实，北苑贡茶勃发之时，福建泉即高调登场了。比较早记载福建名泉的是《北苑御泉亭记》，出自建州"造买纳茶务"丘荷之手，他高

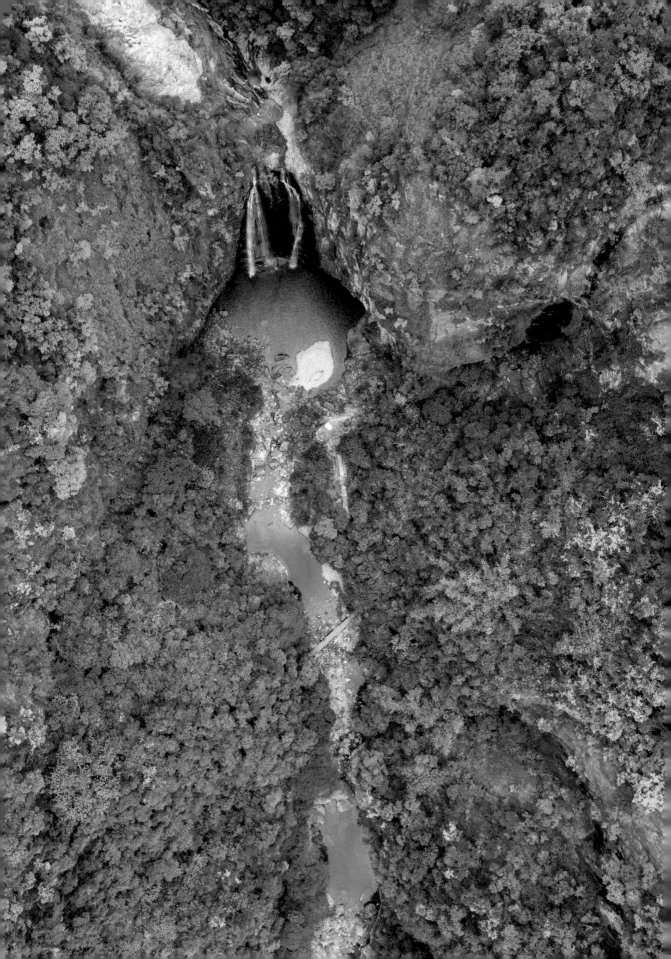

度评价在凤凰山发现的泉水"甘美有殊"。北宋景祐三年（1036），他监领御茶园事务，其间修葺了御泉的亭子，同时撰文以记。从其记载看，鉴于北宋太平兴国年间（976—984）敕造龙凤茶而将泉水命名为"龙凤泉"。既然是龙泉，总笼罩些神异色彩，包括元代武夷山四曲的御茶园专门用来制作贡茶的"呼来泉"亦如是。据说，呼来泉秋冬不涸不溢，春来制茶用水时，呼唤泉来，泉水瞬间涌出。茶叶制作完毕，泉水即自动停歇。

福建地方文献中记载的名泉各色各样，且令人遐想，有的涓细如丝，只可容勺；有的潺湲如泪，落石如珠；有的喷涌为池，汇流成瀑，清冽不竭，或润田，或治疗疾病；有的泉有名流题刻，佳话传颂；有的有诗

▶ "海西第一瀑"九龙漈瀑布群，由九级瀑布组成，因相传古时有九条蛟龙聚游于此而得名（图虫创意 供图）

▶ 福建省目前单级落差（184米）最大的瀑布——岱仙瀑布（图虫创意 供图）

◀ 国家重点风景名胜区十八重溪位于福州市闽侯县南通镇境内，其东北部有一座古灵山，北宋陈襄居家于此，时常汲泉烹茗，有《古灵山试茶歌》存世（图虫创意 供图）

以记，不乏趣味或人文情怀。

　　连江光临里有一泉，色味澄甘。唐天宝年间（742—756），寺院和尚即引泉自给，以至于筋骨坚强，声音铿锵，寿命弥长。官员诧异，于是上奏，皇帝赐名"玉泉"。

　　长乐有"义泉"，北宋元祐年间（1086—1094），县令开凿以惠民，因而名之。

　　莆田常泰里三十三都有"蔡公泉"，盖因蔡襄在泉州为官时发掘，以解旱灾，后人感念，作亭于其上。

　　建瓯有艮泉，韩元吉铭曰："凤之阳，鹤之麓，有屼（山光秃之样）而状；堂之坳，圃之腹，斯瀵（由地表下喷出的泉水）而沃；束于亭，润于谷，取用而足；清于官，美于俗，是为建民之福。"为官一任，造福一方。官员官德如何，人知，泉也知。史书中多灵泉的记载，大概是老百姓的希冀吧！

　　福鼎有"蒙井泉"，郑樵吟咏道："静涵空碧色，泻自翠微巅。品题当第一，不让慧山泉。"在张文煜的《福宁郡赋》中，将此佳话与王十朋、朱熹福宁留迹相提并论，可谓福鼎文化胜景。

　　"龙腰泉，鼓山茶"，自宋以来渐成福州市面上饮茶的标配。

　　茶与水须相宜，"寻茶问泉"也就成为爱茶人的嗜好，甚至各地的一道风景。安溪的永安里有甘泉，"味绝甘，邑人多汲以煮茗"。长乐建林寺门前有"瀑布泉"，泉由寺中而出，烹茶绝美。永泰方广岩有"白

龙井泉"，清冽而甘，里人多以瀹茗，且自封为第一泉。

　　有的泉水可能对治疗疾病有帮助，因而名称也庄重得很，或被赋予祥瑞之气。比如，南安有"圣泉"，据载可治疗眼疾；同安翔风里有"瑞泉"；漳州天庆观"井泉"可治瘴疠；南宋绍兴年间（1131—1162），建阳太守虞翔有宿疾，饮了永忠里大障山泉后即愈；武夷山五曲溪北茶洞内有"澹泉"，时人用以解暑，连呼有神效。

　　朱熹习惯格茶究理，于泉亦有佳话。建阳三桂里资化寺前有"匙涧泉"，因朱熹常常在此驻足休憩，观其如匙，遂命名。考亭书院旁亦有泉，朱熹命名"汲古泉"，极为形象恰切，寓意学子读书研学，如汲水于井，永无止境。

　　武夷山是茶的王国，也是泉的圣境，历来吟咏之声不绝。虎啸岩天成禅院后石壁下有"语儿泉"，水从石缝中渗出，循崖而流，与石相激，如小儿咿呀学语。明代文人吴栻评价道："浓若停膏，泻杯中，鉴毛发，味甘而博，啜之有软顺意。"清代书法家沈宗敬有诗赞曰："夜半听泉鸣，如与小儿语，语儿儿不知，滴滴皆成雨。"大王峰下有"寒碧泉"，瑞岩寺后有"瑞应泉"，六曲小桃源有"金砖泉"。崇安县城西边的"白圭泉"清寒可鉴，吴屯里的"甘泉"甘冽芬芳。茶洞有"司马泉"，是明代少司马陈省隐居武夷山时开凿。此外，还有"雪花泉、珠泉、九星泉、金沙泉"等。或许真如古人所言，"泉声为武夷之尤"？若果真如此，倒是为武夷山平添了一道新风景。

▼ 水者，茶之体（图虫创意 供图）

▶ 茶洞，是武夷山著名的七十二洞之一，洞内古时植有名茶丛，品质极佳（刘达友 摄）

◀ 司马泉承接由仙掌峰腰渗出的泉水，积蓄成池，味极甘美（图虫创意 供图）

金门四泉

福建海岛多，岛上多盐碱，水质多苦涩，但并不能阻挡爱茶人对佳泉的渴望。晚明文学家卢若腾是金门人，有"茗癖"，终日与泉作缘。因为金门是海岛，水不甘甜，只有山涧涓滴才可谓佳泉，所以他闲暇时就四处找泡茶之泉。明永历十二年（1658）的一个雨夜，卢若腾宿华岩庵，得知有石泉，作《浯中佳泉，蟹眼、将军与华岩而三耳；华岩地僻名隐，偶过瀹茗，赋以表之》："石罅流涓涓，幽香自可怜；未经尝七碗，几失第三泉。迹古僧铭在，源深海眼传；冷然逢凤契，欲去更流连。"卢若腾还著有《浯州四泉记》，将金门泉水排了座次。"华岩泉"垫底，是因其受居民生活、稼穑以及雨水注入影响，水质不佳。"将军泉"排第三，将军泉离海边近，洌而不醇。因为将军泉与自家近，他茶瘾上来即打发僮仆打水来，所以他对将军泉冲泡的茶水还是很满意的，有诗赞曰："他山纵有菊花酒，争似将军茗战酣"。"龙井泉"在他心目中居次席，是因其有一点瑕疵，即其出岩泉后稍停宿，故其不如第一的"蟹眼泉"。蟹眼泉"清、洌、甘"（史上论泉多用甘洌二字，石中泉甘，沙中泉洌），卢若腾常携友用蟹眼泉水冲泡天池茶，饮后芳洌冷冷彻肝脾，数碗入口，逸兴遄飞，似乎找到了卢仝那般飘飘欲仙的感觉，大话也就脱口而出："传说中的第一泉中冷泉大抵也不过如此吧？"不知不觉，朝往而夕忘归。

福州的茶人群

如前所述，明代中晚期，江浙的文化英才集体把目光投向了茶，对中国茶文化贡献甚巨而成为后世谈不尽的话题。而彼时的福州，也有一群人意兴勃发，品泉论茗，谈文说画，后世对他们的文化贡献显然没有给予充分的肯定。其实，福州名茶、名泉、名山、名人亦珠璧交映，纵任时间去冲刷而毫不减色。

《茶书》

福州的茶人群群主之位，喻政当仁不让。

喻政是福州知府，他这一任就是 10 年，他虽祖籍江西，生在贵州，但他在福州时间长了，对福州深有感情，其号就取"鼓山主人"。政事之外，喻政与徐㶿一起编撰《茶书》。谢肇淛得闲也帮衬帮衬，并常常调侃其公事之余啜建茶快感。集成付梓，谢肇淛作序。在序中，他赞赏喻氏茶书一举多得：存古决疑，齐民殖圃，远谢世氛，清供自适。其辨析了疑难，普及了茶叶种植知识，提供了雅趣，茶户赖以为业。其堪与陈思《海棠谱》、范成大《梅谱》相轩轾，且不劳民、不媚上，高古人一等。

喻政《茶书》问世后，时人赞誉有加。面对如潮好评，喻政反复申明只是借茶以怡情，而不为嗜茶所累，更不至于成颠米之痴。喻政的茶文化思想，他的老友周之夫总结得很到位："澹远清真，雅合茶理。"什么是茶理？周之夫没有明晰，但至少"澹远清真"符合茶理。

唐伯虎《烹茶图》

远在南京的著名文学家、书法家王穉登很欣赏喻政，说"太守风流嗜酪奴，行春常带煮茶图"。酪奴，就是茶。而煮茶图是怎么回事呢？原来，喻政曾得一幅唐伯虎《烹茶图》，好友来了，他便展示一下，而目睹者的第一反应是问真赝，喻政皆不置可否。

一次，喻政在他的福州官邸光仪堂向广西籍的文尚宾道出了心里话。原来，喻政根本就不在意图之真假，只唯"吾以寄吾趣耳"。其实，喻政对鉴赏有很深造诣，他从唐伯虎茶画中读出了陆羽茶经之妙而追崇淡远幽适。文尚宾听后击节赞叹，其真乃陆羽的异代知己，不仅深谙陆羽茶技，陆羽茶道精髓也尽在其掌握中。后来，喻政将这幅茶画临摹在光仪堂的墙壁上，颇有些以陆羽自居的味道了。

有形之饮不过满腹，传玩之味才淡而幽，永而适。喻政身边多隽才，其中的奥妙，他们也看得明白，能道得出究竟。陈勋是福州人，明万历二十九年（1601）进士，能诗，工字画。陈勋受宋儒理学影响颇深，洞

▼《茶书》书影

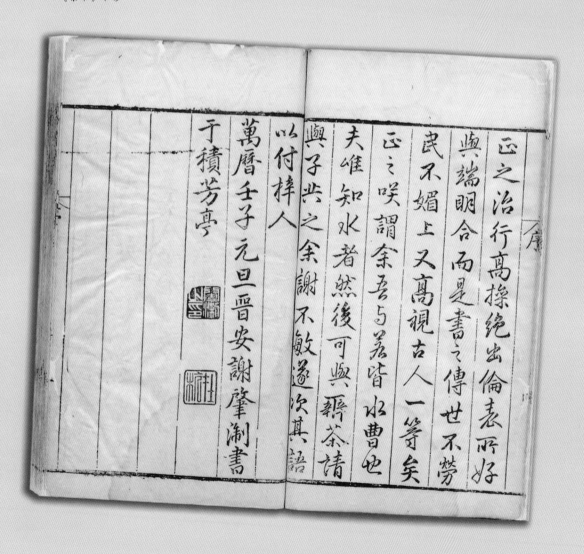

明寓理于物的奥义，因此常常在点赞时做到恰到好处。陈勋早已洞察喻政珍藏唐伯虎《烹茶图》是缘物寄情，寓其淡泊萧远之意。

于玉德、周之夫大概也有同感："醉翁之意啊，志不在莼，不啜茶而能尽茶之妙，是真善饮茶者。翩翩然，若仙啊！"

"岂止呢，这是在抒发陆羽悲天悯人的情怀。"四川籍的郭继芳、浙江籍的吴汝器心有灵犀。

建州人江左玄推崇说道："生平清嗜几人知，千古高风谁与俦"。

喻政品高如山斗，有大雅玄度、亮节远识，超然红尘。这一点，连江浙的友人也认同。浙江绍兴人王思任（此人重气节，绍兴城被清军攻陷后绝食而亡）说，喻政他日可谓人中龙凤。

论茶，五峰谁第一

有茶人群，那茶事活动就必不可少，尤其在春茶采制时节。

喻政雅好茶，最喜制茶时节携友赴鼓山的灵源洞汲泉烹茶。灵源洞出两款"网红好茶"绿云与香乳，在江南一带都有知名度，王穉登曾以诗赞之。谢肇淛平生极力推崇福州鼓山半岩茶，为此，身后留下5首《茶园情歌》、6首《采茶曲》以及一些文赋。他多次说过，鼓山茶色香味当为全闽第一，甚至认为鼓山之茶甲于江南。这恐怕过誉了，或许是他也难免于"谁不说俺家乡的茶好"之俗吧！

不过，附和者也大有人在，福州人邓原岳就认为鼓山茶胜过当时产于江浙一带的名声很盛的天池与虎丘茶。邓原岳是明万历二十年（1592）进士，官至湖广按察副使。福州人郑邦霑，是评价较高的明万历《福州府志》的主要编纂者，与喻政交好，有诗赞鼓山茶，还赞鼓山的水不让著名的金沙泉。谢肇淛的玩伴陈鸣鹤、徐𤊹等也很钟情鼓山茶。

名山有名寺，名寺出名茶。鼓山、方山、清源山、支提山、太姥山等地所产之茶，品质皆优。一个正午天，雨刚停歇，谢肇淛约周千秋等茶友在徐𤊹书斋汗竹斋里烹茗，品评福建五座名山所产之茶。清源山的清源茶、鼓山的石鼓茶、武夷山的水帘茶、太姥山的龙墩茶、支提山的鹤岭茶次第亮相。烹点过程中，茶汤滚沸，如雪似涛，香气如兰。借着

▶鼓山半岩茶茶园

兴致，诸人难免宏阔高论，口无遮拦，指点《茶经》，调侃卢仝不过七碗。至于品鉴结果，鼓山茶、武夷茶香气不见高下，太姥茶、支提茶汤色难分伯仲。究竟谁占鳌头？碍于面子，不便点明，只是婉转地说五峰之茶如院中新篁、池里绿荷，难以辨识差异，但都把当时的名茶安徽休宁的松萝茶、浙江长兴的顾渚山茶甩在后面了。

曹学佺

在晚明的福州，诗社活动异常活跃，并影响广泛，不仅福建省内的莆田、漳州、宁德文人雅和者众，像宁德的崔世召就常常跋山涉水来赴诗会，江浙等地也时有骚客"空降"而来。明万历三十一年（1603）的一场雅集上，参与者竟达百人。其中一位不能不提，即宁波人屠隆。屠隆是文人，也是茶人，著有《茶笺》，喻政《茶书》将其收录。屠隆喜游历，一一品鉴过其时的江浙名茶虎丘、天池、阳羡、六安等，对采茶、择水、茶艺等多有独到见解。当然，他也有明显失误之处，如"若海滨之井，必无佳泉，盖潮汐近，地斥卤"之言。其实未必，福建临海之地不乏佳泉，如长乐十八都东山海旁有泉，味如蜜，曰"蜜泉"。

福州诗社活动不仅频繁，还多雅趣。一次，就在福州东郊的桑溪，由徐𤊟、谢肇淛操持，玩了一回福州版的"曲水流觞"。诗社文友不仅能诗、善文、会画，还多能鉴茶识水，诗社后期的主事者曹学佺就是一位。曹学佺是明万历二十三年（1595）与喻政同榜的进士，史上以藏书、著述名世。清兵入闽时，其自缢殉节。曹学佺曾在四川为官，所著《茶谱》是史上唯一以四川茶为主题的茶书。其虽属辑录资料，但条理清晰，评判到位，故亦弥足珍贵。

曹学佺晚年乡居时，每年也如期赴董应举之约去连江的青芝山赏菊，同好者有时还有陈勋、庄毓庆等。董应举是明万历二十六年（1598）进士，长期在南京国子监、户部任职，因不愿与阉党为伍而返乡闲居。董应举爱菊赏梅，亦喜茶品泉，每年春茶采制时节，常呼朋唤友入山挖笋烧烤。一日触水生情，他吟出"新水白于玉"诗句。如此好的水怎能不试茶？于是，一帮老顽童不惜向寺僧索茶。

◀ 神秘的支提山，素有"闽东东岳""佛巢仙窟"之称，曾被明朝永乐皇帝御赐为"天下第一山"（宋经 摄）

理趣之辩

其实，明代人探求散茶的冲泡方式时取得的一项标志性成果，就是对"茶理"的认识比以前大大前进了一步。这源于明代茶业科技进步，茶人对茶业的认知出现理性的跃升。罗廪年轻时周游产茶之地十多年，亲自操弄制作，回乡后又亲自验证，积学储宝，其《茶解》就把当时最时尚的制茶技术炒青工艺讲得十分精准。后人对《茶解》评价很高，有人甚至将其捧至仅次于陆羽《茶经》的地步。

随着制茶技术提升，当然会新品迭出，如龙井茶、虎丘茶、罗岕茶。新品如何？当然要试了才知道。文人们青睐虎跑之水、惠山之泉、宜兴之紫砂壶。至于品鉴的指导思想，虽然不能脱离"茶饮防滥，厥戒惟严"的古训，但也新意别出。仅仅煮水一个环节，许次纾就细化为择水、贮水、舀水、煮水、品水之说。其用意不在烦琐，实乃穷茶之理。有什么新认知呢？

熊明遇说，"茶之色重、味重、香重者，俱非上品"。那么，好茶是个什么标准呢？"味甘色淡，韵清气醇，香似婴儿肉"，真是妙极了！熊明遇晚年遭阉党排挤，外放福建，在太姥山摩崖石刻中留下"鸿雪洞"三个字。在福建期间，他还写有多篇诗文。

屠隆则推崇蔡襄"茶有真香"的观点。什么意思呢？就是烹点时不宜杂以珍果、香草等，以免夺茶味。

徐㶿与许次纾、闻龙、罗廪等友善，多次游历江浙一带。历史上，徐㶿与其兄徐熥以诗文活动、藏书等名世，而徐㶿实则也是一个很有分量的茶文化学者，对茶事颇有见地，有专门的著述，如《蔡端明别纪》。蔡端明就是蔡襄，因蔡襄官至端明殿学士，故又名"蔡端明"。《蔡端明别纪》记录了蔡襄为人、为政、为学、为茶、为艺等事迹，是研究蔡襄思想的专门著述，可谓史上开蔡襄研究之先河。喻政在编辑《茶书》时专门将其中的茶事析出，命名《茶癖》。谢肇淛引蔡襄为"异代知己"，或许徐㶿更适合这顶桂冠？明天启六年（1626）农历八月八日，夜宿鼓山的徐㶿一人来到灵源洞的蔡襄"忘归石"题刻前。此时，月上东海，涧底泉流，松风仙梵如天籁之曲。徐㶿摩挲题刻，不觉触物生情，眼噙泪花。原来，该题刻是北宋庆历六年（1046）农历八月八日蔡襄游历时所题。跨越580年的夜话无疑是鼓山这座茶文化名山演绎的一段佳话，不知当时的徐火勃是否生发出"微斯人，吾谁与归"的孤寂感。

　　当然，后世谈到徐火勃的茶文化贡献，更推崇其《茗谭》。确实，不论是思想，还是文字展陈，《茗谭》都极为精彩。"一日不饮茶，语言都无味。""茶、香两相为用，缺一则乏味"，史上飨清福者能有几人？徐火勃推崇"烹茶焚香"，而李日华则直接反对，认为品茶与焚香相冲。徐火勃懂茶，正因他在武夷山的茶园里熏染过，所以他对茶感悟很深："种茶易，采茶难；采茶易，焙茶难；焙茶易，藏茶难；藏茶易，烹茶难。"也就是说，制茶环节稍失拿捏，则前功尽弃。当时福州有人用茉莉花等浸水泡茶，徐火勃认为那样做虽香气浮碗，但有悖茶理，倒不如把花放在

▼《茗谭》书影

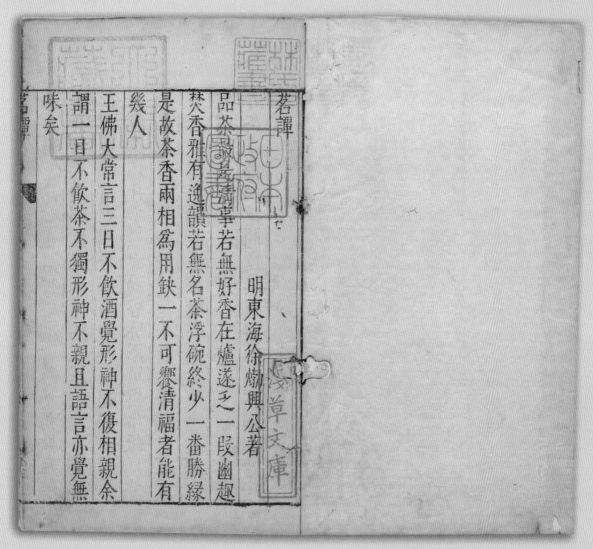

几案上，茶香、花香相得益彰，既合理，又有趣。

《茗谭》开篇即言，"品茶最是清事，若无好香在炉，遂乏一段幽趣"。何谓茶趣？漳州人高元濬《茶乘》说得最好，独啜曰幽，二客曰胜，三四曰趣，五六曰泛，七八曰施。也就是说，饮茶以人少为贵。人多了，喧嚣杂陈，有何趣可言？

对茶趣的孜孜以求，沿袭至后世。清初福州人陈元辅《枕山楼茶略》专门论述了茶趣，深叹饮茶得趣不易。但若不得茶中之趣而信口哺啜，又与嚼蜡何异呢？因长途跋涉而口干舌燥，持一大杯一饮而尽者，肯定不知其趣。酒后面红耳赤，血脉偾张，以茶解酒者肯定也难知其趣。浓煎慢煮后横吞直饮，绝对是俗子所为。

明清茶人如何得趣？名堂多得很。似乎有好的饮茶环境是首选。凉台静室，窗明几净，依坐窗前，帘外竹枝摇曳，晏坐行吟，与友或清谈或觅句，即可得趣。"梅花树下读离骚"时品茶有趣，"杨柳池边听黄鹂"时品茶亦有雅趣。得趣的表现是，如清风投入肺腑，两颊微红，即便冬日，也周身和暖，如饮醇醪。得趣毕竟是一种自我体验与主观意识，便有"山堂夜坐，手烹香茗，至水火相战，俨听松涛，倾泻入瓯，云光缥缈，一段幽趣，故难与俗人言。"如罗廪所说，饮茶之趣只可意会，不可言传，个中微妙，只有心知，好像用再美好的文字来形容茶趣也是要打折扣的。实际上，趣贵在发现。有人认为，苏东坡有趣，胡适、林语堂、汪曾祺有趣，诀窍就在他们都能从日常琐事中，从莳花弄草、钓鱼摸虾中发现趣味，发现好玩。所以，他们笔下的茶也就有趣得多。

明代茶理论、茶趣论之源头，似乎还要从一个人说起，即朱权，朱元璋的第十七子。历史上，有两本茶书与皇家有关（朱祐槟可忽略），一是宋徽宗的《大观茶论》，另一即是朱权的《茶谱》。庙堂上的皇帝与江湖之远的郡王，在一杯茶中自然品出不同的味道。朱棣政变成功后，朱权在南昌构筑精庐，读书鼓琴，弈棋烹茶，回归自然，倒也过得平安自在。朱权如此心态，体现在《茶谱》中，不外乎通过饮茶，扩心志，练内功，修身养性，寄形于物外。但他承继唐宋传统，在启迪明清崇简风气方面呈现新意。朱权强调品饮从简，力戒烦琐程序，认为只要能享受饮茶乐趣即可，因此他主张改进茶品、茶器及有关物品，提倡掌握所用器具的各种技巧，反对茶具带有华丽雕饰。与前人爱用金银制器不同，他主张用石、瓷、竹、椰壳等制器，不拘材料。也就是说，把古人的优点继承下来，把自身的特色发扬光大，便有求真、求美、求自然之趣。

对于理与趣之论，当时的日本学者也卷了进来。奥玄宝嗜壶成癖，他以壶为喻，倒把理与趣讲述得极为有趣。他在《茗壶图录》中这样说："近时壶癖家，言体必推小，言流必推直，强以为解事，予未以为然。盖推小者，其理出于点茗之便；推直者，其理出于注茶之快。便与快，则主实用言之。然壶本玩具也，玩具之可爱在趣而不在理，故以理则小直而可，以趣则大曲亦可。知理而不知趣者，独取小与直而不取大与曲。知理又知趣者，不论大小曲直，择其善者皆取之。知理而不知趣，是为下乘，知理知趣，是为上乘。"

善哉，壶以小为贵，一人一壶，自斟自饮，不亦有趣？理趣之辩与紫砂壶进入茶人视野也有密切关系。一壶在手，自泡自饮，在喧嚣嘈杂的尘世寻觅一份内心的宁静，平淡的生活顿时增添了娴雅的内涵。"蝉噪林愈静，鸟鸣山更幽。"一壶茶，将滚滚红尘拒之门外。如果在茶具上雕刻些花鸟诗文，缘物寄情，如此情调，不免会令人发出人生不过如此之叹。史上第一部紫砂壶专著《阳羡茗壶系》是江苏人周高起著的。按如今的说法，周高起可称为"跨界大师"，其所精研领域跨茶、佛、紫砂壶三界。在书中，他为制作紫砂壶的名匠立传，于是供春、时大彬等一代名家顿时声誉鹊起。至今，紫砂壶都是中国茶器最具代表性的文化符号。

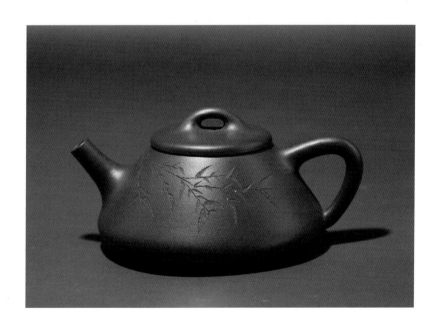

▶ 茶壶以砂者为上，盖既不夺香又无熟汤气，故用以泡茶不失原味，色香味皆蕴（图虫创意 供图）

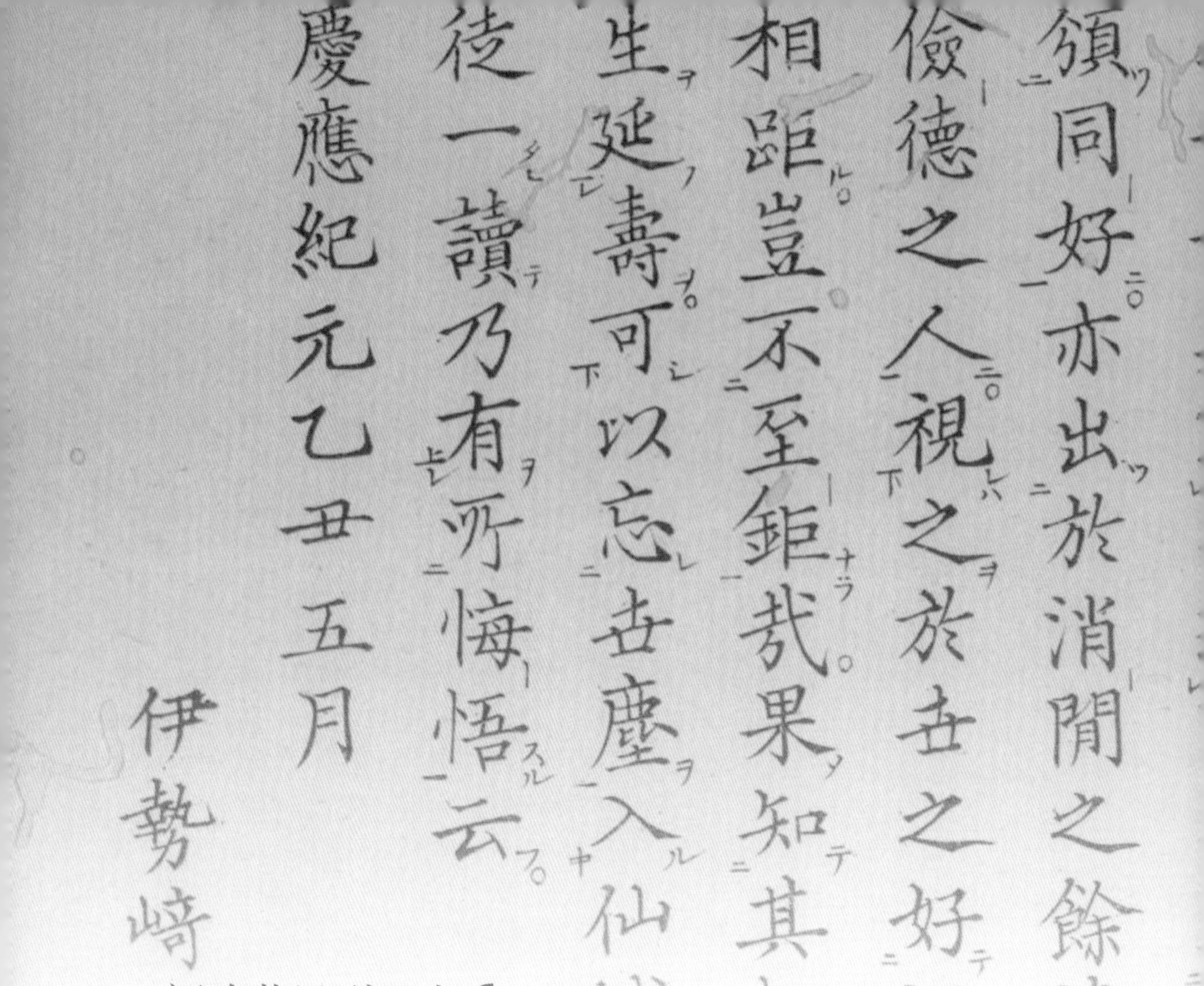

頷同好亦出於消閒之餘情古

儉德之人視之於吾之好酒色

相距豈不至鉅哉果知其趣

生延壽可以忘吾塵入仙域

徒一讀乃有所悔悟云

慶應紀元乙丑五月

伊勢崎

福建茶风到日本

如果要说历史上中国茶对哪个国家影响最深入、最持久，那只有这个国家：日本。

自隋唐时茶叶、茶籽被日本僧侣带回去后，日本茶与中国茶其实就难解难分了，直到当代亦如是。历史上很长时期内，中国作为茶业高地一直向日本单向流泻，但近代衰弱后转而向日本学习茶业。日本在侵华战争时期对中国茶业的摧残，则擢发难数。关于中日茶业关系史，我们完全可以写出一本内容厚实的专著。

唐宋时，团茶和抹茶传入日本。据统计，北宋时期，商船渡日次数有 70 余次。宋代斗茶成风，习气亦飘至日本。日本先是大量模仿，后将其与本土宗教结合，催生出日本的抹茶道。而日本抹茶道的源头须从南宋时来中国学习的荣西和尚说起。

▲《吃茶养生记》书影

煎茶圖式後序

夫好色者削肉好酒者腐

不然矣。不止無害且養生

神雨檐瓶笙可以破悶午

醉已罷啜之解醒磁碗送

日莫時不宜乃若其極則

風塵外與廣成美門共上界

于墨水與門人思樂等排列

荣西少时多磨难，而意志顽强，素有宏愿，可惜相貌"矮且丑"，时常遭人嘲弄。不过，荣西就以中国春秋末齐相晏婴使楚的故事来回应，令奚落者哑然。荣西两次来中国，除了学习中国的典章制度、佛经，还钟情中国的茶文化。他用汉语写就日本第一部茶书《吃茶养生记》。与《茶经》不同的是，《吃茶养生记》甚少提及茶的科学体系，几乎只谈茶的药物性能，充斥着中国道家养生的气息。1991年，为了纪念荣西1191年从中国带回茶种，日本邮政特地发行了"日本茶800年纪念"邮票。同年，日本还组织了"茶航路"访问团到福建等地访问。

荣西返国后，在京都创办建仁寺。有人比对赵孟頫的《斗茶图》与建仁寺的四头茶会图，发现"四头茶会"装饰的源头显然是南宋时中国的寺院，但日本文化元素明显增多，如客人坐在榻榻米上接受茶礼。荣西之后的七八十年，抹茶道在日本萌发，经村田珠光奠基，武野绍鸥发展，直到千利休完成，其时已是明代晚期的事了。

　　明代是中国古代茶史上著述最丰富的时期，不少有分量的茶书，如张源的《茶录》、许次纾的《茶疏》、罗廪的《茶解》相继传入日本，对日本茶文化影响深远。1756年，日本大枝流芳推出的《青湾茶话》就毫不讳言地说，全书内容是从中国历朝历代茶书中摘录的，只是加注了自己的经验与观点。即便是自个儿的观点，也处处流露出中国茶文化的影子，如文人和茶叶的关系，文人怎样用茶。大枝流芳提出的清雅观，在中国的文人雅士眼里简直就是小儿科。几十年后的1794年，上田秋成推出的《清风琐言》亦难脱窠臼，但更多地关注到日本茶叶情况。

　　1854年，中国晚清时期，出身于医学世家的小川可进的《吃茶辨》问世，其中中国文化元素就几乎殆尽。这也表明日本茶体系本土化的成熟。日本茶业成熟之时，正是中国茶业顶峰时刻。20多年后，中国茶业开始走向衰落，日本茶业崛起，如同跷跷板一般。当然，中国茶文化对日本的影响是割不断的。1875年，山中吉郎兵卫等为祭奠已故父亲而在青湾举行了一场茶会，过后编有《青湾茗宴图志》一书。书中每席先绘场景，复以文字述其中各物，又择要将古董器物详细摹写于后，并就其形制、铭文等做了记录。茶会陈设中，福建文化因子随处可见，包括黄道周的《松石孤鹊图》、隐元的书法、黄慎的《百雀图卷》等。

　　明末，日本大量从中国输入茶壶、茶碗，福建、浙江的瓷器多从福州、宁波出口赴日。《福建航运史》载有一则1641年7月的记录：10日，茶碗5000件；22日，茶壶710件；23日，茶壶1127件。入清以后，数量锐减（说明日本茶具制作技艺已经成熟）。清代的中日贸易几乎是以中国的东南沿海与日本的长崎为纽带展开的。福建的功夫茶艺也随着闽商传到长崎。1818—1830年间的绘画《长崎名胜图绘》《唐人坊内之图》就有大量功夫茶具，包括砂铫、茶船、茶杯等。当今的日本学者也毫不隐讳地指出，日本茶道中的诸多元素取自福建、广东等中国的东南沿海地区。可以相信，福建的功夫茶艺也是这个时候传入日本的，并最终定格为煎茶道。但是，日本煎茶道的各个流派都尊隐元为煎茶道始祖。

　　隐元是福建福清黄檗山住持，南明永历八年（1654）率领僧俗徒众二三十人，从泉州府同安县中左所（即今天的厦门筼筜湖）乘坐郑氏海商集团的船只起航东渡，于当年7月5日到达长崎港。隐元东渡，将临济宗黄檗派传入日本，并开花结果，形成了日本黄檗宗。隐元禅师，是继大唐时代鉴真和尚之后濡染日本宗教、文化和生活景观的大德高僧。

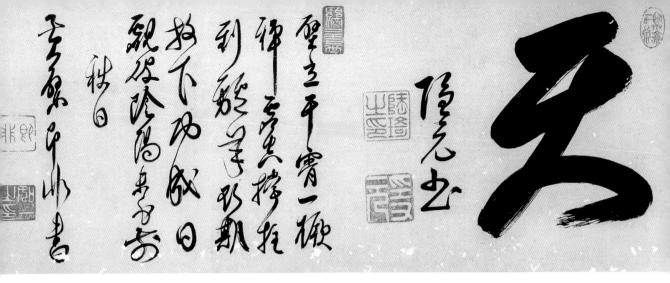

▲ 隐元禅师书法作品

京都万福寺系由隐元禅师所创,在日本赫赫有名,日本国内 500 多座黄檗宗寺庙奉其为本宗。经由隐元禅师东传日本的,除了万福寺及佛门的一切外,据说还有煎茶法及饮食习惯。其在日本发展成为"普茶料理",至今仍深刻地影响着日本人的生活。日本煎茶道的一些流派还时不时到福清黄檗山万福寺,用煎茶道茶法为隐元禅师献上一杯茶。当然,他们也不忘在寺院的古泉中汲水举办茶会,因为古泉名声早已传播到日本了。

琉球与福建茶

明初,福建饮茶习俗就传至琉球,琉球的外事活动就沿袭了中国的点茶法。明天启七年(1627),琉球还开始不断尝试种茶。尽管土地贫瘠,不适合植茶,但琉球人依旧屡败屡战,终于折腾出了一款"琉球红茶"。后来,他们在最早植茶的地方立了一块"冲绳县(即琉球)茶发祥之地"的纪念碑。

清雍正九年(1731),琉球人向秀实来福建专门学习制茶,历时 2 年,归国后辟园植茶。随着中国饮茶习俗的改变,琉球亦步亦趋。乾隆时期,琉球人生活中的"淹茶",其实就是源自中国的散茶盖碗冲泡法,用的茶多是福州鼓山茶。

1900 年,王室世子出资设立了一家叫"丸一"的贸易公司。1902 年,该公司在福州开设了分号,主要经营茶叶,有自己的工厂。福州的茉莉花茶就主要通过该公司运往琉球。琉球人特别喜欢福建的乌龙茶、茉莉花茶(香片),反而不习惯喝日本的蒸青绿茶。

海上初相遇 🍃

相向而行，却背道而驰

历史上，中国是航海大国，发明了橹、舵、帆、锚、榫钉、舱缝、水密隔舱、逆风调戗、陆标导航、牵星过洋、指南针、航海图等相关航海技术；拥有灿烂的航海文化，创造了极具东方文明精神的妈祖海洋神话，打造了以朝贡体系为主要特征的海上贸易。

宋元时期，福建是全国造船基地，尤其是福建造的远洋海船，船型大，性能优，力压广东、广西、浙江的船而雄踞老大位置。元代时，福建的大型海船可配置千人，普遍使用水密隔舱技术，帆、橹、桨、篙、舵设备齐全；牵星术广泛使用，即通过观测星体的高度来确定海船所在位置；船队管理井然有序，纲首、副纲首、舟师、直库、部领、篙师、司缭、碇手、水手职责明确。郑和下西洋时，船队"云帆高张，昼夜星驰，涉彼狂澜，若履通衢"，何等洒脱；"洪涛接天，巨浪如山，沧溟十万余里"，何等气势！

郑和带去的是瓷器、布匹和丝绸，而不是杀戮、掠夺和殖民主义。这与后来欧洲国家的探险者们完全不同。有意思的是，郑和在皇帝的支持下七下西洋，而哥伦布是经过七次游说才终于从西班牙国王和王后那弄到3艘小船。凭着这3艘小船，哥伦布发现了美洲，开辟了人类的新大陆。达伽马团队的4艘船，绕过好望角到达印度。麦哲伦率领5艘船完成环球航行。马来西亚前总理马哈蒂尔·穆罕默德说："在马来西亚，我们与中国做贸易已经有2000多年了。他们从来就没有掌控过我们。不过，有一天，3艘葡萄牙的航船出现在了马六甲海峡沿岸，你们猜接下来会发生什么？3个月后，我们成了一块殖民地。"

郑和下西洋，将中西文明交往的重心从亚欧大陆转移至海上。但之后，广袤的海洋留给了正崛起的日本海商与穆斯林去驰骋。在世界大航海时代来临之前，在历史的转折关头，中国远离海洋而使后世历史失色不少，乃至于有人认为中国没有海洋文化，如黑格尔、梁启超。

时光很快来到了1500年。对当时的中国明王朝来说，这不过是斗转星移里的又一年，但按照美国历史学家斯塔夫里阿诺斯的观点，1500年是人类历史上的重要转折点。另一位英国历史学家汤因比总结得更深

▲ 郑和宝船模型（郑和
史迹陈列馆 供图）

刻：西方国家划时代的发明是以"海洋"代替"草原"来作为全世界交往的主要媒介。当然，汤因比所谓的"全世界交往"，显然用词隐讳，西方国家的殖民罪恶被其一笔带过。但不管怎么说，1500 年后，真正意义上的世界历史开始了，海洋时代来临了。

人类眼界前所未有地开阔了，整个地球形状首次被绘入地图，至 1763 年世界大部分地区的主要海岸线已成为教科书中的新知识。人类、动物、植物全球性扩散。马、牛、羊到了美洲，烟草、棉花、玉米、马铃薯、花生、甘薯等对中国人口增长功莫大焉。在经济领域，真正意义上的洲际贸易因为大规模的生活必需品交易出现了。1500 年之前，海上贸易实际上局限于香料、宝石、丝绸等有限的奢侈品。而地理大发现后，人类创造的商品出现全球大迁移。美洲白银流向中国和印度，南洋香料流向中国、印度和欧洲；中国丝绸、瓷器（注意：没有茶）经南洋流向亚欧国家；非洲的奴隶流向新大陆；印度棉纺织品远销亚非国家和地区；日本盛产白银，白银流向中国，从而换回生丝。

欧洲早期殖民者贪婪地走上垄断之路，地理大发现后葡萄牙人就急于垄断香料与胡椒贸易。这两种物品在欧洲受到欢迎，最初是作为药用，与茶叶并无二致，但随着认知的提高而最终定位为调料。

亚欧国家面对同一个海洋，表情却大大不同。欧洲私人性质的商船竟都悬挂着国旗，而亚洲地区的商船最多挂一面令旗。小小的分野其实蕴含着很深的理念差异，一是国家主权意识；二是亚洲国家对海上贸易的认识，如印度的莫卧儿帝国，根本不关心海上商人的事情。中国其实也是如此。

1500 年后的中国，实际上失去了海上贸易主导权。1511 年，葡萄牙人占领了马六甲。这是一件大事，后果显而易见：一是贸易主导权的易主，二是南洋诸国被殖民的开端。对于古老中国的外围，从海上来的欧洲人开始虎视眈眈了。果不其然，1557 年，葡萄牙人就堂而皇之在澳门定居，并以此为据点，剑指中国的东南沿海。自此，中国的商船就鲜有出现在马六甲以西的洋面上了。明崇祯十年（1637），英国船舰就曾闯入广东虎门，企图以武力打入中国。这是历史上中英之间的第一次直接交锋。

西班牙、荷兰也不甘落后，1521 年，麦哲伦率领的远航船队经拉丁美洲到达菲律宾后，开启了长达 250 年的马尼拉大帆船贸易时代。传统的东亚贸易网络就这样轻易被破坏。至此，中西贸易、文化交流实则

是由欧洲国家来主导。至今，欧洲人的蛮横与霸权还时常不自觉地就流露出来。

郑和下西洋与西方人向东追逐淘金梦，本是相向而行，结果却背道而驰。欧洲人或因征服海洋、掠夺世界而领先了几个世纪。

传教士嗅到了茶香

地理大发现，空前地拉开了东西方文化、艺术、生活方式日益密切的交往序幕。探险家开拓了航路，传教士迅疾以文化占领。明清鼎革时期，域外浮槎而来的数学、地理学、天文仪器、历法、水利技术、机械、钟表、眼镜、望远镜、枪炮等都是传教士的杰作。"西学东渐"遭拒绝与排斥，在斗争与间断中衰退，乃至于最终黯然收场。在这大悲大喜的过程中，传教士是真正的见证者。

首先领略到中国茶香的也是传教士。葡萄牙传教士克鲁士曾在广州居住，回国后推出一本中国的志书，记述道：如有宾客到访，体面的人家常常敬上一种被称为茶的热水，其装在瓷杯中，置于精制的盘上，热水呈红色，略带苦味。由于有些传教士直接受雇于朝廷，对中国的茶叶与饮茶习俗一点也不陌生，所以各种文献中的这类记载特别多。意大利传教士路易斯·阿尔梅达、帕得李希，西班牙传教士马丁·德·拉达等，在他们的著述中详尽地展示了中国的饮茶方式，包括饮茶时所使用的精美茶具以及饮茶礼节。葡萄牙传教士曾德昭就注意到，主人给宾客安排与其身份相当的座位，然后依次递茶，且频频上茶，以示敬意；更注意到中国传统"端茶送客"的微妙。西班牙传教士马丁·德·拉达及其同伴在《出使福建记》（1575）中也提及了茶。他们到达厦门、泉州、福州后，受到地方官员的高规格接待，中方以果品和茶点招待他们。马丁·德·拉达留心观察福建当时的社会状况，比如，闽南人口稠密、经济繁荣，市场上鱼肉、蔬菜、水果琳琅满目，还有一些他不太熟悉的物品，其中肯定包括招待他们的茶。

当然，如果你仅仅认为传教士只是在传播茶叶方面起了些微作用，那就错了。美国传教士卢公明在福州时参与了茶叶贸易。英国传教士高葆真有感于清末中国茶业衰落迹象，节译了《种茶良法》一书，从科技角度介绍茶树种植、修剪、土壤保护等内容，亦直斥当时中国茶业弊端。

其剖析有理有据，符合事实。

海上的茶叶贸易开始了

中国茶虽然对日本、朝鲜半岛的影响久远，但双边贸易中，茶的数量其实并不大，甚至微乎其微。成书于晚明的《筹海图编》记载了一则日本人喜欢的中国商品清单，有丝、绵、布、锦缎、针线、铁锅、图书、字画等共计 300 余种商品。其中，与茶有关的商品只有一个：茶壶。

甚至有明一代，茶叶的海上贸易与陆上的茶马互易（不是互市，明廷强悍，只许以马易茶）相比，数据其实羞涩得很，远不如我们想象得那样风光。

郑和七下西洋，壮举空前，遍历亚非 30 余国，主要航线 40 余条，宣抚使命，建立朝贡贸易体系，但至于说"正是郑和下西洋，把中国饮茶的习惯和种茶、制茶的技术带到南洋去"，多半则是臆想。检阅史册，郑和船队携带的当时世界上科技含量最高、最先进的农产品和手工制品，主要是陶瓷、丝绸、铁器、铜钱、金银等。至于茶，似乎微不足道。斯里兰卡科伦坡的国家博物馆有一块《布施锡兰山佛寺碑》，于明永乐七年（1409）在南京刻制，碑额浮雕精细，周身布满花纹。郑和二下西洋时，将其立于斯里兰卡。对其用意不管做何解读，看其布施的物品，有金、银、丝绢、饮金铜花瓶、铜炉、铜烛台等，贵重无比，数量繁多，显然都是事先精心准备好的物资，可就是没有茶。

明末，郑氏海商集团控制下的福建安海港，生意繁盛，但鲜有茶贸易的记载，反而多是为满足南洋居民对于葛布、水纱布的需要，安平商人不惜辛劳，远至河南、江苏、浙江采购苎麻、棉花等。

自明隆庆元年（1567）开放海禁后，荷兰人于 17 世纪初来漳州月港进行贸易，经澳门将茶作为商品运回荷兰。据文献记载，大约是 1606 年，是荷兰航海家扬·胡伊根·范林斯索顿操作的。在荷兰人占据台湾期间，其又把福建茶经台湾转口到欧洲。荷兰人留下来的《热兰遮城日志》载，从厦门到台湾的货物中，茶叶是每艘船必备品，但数量不大，少者不足 10 担，多者 42 担；粗茶则用篮子装，数量就更少了。郑成功父子在占据厦门期间设立牙行，经营多种商品，包括茶叶，但数量也都不大，否则不会把茶作为贵重礼品赠送给荷兰的商贸使者。

▲《筹海图编》书影

大红袍
Dahongpao Tea

采之有时焙有诀，烹之有方饮有节。

袁枚《试茶》

清代
Qing Dynasty

茶叶世纪

　　光阴流转到清代，东西方文化空前碰撞。茶香打动了世界的味蕾，不独是中国品饮了，世界也喜欢，因此史上就有了"茶叶世纪"的说法，福建茶也就成为世界的福建茶了。

　　茶叶世纪是从武夷山开始的。鸦片战争前，中国茶的外销渠道主要有两个，一是经广州口岸的海上茶路，另一是经恰克图口岸对俄国输出的万里茶道。这两条路有且只有一个出发点，就是武夷山。武夷山，无疑是一部中外文化的交流史和中国茶业的自信史。万里茶道，可谓中国茶业的精神标杆。

　　茶由海路被运到欧美国家的历程，几乎可算是东印度公司的茶叶贸易史。"研究不完的东印度公司"至今仍吸引着学者们皓首穷经，孜孜以求。

When time came to the Qing Dynasty, the cultures of East and West collided unprecedentedly. The fragrance of tea had touched the taste buds of the world, not just in China but globally. Therefore, the term "Tea Century" coined in history, and Fujian tea became known worldwide as well.

The Tea Century began with Wuyi Mountain. Before the Opium War, there were two main channels for the export of Chinese tea. One was the maritime route through the port of Guangzhou (Canton), and the other was the Thousands of Miles Tea Road that led to Russia through the Kyakhta port. Both routes had a single starting point: Wuyi Mountain. Wuyi Mountain undoubtedly holds a significant place in the history of cultural exchange between East and West in China's tea industry. The Thousands of Miles Tea Road is the spiritual benchmark of China's tea industry.

Tea via sea to Europe and America can almost be synonymous with the tea trade history of the East India Company. The "endless research on the East India Company" still today attracts scholars to seek to uncover its intricate history diligently.

茶业圣地 🍃

有清一代，中国茶叶真正走向了世界。海上茶路与万里茶道交相辉映，翻开了中国茶史上同时也是中国经济史上波澜壮阔的一页。

清代的茶业气象万千。茶叶种植区域比明代进一步扩大，茶叶家族又添白茶、花茶等新成员，清后期更是涌现出几十种名茶。在不少传统茶区，茶业甚至成为经济发展的支柱产业。现代意义上的"茶叶"二字正式登场，并广泛散布开来，而史上表示茶叶时只有一个"茶"字。茶馆，这一新的大众茶空间遍及大江南北，有的流序至今，焕发出新的生机。与元明时期人们品茶多调和花果的方式不同，清代的茶饮出现清饮趋势。一言以蔽之，茶业总在变化中。

袁枚试茶武夷山

清代，福建各县嘉木蔽野，瑞草盈畴，如诗人袁枚所看到的，"闽人种茶当种田""我来竟入茶世界"。清代学者郭柏苍《闽产录异》载："闽诸郡皆产茶，以武夷为最。"各茶区都有哪些茶类呢？最好的武夷茶区产岩茶、外山青茶、洲茶、白茶等；瓯宁茶区产龙凤山茶、大湖水仙、大湖乌龙、小湖乌龙等；福宁府茶区产太姥绿雪芽、绿头春、福鼎白琳、福安松萝等。

清乾隆五十一年（1786），袁枚游历武夷山时，幔亭峰、天游寺等处僧道听闻大才子驾到，争相献茶。他们并不知晓，袁枚一向不喜欢武夷茶，主要是嫌其浓苦如药。看到僧道冲泡时杯小如胡桃，壶小如香橼，袁枚心里还窃笑，这是人喝呢，还是喂鸟？在僧道的反复解说下，袁枚勉强端起杯子，细斟慢品，先嗅其香，再试其味，徐徐品咽而体贴之，奇迹般地发现清芬扑鼻，舌有余甘。袁枚这下来劲了，一杯之后，再来一杯，不觉释躁平矜，怡情悦性，遂一改对武夷茶的看法，反倒发觉龙井虽清而味薄，阳羡虽佳而韵逊，而武夷茶享天下盛名，果然名不虚传，于是欣然作诗《试茶》，对武夷茶里里外外夸赞了一遍。

◀ 武夷茶吸深山之灵气，纳岩骨之精华（视觉中国 供图）

武夷可为茶圣地

古往今来，历史沉淀下无数个坐标系，将一些人、事、地以"圣"和"神"的名义与其他区分开来。我们熟知的茶界就有"茶圣"陆羽以及诸多茶神。这些坐标系绘制的标准是什么？人们接受吗？既然茶有圣，茶业是否当有圣地？

上苍对武夷山青睐有加，"海内山水之灵异，于斯为最"。这里山峰险峻，水溪潆洄，若鬼斧神工，且秦汉以降，历来为方士、羽客隐遁之所。有宋一代，杨时、游酢、朱熹、胡安国、蔡元定等倡道东南，讲学于武夷山，流风余韵，为山水输入文化灵魂。至清时，名胜之多，土膏之厚，茶荈竹木之清佳，以及骚人墨客之吟咏，佛道方士之所寄托，不可胜纪。

▲ 马头岩，因形似马头而得名，四周皆为茶园，是正岩茶主要产地之一，代表作："马肉"（视觉中国 供图）

武夷景之奇，文之盛，何尝不是茶人立命之地？文献记载表明，武夷山的茶人有"三多"：一是闽南人多，二是潮汕人多，三是江西人多。明清以来，闽南和广东茶商竞相在武夷山买山设庄，雇工制茶，经销茶叶至闽南、潮汕、广州以及南洋等地。郭柏苍旅居建阳10年，目睹了武夷寺僧多来自晋江，以种植茶为生，清明谷雨制茶时节多请泉州技师。民国时期，武夷山"岩主"十之五六是闽南人，一半是崇安当地人，真正的茶农（"包头"）多是江西人。茶学家林馥泉于1941年的调查显示，泉州籍的茶叶商号最多，如泉苑、集泉、奇苑、茂芳、泉馨、福美等，不少都是入清以来沿袭下来的著名商号。其次是潮汕茶商，数量与崇安本地的商号差不多。泉州籍的商号大都有主打茶品，如创始于清嘉庆十八年（1813）的泉州泉苑，以"水仙种"知名；始于清乾隆四十六年（1781）的惠安集泉，其"铁罗汉"最为有名。据说是厦门设立最早的茶庄的杨文圃，其"名色种"冠绝一时。此外，像漳州奇苑的"三印水仙"、金泰的"老枞水仙"、厦门泉馨的"宝国名种"等，在海内外市场都受追捧。

▲ 武夷岩茶旧品"铁罗汉"
▶ 武夷岩茶制茶工艺之手工做青（图虫创意 供图）

各地茶商不约而同齐聚武夷山，就是要掌控茶叶的源头，这是那个时代经营茶叶的第一要义。他们带来了植茶技术、制茶技术、资本和渠道，还有经营茶叶的理念。碰撞、交融的结果，必定是焙出"人间至味"。制茶技术与武夷形胜极度吻合。武夷山制作乌龙茶与红茶的技术巧夺天工，如武夷茶谚曰：武夷岩茶兴，全靠制茶经。一采二倒青，三摇四围水。五炒六揉金，七烘八拣梗。九复十筛分，道道功夫精。"百工技艺俱有至极，造其极者谓之圣"，依此说，武夷山制茶技艺可谓"圣"。

其实，何止于技艺为圣！武夷山以其文化包容性、博大精神、历史底蕴与时代气息相交汇，成就了茶业的巅峰，绘制出茶业圣地的坐标系。"充实而有光辉之谓大，大而化之之谓圣"。茶叶、技术、品种、文化等源源不断地从武夷山流泻而去，散布至世界，造福人类。高标之格，可有谁能媲美？

释超全目睹了漳州人在武夷山制茶的高超技艺，又亲眼见到乌龙茶的制作技艺传递到安溪，"溪茶遂仿岩茶样，先炒后焙不争差"。随后，乌龙茶由福建衍播至广东。至今，福建、台湾、广东是乌龙茶栽制的三个核心省份。

乌龙茶属于半发酵茶，介于不发酵的绿茶与全发酵的红茶之间，民国时多称"青茶"。福建乌龙茶品种多，因采制方法不同可分为"闽北乌龙茶"与"闽南乌龙茶"两大系列。闽北乌龙茶以武夷岩茶最具代表性，建瓯的矮脚乌龙、闽北水仙也极有底蕴。闽南乌龙茶以安溪铁观音为代表，还有永春佛手、诏安八仙茶、平和白芽奇兰、漳平水仙、闽南水仙等，也各具特色。

而始于武夷山的红茶，则由中及外，已遍布世界各个角落，是目前国际市场上销量最大的茶品。红茶对世界茶业格局产生的深远影响，也绝非只言片语所能表达。

而在国内茶市，人们自觉或不自觉地去对标武夷茶。兄弟地域宣传茶叶新品，色香味以武夷茶为标准；名声羞涩者，冒充武夷茶销售，以至于还弄出笑话。清同治《安化县志》载，有人以安化茶冒充武夷茶销售，没想到当时安化红茶在海外已经有很高的知名度了，价格甚至比武

▶ 焙火工艺是形成武夷岩茶特有风韵的关键程式之一（图虫创意 供图）

夷茶还高。

因为据乌克斯《茶叶全书》记载，最早运到欧洲的中国茶是武夷茶，所以有时"武夷"就是"茶"的代称。最早测出的茶叶成分被命名为"武夷酸"。世界很多地方的茶种来源于武夷山。波士顿倾茶事件中躺着中枪的是武夷茶。武夷茶还曾是中外文人们争颂的对象，留下了大量诗篇。英国诗人雪莱、拜伦等就在茶与瓷器、丝绸中构筑他们的"印象中国"。武夷茶穿越戈壁大漠，给俄国送去多少期盼。马雅可夫斯基赞道："一切东方人，心里乐开了花，骆驼驼来了——武夷茶"。这一爱茶之心，与中国文人雅士似心有灵犀。武夷茶更进入了欧洲绘画、雕塑、音乐、舞蹈、戏剧等艺术领域。

溪流婉转的九曲，无疑是打开世界茶叶的钥匙。鸦片战争前，中国茶的外销渠道主要有两个，一是经广州口岸销往欧美等地的海上茶路，二是经恰克图口岸对俄国输出的万里茶道。两者的唯一出发点武夷山所造就的经济、历史、文化价值，寰宇之内谁堪比？武夷圣地丰富了茶品种，为最大宗的外贸出口提供源源不断的产品，催生了一批城镇，带动了一方经济。茶叶之路就像是一条负载着文明元素的河流，顽强地流过不同的社会形态，擦出史诗般的火花。

任何圣地都是记忆的殿堂，里面的每件陈列品都是一道历史的印痕，都能够唤起对过去的追忆，是共同信仰的物化表达。这种神圣性穿过时空、超越历史，依旧在与今人对话。南方烈日灼人与北国寒风刺骨的贯通、江南软风与塞外冰雪的交融，云深林密的武夷山与苍茫辽阔的草原无缝对接。闽商走水行船，凭海而市，与晋商足履灼沙、顶风斗尘、马矢代薪、炊灶作食的精神，最终都沉淀为中国的商业文化而滋润后世。

武夷茶史，就是一部典型的中国茶文化、福建茶文化的自信史。

"立志而圣，则圣矣。"武夷山市乃至于福建省的茶产业发展规划当以此为旨归，抒豪迈之情，起风发之兴，发挥引领作用。

武夷山是世界文化与自然双遗产地。2019 年 3 月，国家文物局又将万里茶道列入《中国世界文化遗产预备名单》。2022 年 11 月 29 日，"中国传统制茶技艺及其相关习俗"列入联合国教科文组织人类非物质文化遗产代表作名录，武夷岩茶（大红袍）制作技艺赫然在列。

武夷茶业圣地，见之于空间，见之于时间。

▶ 大红袍，属于乌龙茶，产自福建武夷山，被誉为"国之瑰宝"，汤色橙黄清澈，口感岩韵十足（图虫创意 供图）

岩骨花香之胜

如今，穿梭于武夷山的丹山秀水、坑涧沟壑，品鉴武夷山的灵芽瑞草，是都市人的诗和远方。懂茶的或不懂茶的，男人或女人，在九龙窠的大红袍母树下，统统是朝圣者的心态。一睹母树风采，不枉武夷之行；能品一口母树茶，大概不枉此生了。

品鉴岩茶，怎能不识岩骨花香？"岩骨花香"一词出自林馥泉的《武夷茶叶之生产制造及运销》一书中的"臻山川精英秀气所钟，品具岩骨花香之胜"之句。

岩骨，特指茶汤滋味。虽各人感悟有别，但大致标准还是有的，概括起来就是"甘、醇、滑、清"四个字。甘，即啜后舌尖会泛起品饮岩泉时的凉沁甜滋之感。醇，即醇厚、浓酽。武夷岩茶汤色浓酽，浓而有骨，力道锐劲，从喉头直穿五脏六腑。乾隆皇帝《冬夜烹茶》曰："就中武夷品最佳，气味清和兼骨鲠。"诗中提到武夷岩茶的"气"，气是内在的，上好岩茶气味下沉，似有存在感。滑，即入口有丝滑感，随后喉咙惊现爽意，有收敛感。有人总结为"喉韵"，这是有道理的。清，就是汤色要透亮。

▶ 岩韵是武夷岩茶有别于其他乌龙茶的显著特征，也被称作"岩骨花香"。武夷山九龙窠内的摩崖石刻群中就有一方"岩韵"的大字石刻（肖文凤 摄）

花香，当然是指冲泡后产生的香气。武夷岩茶的香气，可能是所有茶类中最丰富的。有的是因品种而生香，如传统的菜茶多见草木香；有的是因制作而成香；有的呈现地域香。当然，岩茶的主流香气是花香，不独幽雅，还极具变化。上好岩茶的香气，是一种细细的、尖锐的、具有穿透力的香气，往往嗅一口，香气便直冲脑门。冲泡过程中，香、水交融，香中有水，水中有香，即便茶凉杯空，杯底依旧留香。此时再闻杯底，好像置身于武夷的丹山秀水间。喝上一泡心仪的岩茶，时常感荡心灵，展义骋情，多年后依然记忆犹新，仿佛是生命中的一个重要履痕。

武夷岩茶从鲜叶采摘下来，制作过程一环扣一环，不能停滞，不能含糊，人与茶在共同煎熬中互相感知，寻找默契。制作的茶好不好，要待茶味淡尽，才水落"茶"出。端一碗清水，然后夹几片茶叶放入碗中，摊开，叶底好不好就一览无遗了。老茶人常说，"好茶一定有好叶底"，实际上传达的完整信息是：好茶一定有好手艺。武夷岩茶的制作工艺独一无二，归纳老茶人的秘籍，基本有两条：首先是山场要好，就是产地条件好，茶树品种好；其次是制作技艺好，做青与焙火又是制茶的关键，

▶ 大红袍位列武夷岩茶"五大名丛"之首，生长在武夷山天心岩九龙窠高岩峭壁上，母树仅6株（崔建楠 摄）

▲ 武夷岩茶核心山场"三坑两
涧"之一的牛栏坑所产的肉
桂茶，以"霸道高香"俘获
了众多茶友的心，被视作"肉
桂之王"（视觉中国 供图）
▶ 若深杯（漳浦县博物馆 供
图）

摇青要匀整透彻、焙火要中足等，显然，这一切要时间与汗水来历练。

武夷岩茶的品鉴历来都是个话题，武夷山人爱拿梁章钜、袁枚说事。其实，精于品鉴武夷岩茶者代不乏人，如"扬州八怪"之一的汪士慎就有独到之处。他虽有茶癖，但觉得武夷茶如耿介之士，又如倾城美女，俨然而不可侵犯，只能细啜慢咽两三杯。"初尝香味烈，再啜有余清。烦热胸中遣，凉芳舌上生。"

"烹调味尽东南美，最是功夫茶与汤。"品鉴武夷岩茶，最适合功夫茶泡法。功夫茶是乌龙茶、红茶兴起后的产物，有一套具体的程式，又不断完善而臻于审美。若深杯与孟臣壶是功夫茶具的标配，也是功夫茶的基本要素。功夫茶流程虽繁复，但演绎了独特的文化内涵。圣地之圣，仪式是首要载体。茶器不论素雅细腻，还是古朴厚重，甚至不搭界的茶具，在茶人的调配下，一方赏心悦目的茶席即刻呈现眼前，宛若案上山水。一个简单的动作，重复了无数次，我们分明能从中读出虔诚；一个小小的物件，把茶人的智慧、希冀与精神展现得淋漓尽致。如茶宠，其造型有金蟾、貔貅、神龟，玲珑可爱，文气十足。

人间万事消磨尽，只有清香似旧时。

▲ 孟臣壶（视觉中国 供图）

茶到欧洲

　　澳门，是中西茶叶贸易最初的中转站。清初，朝廷延续了明代澳门贸易的开放政策。但17世纪之前，澳门茶叶贸易只是零敲碎打，直至18世纪初，英国对茶叶需求猛增，加之广州十三行的迅速崛起，澳门的茶叶贸易迎来了一个繁盛时期。

　　据载，清康熙二十九年至五十八年间（1690—1719），澳门每年都会有五六百担的茶叶运往荷兰占据的巴达维亚（今印度尼西亚的雅加达）。茶叶贸易的好景气推动了澳门茶楼生意的红火。澳门茶楼多开设在交通要道和码头等人口密集的繁华地段，最大限度地融入居民生活；澳门茶楼在经营中多以中国传统茶文化为本，兼收并蓄西方国家文化元素，为茶客提供了一个开放性的公共空间，成为澳门人生活的一部分。如今，茶楼风光不再，但澳门邮政将传统茶楼文化长留人间。

　　茶到欧洲，最初是作为药物放在药店出售，因此最先注意到茶叶的是药理学家，随后是生物、化学、卫生等领域的专家。他们推出了大量介绍茶叶功效的手册。当时，茶叶在欧洲国家引发了激烈争论。荷兰的考内里斯旁地古有"茶叶医生"之称，极力赞赏茶的药效，而反对者也拿不出什么有力的证据，只好回敬一句：看看中国人个个面黄肌瘦，能说茶叶有功效吗？争论归争论，欧洲人是真真切切看到了茶的功效，从而大大推动了茶叶在欧洲的普及。1685年，文学圈已经出现赞美茶的作品了。文人的赞誉对茶叶在欧洲国家的流行起了至关重要的作用，这与中国的情况可谓惊人一致。这种现象对当下的茶叶推广以及品牌塑造等启发颇多。

　　在此后的近一个世纪里，荷兰几乎独占海上茶叶贸易，且规模不断扩大，贸易渠道也由中国—巴达维亚—荷兰的间接贸易过渡为荷兰—中国的直接交易。阿姆斯特丹自然也成为欧洲的茶叶交易中心。茶叶拍卖活动异常活跃，1714年的交易量是36766磅。1728年12月初，东印度公司的"科斯霍恩号"直航到广州，并于1730年返航时共运回茶叶27万磅。这个时期荷兰人购买的茶叶以红茶为主。为了保证交易的顺利以及货源的稳定，荷兰东印度公司在中国建立保商制度，整个交易过程基本公平。

　　1650年，茶叶传到德国，而之前就已经进入法国。德国人对茶的接受度与欧洲其他国家如出一辙。因为德国人对茶很谨慎，所以茶很迟

▶ 龙华茶楼，是澳门现存最经典的旧式茶楼之一（龙泽鑫钟声晚 摄）

在德国普及。据载，18世纪60年代，普鲁士国王弗里德里希二世命令当时著名的建筑师布林格设计中国茶饮建筑。布林格根据当年传入欧洲的中国建筑资料，以洛可可式崇尚豪华装饰的构想，建造了一座像天坛又像蒙古包的环四周开三门皆可登堂入室的中国茶馆。其于1764年竣工并开张，成为中国茶文化传播至德国的重要见证。如今的情况不同了，严谨的德国人喝茶却不怎么"严谨"。他们喜欢花茶，而他们的花茶与福州花茶完全不一样，是用鲜花与各种干果一起榨制的，几乎没有茶元素。德国家庭喝茶也别致，不是泡，而是冲，即把茶放在金属制的过滤筛中不断地冲。至今，不少德国人对茶的认识与药紧紧相连，茶席上能听到清热退火、改善消化不良、疏通经脉等我们熟悉的词汇，好像是在进行中药调理。

茶到欧洲，与另一大流行饮料——咖啡相遇，从此二者便相知相守，兼容互补，出现在现今世界各地的边边角角，如办公室里、航班上。

历史已成过往，我们追忆它，或许能打开未来发展的空间。

▲ 1983年，民主德国发行了一套古典建筑邮票（共4枚），其中面值20芬尼的邮票描绘的是波茨坦无忧宫景区内的中国茶馆

武夷茶变身为英国茶

如果说在茶史上日本是与中国关系最纠葛的国家，那不用猜，第二个国家就是英国了。而且，这两个国家是将茶与本土文化结合得最好，并发展出自己独有茶文化方式的国家。

史载，1615 年，英国有了茶叶的信息。

1631 年，也就是中国明清交替时期，一个名叫威忒的英国船长首次从中国直接运去茶叶。

1657 年，伦敦有一家咖啡馆开始卖茶。这家咖啡馆还推出了英国历史上第一张卖茶海报，宣扬茶延年益寿。

1658 年 9 月 23 日，世界上第一则茶叶广告在伦敦的《政治快报》发布。它是这样写的："为所有医师所认可的极佳的中国饮品。中国人称之为茶，而其他国家的人则称之为'Tay'或者'Tee'。位于伦敦皇家交易所附近的斯维汀斯－润茨街上的'苏丹王妃'咖啡馆有售。"

那只是一个美丽的传说

英国王室的爱情故事总能吸引全世界的眼球，即便是 1662 年发生的事，至今仍被人津津乐道。这年，葡萄牙公主凯瑟琳嫁给英皇查理二世。她嗜好茶，将茶当作嫁妆带到了英国皇室。这件事本身平淡无奇，只是因为茶，她的故事被后世过度渲染，以至于离真实越来越远而成为一个经典的营销故事，至今还有不少人宁愿相信它是真的。其实，历史早给她以准确定位，视之为"英国第一位饮茶王后"，她也因此而被后世铭记。2016 年，葡萄牙发行的 5 欧元纪念币的正面就是凯瑟琳头像，背面则是一杯茶。环绕在女性、茶、贵族身上的类似传说还有很多，比如，维多利亚女王每天是从喝杯茶，读读《泰晤士报》而开始君临天下的。传说归传说，对后世来说，那都沉淀为茶文化了，不过倒是为新的创意提供了灵感和素材。

凯瑟琳皇后的时代，英国的茶叶进口数量有限，茶商对市场需求把握不准，生怕积压，此时基本还处于尝试性阶段。1664 年，东印度公司董事部用 4 镑 5 先令购买了 2 磅 2 盎司的茶叶送呈给国王。1669 年，进口数量是 143 磅 8 盎司，也就折合 60 多千克，数量是很少的。1670 年，

◀ 波茨坦无忧宫景区内的中国茶馆（Max Ryazanov 摄）

进口数量是 79 磅 6 盎司。1671 年，进口数量是 266 磅 10 盎司。1675 至 1677 年没有进口，显然是出现了积压。1678 年进口 4717 磅，数量大增，但价格也随之大跌。茶商明摆着是脑袋发热，于是很快就尝到苦果，次年只进口 197 磅。随后的五六年都在消化存货。

　1685 年，东印度公司的"中国商人号"与"武斯特号"在厦门购买了优质茶叶（其余是樟脑、生姜、生丝等）150 担。其半数灌装，半数壶装，外面再用箱子包裹。1697 年 7 月，"纳索号"从伦敦前往厦门贸易，回程货单中有茶叶 600 桶。同年 10 月，"特林鲍尔号"回程货单中有茶叶 500 桶。1698 年 11 月，"舰队号"购茶 300 桶。1704 年，"根特号"在广州购买 470 担茶叶，价值 1.4 万两白银（只占其船货价值的 11%）。1715 年，"达特莫斯"号前往广州，所携资本 52069 镑，仅 5000 镑用于购买茶叶。仅仅两年后，1717 年，在英国对华贸易中，茶已开始代替丝成为主要货品。经过二三十年的摸索，英国的茶叶市场才被开启。

　据说，1700 年的时候，伦敦有超过 500 家的咖啡店卖茶。而在 18 世纪上半叶，伦敦大约有 2500 家咖啡馆卖茶和提供茶饮服务。其中，一枝独秀者，就是如今大名鼎鼎的川宁（TWININGS）。

　1706 年，托马斯·川宁在伦敦开设了一家咖啡馆。1717 年，他又开设了一家红茶专营店，名字叫"金狮"。在英国，金狮象征着贵族。不知托马斯的初衷是刻意还是无意，反正川宁茶深得皇室喜爱。开设红茶店 120 年后的 1837 年，喜从天降，维多利亚女王颁布了一张皇室委任书。自此，川宁茶成为英国皇室用茶，荣享至今。而今，川宁茶是英式茶饮的符号。

　当时，伦敦的药房也贩卖茶叶，视之为治疗伤风感冒的新药。谁也没想到，茶叶生意竟出奇得好，于是玻璃行、绸缎店、陶瓷商、杂货店的经营者都开始眼红，纷纷兼营茶叶。到了 18 世纪中叶，茶叶专卖店就问世了。

　1721 年，英国对中国茶叶的进口量首次突破了百万磅。1722 年，英国东印度公司从中国进口的总货值中，茶叶比例已达 56%；1761 年，这一比例更是高达 92%；之后的几十年里，不少年头的茶叶比例超过了 90%。1732 至 1742 年间，英国对茶叶的年需求量增加到 120 万磅，当然，因高关税而出现的走私数量肯定无法统计在内。那时走私之猖獗，是我

▶ 这家位于英国伦敦斯特兰德街（the Strand）上的川宁茶店，至今已有 300 多年的历史

们至今都难以想象的。此外，掺假现象也令人发指。这与中国历史上的榷茶制度何其相似！直到100多年后的《食品与药品销售法》推出后，这一问题才得以消解。

至此，茶叶成为英国全民共饮的大众饮料。不论是贵族，还是平民；不论是诗人，还是海盗，他们都爱上了茶。早餐时，英国人享用滚烫的热茶、美味的吐司，而"下午茶"纯粹是茶与英国文化结合的新产物。

餐桌上的一场革命

最初流入英国市场的是绿茶，如松萝茶，但由于当时走私严重，绿茶掺杂使假到了令人难辨真伪的地步，英国人就渐渐选择了红茶，包括Bohea(武夷茶)、Congou（工夫茶）、Souchong（小种茶）。到18世纪末，武夷红茶的销量超过了绿茶。

英国人似乎更能从红茶中找到快乐。不少茶文化图书喜欢引用拜伦《唐璜》中的描述，比如，"I feel my heart become so sympathetic, that I must have recourse to black Bohea.（我感到我变得如此富有同情心，那一定是武夷红茶给了我很多的帮助。）"这的确是一则经典的例子。而英国人的这种快乐，却始于餐桌这一不显眼的地方。餐桌上的茶香氤氲开来，竟开启了女性意识的觉醒之路。茶桌旁、茶会上，完全是女性为主的空间。那个时代的文学作品，反映茶主题的，多出自女性之手，如伊莱扎海伍德、简·奥斯汀和勃朗特姐妹。凯瑟琳·曼斯菲尔德更是推出了以茶为主题的《一杯茶》《花园茶会》小说。英国人自我评价道，喝茶改变了生产方式，提高了女性地位、艺术审美品位以及国民气质。

《简·爱》中有数十处提到茶点，都只是一笔而过，显然在那个时代，茶对英国人来说只是一杯饮料。与中国人不同的是，英国人从一开始就有在茶中加蔗糖与牛奶的习惯，以补充热量，尽快恢复体力，降低痢疾、腹泻等疾病的发生率，毕竟在工业革命时期，劳动强度对体力是一个考验。茶登陆英国时，美洲的蔗糖业也突飞猛进。糖与茶相遇，并融入女性社交，不承想竟成为文化融合成功的经典，创设了"下午茶"这一种新的生活方式。据说，当法国、德国进行工业革命时，机器效率

▶ 20世纪英国伦敦公园里的下午茶场景

已经大大提高，对人的体力需求没有之前那么大了，这可能就是茶没有在法国、德国落地生根的原因。

与中国饮茶文化追捧"泉甘"截然不同，当饮茶在英国成为一种时尚的时候，茶具首先水涨船高，中国瓷器也随之成为时尚的符号。英国人的下午茶，压根就没泉水什么事。一位法国作家到英国旅行后写道："饮茶之风在整个英国大地颇为盛行……贵族之家借茶壶、茶杯等茶具展示他们的财富及地位，因为他们所使用的茶具精美绝伦，属于上等佳品。"英国接受中国瓷器要比法国晚近 1 个世纪，但英国的陶瓷生产却走在法国前头，且初期大量模仿中国的青花瓷和德化白瓷。与中国不同的是，英国人烧制出的茶杯一般带柄。1759 年，一个叫韦奇伍德的人开设了以他的名字命名的瓷器厂，本来无心插柳，谁料竟然开启了骨瓷时代。

总而言之，茶在英国走的是一条完全不同于中国的路径。英国人的茶业市场化、工业化、现代化思维留给我们太多的借鉴。比如，降低茶价一直是英国政府与商人孜孜以求的目标，这符合市场经济规律，没有什么力量可以阻挡。若价格没有足够低廉，茶叶不可能在英国普及。工业元素的注入，大大解放了人的体力，提高了茶业的效率与效益，产品迅速占领了市场。二战后的经济恢复时期，饮料市场竞争加剧，咖啡、碳酸饮料等强劲突起，与茶争夺消费者的味蕾。美国人率先搅局，他们发明的茶包尽管被英国人嘲讽，但却被市场接受了。这对英国茶业旧有的经营模式是个巨大的挑战，如同当年的快剪船挑战东印度公司的商船一般。1998 年 6 月，伦敦的茶叶拍卖市场敲下历史上的最后一槌，标志着一个时代的结束。新世纪的茶业进入品牌时代、资本时代。川宁、联合利华、立顿、塔塔、星巴克……与茶有关的或无关的，都加到资本并购中来，逐鹿未来的茶空间。

如今，英国人的下午茶时光已经走过了 300 年。品啜红茶，享用茶点，欣赏茶具，在三部曲中，不断有人在思考茶之于英国的意义，无一例外是高度赞誉得无以复加，就像中国的文人赞颂茶一样，归总起来可谓一句话：茶叶改变了一切。这一切之中，最重要的无疑是国运。英国踏上了现代化之路，中国却跌入深渊。武夷茶变身为英国茶，"英国茶走向了世界"，包括走入中国，令人唏嘘不已。

无论哪个时期，世界都关注中国茶。在英国人眼里，他们不明白，为什么中国茶业的小农生产状况数百年来就不改变呢？

◀ 一餐正统的英式下午茶可能会持续数小时，点心用三层瓷盘装盛，第一层放三明治，第二层放传统英式点心，第三层则放蛋糕及水果塔。食用顺序是由下往上吃，遵从味道由淡而重、由咸而甜的原则（图虫创意 供图）

武夷茶，东印度公司来经营

早期的殖民者葡萄牙和西班牙向东扩张时，为掌控他们在东印度地区的事务，成立了东印度公司。但是，这些公司与我们今天谈论的公司完全不是一回事。东印度公司纯粹是一个殖民统治机构，有铸币权，有开战权，几乎无所不有。可以说，东印度公司就是殖民掠夺的急先锋，其商业活动充斥着海盗逻辑，利润沾满了罪恶与血腥。

荷兰、西班牙、英国、法国、丹麦、奥地利和瑞典等国都先后设立东印度公司，诸如英国东印度公司、荷兰东印度公司。其中，最著名的是英国东印度公司。英国东印度公司接触茶的历史不如荷兰早，但其发现了其中巨大的商机时就垄断了茶叶贸易，建立了世界上最大的茶叶专卖制度，从而获得高额利润。

商业王冠上最重要的宝石

英国东印度公司刚成立时绝没有后来那样风光，每次出海前都要筹集资金，采用股份制方式经营，而其股份可以在伦敦市场交易。

据统计，从明崇祯八年（1635）到清道光十三年（1833）英国东印度公司特许权被剥夺的近 200 年里，各个国家的东印度公司共有 1561 艘船只来华贸易。18 世纪 70 年代，英国东印度公司运销的中国茶叶占广州全部外销茶的 33%，18 世纪 80 年代增至 54%，18 世纪 90 年代激增至 74%，19 世纪初达到 80%，可见茶叶贸易是东印度公司"商业王冠上最重要的宝石"。

海上航行必须充分利用海洋季风。东印度公司来华船只一般是 10 月到达广州，次年 1 月陆续返航，迟的话也要 3 月底前返航，由此形成一个贸易季。

船只到达广州后，由各船上的大班共同组成一个管理会，其中一人为主任，实际上只是一个召集人，各船业务是彼此独立的。大班的报酬分三部分：一是佣金，数额为全船货物在伦敦售价的 5%；二是津贴，根据职务高低，数额从几百镑至三四千镑不等；三是准许利用公司船队进行的私人贸易所得。第三部分与中国海上贸易的报酬获取方式如出一辙，即"以舱代薪"（船主在船上给每个船员一个空间，船员利用这个

空间安置自己携带的货物，货物贸易所得即是船员报酬）。这种方式具有激励作用，有利于船主招募到优秀水手，有利于船主与船员利益捆绑，有点当今股份制的味道。读到这，希望你对"同舟共济"有了新的感悟。

但因为东印度公司一般不准船长、船员的货物与公司的主要贸易品冲突，如丝、茶、香料、胡椒、南京布，所以员工的贸易品只是市场上的小件，如珊瑚、琥珀、扇子、刺绣品、象牙雕刻工艺品、黄金，而他们从伦敦带来的则是华丽的钟表等。当然，船长、大班、船员们也会充分利用自己的"私人贸易舱位"购买茶叶、瓷器等畅销物。伦敦与广州的稀有货物经船员们这一倒手，利润可达100%。

大班，是交易的关键人物，除了最基本的商业才智，还要具备外交手腕，能与各地首领、官员、地痞无赖打交道，甚至要具备军事才能，毕竟东印度公司的船只是裹着铁甲并配置着炮火的。当时，东印度公司的帆船吨位一般是400多吨，超过500吨位时必须配备一名牧师。船上一般安装三四十门火炮，整个船队有八九十人。

1755年后，根据中国市场行情，东印度公司因地制宜，贸易方式出现改变。最显著的变化就是管理会留驻广州，大班不随船队返回。留守广州的大班们，有两项任务要完成：一是大量收购贸易结束后剩余的茶叶，因为此时茶叶价格低廉；二是签订下一个贸易季所需要的茶叶契约，以保证贸易季开始后能迅速装运。在信息、交通不发达的时代，时间是决定利润最重要的因素。先期到达与后期到达的各国商船，竞争异常激烈，后来者在价格上总是吃亏。但最大的烦恼还不是价格，而是签约收购太多了，而下一个贸易季时船只来得太少。1782年，他们就订购了13艘船的货物，结果只来了4艘船，多余的茶叶要滞压12个月。这考验的是存放茶叶的智慧。在炎热多雨的广州，最恐怖的是水灾。

贸易双方争论最激烈的当然是价格，这与今天并没有两样。显然，因为怕误了航期，大班们是处于劣势的，争执不下时总是先让步。还有银元的成色，是95%还是94%，经常各不相让。交付的茶叶质量要是达不到要求，大班们也会积极找官府评判。

采购清单中的福建茶

东印度公司商船都是有备而来，采买什么货物，清单上一目了然。

例如，1703 年的贸易季，"肯特号"得到的购买指令清单显示，茶叶 117 吨，其中包括松萝茶 75000 磅，每磅 1 先令；大珠茶 10000 磅，每磅 2 先令；武夷茶 20000 磅，每磅 2 先令。

1720 年，"爱赛克斯号"从广州启碇返航，载有茶叶 2281 箱 110 桶 202 包，此外还载有瓷器、铜、丝织品等。

1723 年，"爱美利亚公主号"与"莱尔号"的采购清单中，工夫茶 500 担、武夷茶 2000 担、白毫茶 250 担、瓜片茶 250 担、松萝茶 1500 担，合计银元 119750 两，超过总贸易额 211850 两的半数，其余货品是生丝、白铜、干姜、糖、明矾、水银等。而大班们则喜欢黄金。至于白铜，其实是用来压舱的。

1780 年的贸易季，英国、荷兰、瑞典、丹麦等来广州贸易的商船达 35 艘，共购买茶叶 159026 担，生丝只有 3591 担。

当时的茶价总体平稳，如 1751 年的价格：武夷茶 15.5 两 / 担、白毫茶 24 两 / 担、工夫茶 21.57 两 / 担、色种茶 31.94 两 / 担、松萝茶 20.66 两 / 担、贡熙茶 41.13 两 / 担。

1790 年之后，不知不觉中贸易清单上的茶叶分类只剩下"红茶"与"绿茶"了，武夷茶、贡熙茶等名目消失了。后来的历史表明，红茶在外销茶中占比进一步增大，这也折射出国际市场的风向变化。

预付款制度

东印度公司在早期的购买中，采用的是支付预付款的办法（大班们与行商签订合同，预付定银），预付款比例占货款总值的 50% ~ 80%，交货期大约为 100 天。船队携带的银元用标准的箱子装，每箱 4000 枚，净重 290 磅，并打封条。交易用的钱币主要是西班牙碑柱银元、墨西哥银元、意大利窭吉吞银元、法国皇冠银元等，而不是当时中国的海关银（每两 37 克左右）。

1793 年的贸易季，管理会与十三行的行商签订的购茶合约是这样的：武夷茶每担 13.5 两，预付 10 两；工夫茶每担 27 两，预付 20 两；屯溪茶每担 25 两，预付 20 两；贡熙茶每担 57 两，预付 40 两。这几种茶预付款的平均支付比例高达 75%。

预付款制度保障了茶叶货源的稳定，传导到源头，就是给了茶农以

未来的预期，激发茶农种茶的积极性，推动福建、浙江、安徽、江西等传统种茶大省茶产业的发展。不少茶业经营者因此成为富甲一方的大户，如武夷山的邹茂章家族。但这一制度也是有两面性的，行商如果无法按期交货，预付款立马就变成债务，这种情况在当时居然还比较普遍。这样，行商越来越依赖东印度公司的预付款，逐渐失去了原先卖方市场的地位，被东印度公司的大班们牢牢控制。

时机一旦成熟，资本便露出了嗜血的本性。东印度公司商船运来的绒布、羽纱等，由于价格高昂，在中国长期打不开销路。大班们灵机一动，打起茶叶贸易的主意，他们购买对方的茶叶，对方也要购买他们的毛纺织品，两者互为条件，互相制约。这样一来，东印度公司的话语权增加了。1770 年，管理会与十三行老大潘振承签约时，双方商定，潘振承按照上一个贸易季承销毛织品的 1/4，东印度公司必须向他订购茶叶 7000 担；如果潘振承承销 3/4，东印度公司订购份额相应提高至 22000 担。双方几乎平起平坐。但预付款一旦无法归还，即以承销毛纺织品相抵。

1818 年，东印度公司取消预付款制度。显然，至少从这个年份开始，茶叶贸易的天平开始向东印度公司倾斜了，毕竟销售渠道掌握在他们手上。实际上，在此之前，行商债务就是个大问题了。一不小心，行商即破产。一旦破产，家产即被查没收，而东印度公司放贷利息高得惊人，多在 6% ~ 20%。

英国东印度公司经营茶叶的利润率，从现存的一份资料看，1775 至 1795 年的二十来年内，平均为 31%。因此，当时就有人夸张地说："茶叶收入几乎是东印度公司的全部利润，甚至成为东印度公司存在的理由。"英国政府通过高额的茶叶进口税为国库的充盈增添了一个重要砝码。难怪茶叶被赋予一个梦幻的名称——绿金。

在 18 世纪上半叶，各国对华贸易形成了以茶叶为大宗商品的格局。在茶叶的巨额利润面前，欧洲人对茶的争论终于消停。历史学家普里查德说，茶叶是上帝，在它面前，其他东西都可以牺牲。历史给予的评价就更高了：这是欧亚贸易的茶叶世纪。

冲突竟在茶之外

200 年来的潮涨潮落，买卖行为总体平稳，当然，冲突也是难免的。

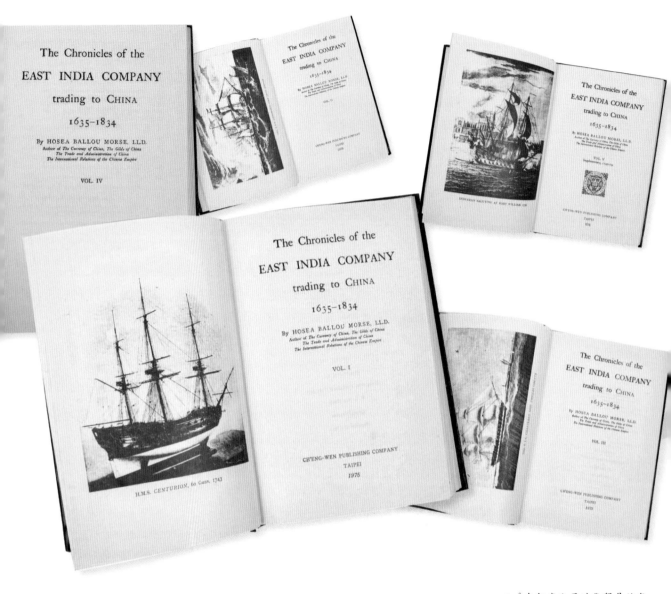

▲《东印度公司对华贸易编年
史（1635—1834）》（全五卷）
书影

不过，冲突不在商品本身，而在意想不到的商品之外。

官府勒索是令东印度公司船长与大班最头痛的。他们除了据理力争
外，只能换个地方，广州不行，就来到厦门，没想到厦门更甚，只好再
到舟山试试，结果白转了一圈，又回到广州。无奈之下，他们直接面见
总督之类的高官，结果更糟糕，有时竟弄得剑拔弩张。

根据美国人马士《东印度公司对华贸易编年史（1635—1834）》记
载，官府的敲诈伎俩多种多样：丈量船只时因各地标准不一，故很难准

确确定船只的等级是一等还是二等，毕竟等级不同，缴付的船钞也不一；长期额外缴纳 6% 附加税，并缴付"规礼银"（每船 1950 两）等税费；买办供给船员的食品，价格奇高；被诬陷支付的银元质地不纯，其中有一些是铜质而被退回……至于受到的窝囊气就更千奇百怪了，比如，不能随意上岸；不准欧洲国家妇女坐轿子；货物被盗后，请求官府缉拿罪犯，结果永远没有下文。

最屈辱的是谒见官员，不仅极其艰难，而且见面时要行跪拜礼，如果不从则被强行按倒。这常常令船长们愤怒。但任凭你大吼大叫，也是鸡对鸭讲，清廷的朝贡思维要求"礼"制，也就是要心甘情愿地拜，要服气。比如，广州官府要求外商递交的文书中必须使用以下对上的"禀"字，绝对不许僭越。1810 年，两广总督松筠会见斯当东爵士时，要求对方行跪拜礼，遭到拒绝后，官府以停止贸易相威胁。对方依旧不从并拂袖而去，朝廷的官员们蔑视地冷笑一声，顺口送上一句套话："祝你顺利返航。"

私下里，船长、大班们讨论的话题就不友好了。他们常常唠叨说，以一场战争来解决问题。东印度公司特选委员会成员马奇班克斯就在书信中赤裸裸地说"海军司令是最好的大使"。媒体报道中，"大炮""刺刀"字眼更是频频出现。广州传教士创办的《中国信使报》于 1831 年 9 月 8 日就发文鼓吹对华战争。由于长期与大清经商，他们看到大清早已虚弱不堪，并游说英国政府对华开战。当意识到战争将打开中国这一巨大的市场时，英国政府岂会犹疑不决？

广州的各级官府不仅蛮横，管理能力也让人不敢恭维。1821 年的一场大火，烧毁了商馆与民房 7000 间，外商一致抱怨：官府应对危机时怎么这么无能？其实，官府习惯了坐地收银，对船队状况是不闻不问的。1783 年，东印度公司的邮船"羚羊号"因受损而改变航线到澳门，官府死活不让其靠岸，理由是，为什么没有载货？后经潘振承反复周旋，其才得以停泊维修。

无休止的冲突似乎是在为后来的鸦片战争作铺垫。

马士（1855—1934）曾于 1874—1907 年在中国海关任职，其《东印度公司对华贸易编年史（1635—1834）》（全五卷）详尽地记述了 1635—1834 年期间欧美国家对华贸易情况，是研究中外贸易史的重要参考书。

货物装载有讲究

苏伊士运河开通之前，英国商船的航线一般是从利物浦等本土港口起航，向南航行，绕过好望角，进入太平洋。根据商业活动的目的需要，有的直接穿越印度尼西亚巽他海峡到达中国，一般需要 130 天；有的先经停印度，然后途经马六甲海峡到达中国。

因为茶叶最怕潮气和异味，尤其是在海上颠簸时，所以如何包装是个大难题，茶商为此伤透脑筋。其最初是放在铜器中，然后外边套上圆形木桶。后来茶商发现不方便，空间浪费也太大，就直接改为用木箱装了。因为要充分利用有限的空间，所以摆放十分讲究。中国的货船各舱室基本都有货物，根据产品特性，或放置在船舱中间，或放置在甲板上，或分散放置。货物的包装更马虎不得，器物间要隔垫杂草、秸秆，用木板条或竹篾捆扎紧实。小件物品多用竹筐盛放。东印度公司的茶叶装载也特别考究，船上禁止放置樟脑、麝香之类香气浓烈的商品，茶叶要放在船中温度最低的部位，天气好的时候要通风透气。后来他们摸索出"茶叶 + 瓷器 + 西米"这种理想的装载模式，即不怕潮湿的瓷器放在最底层，作为压舱物；茶叶放在瓷器之上，茶叶中品质好的茶又置于最顶层；西米的作用是用来填充瓷器的间隔的，防止摇晃与碰撞。

茶叶拍卖制

市场交易也被英国东印度公司牢牢掌控着，包括进口数量与定价权。当时，在伦敦的交易方式是拍卖制，即每年定期于 3、6、9、12 月份各举行一次拍卖活动。

世界上第一次茶叶拍卖，是在 1679 年。世界上第一个有组织的茶叶拍卖中心——伦敦茶叶拍卖市场，是 1837 年成立的，后于 1998 年结束使命。它早期的交易量，占世界茶叶成交量的 60% 以上。茶叶拍卖制度被东印度公司推向了自己的殖民地，至今还在英联邦国家流行。

在亚洲，印度加尔各答茶叶拍卖市场是 1861 年成立的。1883 年，斯里兰卡科伦坡也设置了茶叶拍卖市场。

在非洲，从 19 世纪 50 年代开始，由英国殖民者扶持，在东非的尼亚萨兰（今马拉维）、乌干达、坦桑尼亚等国家和一些南非国家先后植茶。现今世界茶叶出口大国肯尼亚早在 1903 年就从印度引种植茶。这个非洲赤道之国，有着极为壮观的景象。东非大裂谷纵贯南北，动物大迁徙时，狮子、斑马、水牛、长颈鹿上演着撕心裂肺的野性追逐。而茶园静静地卧在大裂谷的两岸。世界上最大的茶叶交易机构也在肯尼亚，即蒙巴萨茶叶交易市场。非洲国家与中国的茶缘要迟至 20 世纪 60 年代了。应非洲国家的要求，中国多次派出茶叶专家去西非的几内亚、马里以及西北非的摩洛哥等国家指导种茶。

世界上知名的茶叶拍卖市场还有印度尼西亚的雅加达茶叶拍卖市场、孟加拉国的吉大港茶叶拍卖市场、马拉维的林贝茶叶拍卖市场。

茶叶拍卖制度将买卖双方有效地衔接起来，并在经纪公司这一第三方的客观监管下，以大量稳定的货源、透明的价格体系及完善的交易规则，帮助卖方以最快的速度回收资金，也帮助买方减少不必要的中间费用，降低交易风险，从而保障买卖双方的权益。

有人马上会提出疑问：为什么在茶叶产量最大的中国不青睐茶叶拍卖？据说，这是由于中国茶叶品种太繁多，要想制定出可操作的茶叶标准简直是一项艰巨而系统的工程，所以只能在极其有限的范围内采用，如顶级茶的拍卖。

总统并不这么看 🍃

1773 年 12 月，在美国波士顿，愤怒的殖民地民众把东印度公司 342 箱价值 10994 英镑的茶叶倾倒在海湾中。尽管约翰·亚当斯（美国第二任总统）当时还是个商人，但他在 1773 年 12 月 17 日的日记中已经洞见到了波士顿倾茶事件的划时代意义。他写道："昨夜有三船武夷茶被倒入大海……这是独一无二的壮举。我无限钦佩爱国者的这一崇高壮举。销毁茶叶的行动如此大胆，果断而坚定，必然会产生深远的重要影响，因此我不禁视为历史上的一个里程碑。不过这次行动只是袭击了物资，再发生类似的行动就可能造成流血事件。许多人希望港口飘着像茶叶箱子那样多的死尸。"

1775 年 4 月 19 日，莱克星顿枪声响起，揭开了美国独立战争序幕。后世有人说"因为茶叶，英国丢了美国"，真是这样吗？

▲ 1973 年，美国发行了一套纪念
"波士顿倾茶事件"200 年的
连体画邮票（共 4 枚）

◀ 为了纪念莱克星顿枪声，美
国莱克星顿镇的中心区立了
一尊手握步枪的民兵铜像

　　茶叶进入美洲是荷兰人的功劳，但英国东印度公司后来居上，利用
垄断贸易控制北美十三州的茶叶需求。茶叶贸易的高额利润，也使得收
取茶税和维护对殖民地的征税权成为英国人坚守的底线。

　　1767 年 6 月，英国通过《托时德财政法案》，决定向经由英国转
口美国的茶叶等物品征收高关税，英国与北美殖民地之间的矛盾继续激
化。但让英国政府尴尬的是，一系列法律实施后，美国市场上茶叶价格
居然高出英国一倍，荷兰、瑞典、丹麦等国乘虚而入，英国东印度公司
茶叶大量积压，经营困难。

　　为了维护征税权，1773 年，英国颁布《茶税法》。其目的很明确，
主要是为缓解东印度公司财务危机，授权东印度公司不必将茶运到伦敦
拍卖然后销售，而可直接到北美殖民地销售茶叶，在殖民地口岸卸货时
每磅征 3 便士，并规定了北美茶叶的收货人以及茶船在波士顿、纽约、
费城等 4 个登陆地点。尽管茶叶价格因此大大降低了，但让英国政府继
续尴尬的是，殖民地民众并不买账。他们认为，如果承认英国的征税权
力，无异于变相承认英国对殖民地剥削的合法性。英国议会本想一番神
操作，没想到把自己送上了愚蠢的祭坛。

　　《茶税法》引发一系列的抗议和抵制活动，反抗茶税的集会遍布费
城、纽约等地。在那些抗议者们和抵制者们的眼中，谁饮用、销售、装
卸英国茶，谁就是罪人。同时，他们采取实际行动，不让英国人的茶运
进美国港口。塞缪尔·亚当斯（美国第二任总统约翰·亚当斯的堂兄弟）

HERE FORMERLY STOOD
GRIFFINS WHARF,
AT WHICH LAY MOORED ON DEC. 16, 1773, THREE BRITISH SHIPS WITH CARGOES OF TEA,
TO DEFEAT KING GEORGE'S TRIVIAL BUT TYRANNICAL TAX OF THREE PENCE A POUND,
ABOUT NINETY CITIZENS OF BOSTON, PARTLY DISGUISED AS INDIANS, BOARDED THE SHIPS,
THREW THE CARGOES, THREE HUNDRED AND FORTY TWO CHESTS IN ALL, INTO THE SEA,
AND MADE THE WORLD RING WITH THE PATRIOTIC EXPLOIT OF THE
BOSTON TEA PARTY
"NO! NE'ER WAS MINGLED SUCH A DRAUGHT
IN PALACE, HALL, OR ARBOR,
AS FREEMEN BREWED AND TYRANTS QUAFFED
THAT NIGHT IN BOSTON HARBOR."

▶ 美国波士顿的码头有一块纪念波士顿倾茶事件的牌匾

等人甚至主动制造事端，将一个贸易争端升级为脱离英国的战争。接着，就爆发了众所周知的美国独立战争（1775—1783）。

显然，波士顿倾茶事件只是美国独立征程中的一件事情，不是原因，也谈不上导火索。约翰·亚当斯具有非凡的预见力，被英国前首相丘吉尔评价为"思想家"而非"政治家"、"知识分子"而非"领袖"。见过太多的子承父业，但还没见过总统父子上演预言奇迹。约翰·昆西·亚当斯（美国第六任总统）是约翰·亚当斯的儿子，他预见到"蓄奴"与"禁奴"将是"一部大悲剧的序言"，接着美国就爆发了南北战争。多年后，中英鸦片战争爆发，不少国家在观望，当然包括约翰·昆西·亚当斯。他说："战争的原因是磕头，是中国妄自尊大的主张。它不肯在相互平等的条件下而要以君主与藩属关系的、侮辱人格的、贬低他人身份的方式同人类其余部分通商。"他的这种分析虽然无视殖民者掠夺的本性，但他还有一句话——"将中英战争归因于鸦片无异于将美国独立战争归因于茶"，应该是说得比较准确的。

事实真是这样的。美国独立战争时期，大伙一直拿武夷茶说事。武夷茶先是被妖魔化为东方专制主义的象征，后被攻击为东印度公司的垄断工具、将北美置于英国统治下的手段，故而最先成为被革命的象征。一件不为人所知的史实是，在1775年4月19日莱克星顿枪响之前，美国人居然先烧了武夷茶来祭旗。真是千古奇冤！

独立战争前的几十年，茶在北美已经很流行，人人很迷恋，以至

于美国立国未稳就于 1784 年 2 月开着"中国皇后号"驶向广州，在珠江上升起了中国从未有人见过的星条旗。东印度公司当然明白来者底细，更知晓来者不善，一度策划击沉它，但官府赶紧叫停，毕竟税银至关重要。"中国皇后号"满载着人参、海豹皮、海獭皮、兔皮、棉毛而来，又满载着茶叶、瓷器、丝绸、漆器而归。从美国人运来的货品看，那时的美国还是个地道的农业国。据 1801 年的美国货物价格显示，海豹皮 100 张 80 元、海狸皮每张 6 元、海獭皮每张 22 元。"中国皇后号"第二次开赴中国前，华盛顿总统也下了订单，他需要茶壶、瓷器等 302件。武夷茶本不该被当作恶魔的象征而被诅咒，毕竟美国人的生活中离不开茶。

美国人硬生生从英国人手里抢到一块肉，成为清代"一口通商"时期英国的最大竞争对手。此后，茶叶一直是中国输美的最大宗商品。从1803 年开始，美国人从中国进口的茶叶的一半又卖到欧洲。与茶叶输往英国不同的是，中国输往美国的茶以绿茶为主。日本绿茶崛起后，成为中国直接的、唯一的、最大的竞争者。随着日本侵华战略的确立，随之而来的甲午战争等一系列侵略行径的实施，致使中国社会灾难深重，茶业也难以幸免。

英国在北美丢了一块殖民地，但东印度公司丝毫未受到影响。1784年，英国出台《印度法》，东印度公司的经营被纳入政府法律规制之下。同年，英国茶叶进口税率悬崖式下降，运茶船挤满泰晤士河，导致英国本土的白银见绌。于是，一个邪恶的用鸦片交换茶叶的念头渐渐萌发。同时期，英国工业革命轰轰烈烈，产品大量增加，需要开拓新的市场，新兴资本家要求自由贸易的呼声高涨。亚当·斯密《国富论》出版后，废除东印度公司垄断的呼声有了理论基础。多年来，东印度公司的"商业贸易"大大推动了工业革命，美洲的白银、亚洲的物产造就了欧洲的繁荣，但工业革命却摧毁了东印度公司。从一定程度上说，东印度公司是自己的掘墓人。1858 年，存活了 258 年的英国东印度公司终于谢幕。当时的《泰晤士报》就评价称，东印度公司成就的事业"在人类贸易史上前无古人，后无来者"。此话不假。虽然东印度公司在资本主义原始积累中的作用的确如此，但其殖民掠夺的本色，西方国家的政治家、学者却视而不见。掠夺的基因不知是不是被继承了下来，而今在国际社会中，他们依然动辄表现出傲慢和霸道。

▲ 广州十三行博物馆再现某商行场景，货架上可见各地出产的名茶（杨巍 摄）

十三行里的福建茶人

被误解的"一口通商"

"一口通商"，是清乾隆二十二年（1757）至清道光二十二年（1842）清廷只准许荷兰、英国等欧洲商船在广州一处开展对外贸易。许多人首次接触这个概念来自教科书，但教科书明显没把这个词汇讲透彻。

"一口通商"并不是只准许广州一地对外通商，而是广州只能针对西洋商人进行贸易。此外，对日本的贸易集中在浙江，对琉球的贸易集中在福建，广东的惠州、潮州、江门、海南与南洋的贸易依旧活跃，厦门与南洋的西班牙商人的贸易也有案可查，以及北方一些港口开展对朝鲜的贸易等等。显然，"一口通商"是明清以来禁海政策的具体化，但禁海并不是教科书中说的"片板不许下海"，禁的是民，禁的是私自出海。实际上，用"限制"可能更准确些。限制什么呢？限制口岸；限制船只大小、桅杆多少；限制里程，不能远洋贸易；限制货物品类，比如"以茶制夷"；限制洋人船队的数量、商人行踪和举止等。十三行的行商制度就把清廷的限制思维表现得淋漓尽致。

"一口通商"时的贸易方式很简单，就是外商的商务代表，俗称的"大班"，在广州地面选择合意的行商采买外商需要的货品。当然，茶叶是最大宗的商品。

以现在的视角看，"一口通商"是皇权专制下的清廷海外贸易史上最大的政策失误之一，也是历史灾难的源头之一。清廷将正当的海商赶到体制外，变为海盗，徒增治理成本，而欧洲国家地道的海盗却披上皇家商人的鲜亮外衣。后世有人拿东印度公司与十三行比较，很有意思，从其比较结果中可窥视两个国家治理理念的差异。

清廷对外商管制森严。起初，清廷只准许外商船只停泊在广州外的黄埔，但由于装卸实在不方便，只好在官商商行附近集中租赁一小块土地，建房设栈，这就形成了后来广州临江而建的"夷馆区"。至于广州地面的行商，早在1686年春，广东巡抚李士桢就颁布了一则公告，宣布凡是身家殷实之人，只要每年缴纳一定的白银，就可以作为官商包揽对外贸易，最终有13家（在行商存续的大多数年份，商行数目时有变化，多时达28家，少者七八家）实力不俗的行商入围。他们可与洋船上的外商做生意，并代海关征缴关税，明显具有官府的部分职能。

▲ 19世纪广州外销画《广东十三行港口》

"以官制商，以商制夷"

广州的外贸管理，机构重叠，层级甚多，按职权大小排座次，依次是：两广总督，海关监督（通常是满人），广东巡抚，广州知府，水师提督，番禺、香山等县衙县令，十三行行商、东印度公司驻华管货人委员会人员。看到没，官再小也是官，商再牛也得靠边站。清廷把对外贸易和海关税收都交给十三行，以示天朝上国凌驾在一切之上，洋人没有资格和清廷官员直接对话。

"以官制商，以商制夷"的制度设计，明摆着要求十三行的首要职责是为朝廷出力，随时置办皇室所需的域外洋货，包括紫檀木、香料、象牙、珐琅、鼻烟、钟表、玻璃器、金银器、毛织品及宠物等等。这显然不是件好差事。清乾隆三十年（1765），十三行的潘振承为宫廷操持了一个大型中法合作项目。乾隆平定准噶尔叛乱后，为了自我表彰，用绘画记录下了自己的文治武功，并听从了郎世宁建议，将其送往法国制作成铜版画《平定西域战图》。潘振承战战兢兢，历时十多年才完成。说白了，十三行简直就是一个"帝室财政"的"钱袋子"与"外务部"。

十三行依靠官府给予的特权，垄断着广州的对外贸易，逐渐形成了一个"公行"这样的行会团体。1720年11月26日，公行众商歃血盟誓，

并订下十三条行规。从今天看来，这个行规是颇有水准的，公平的。公平的规则保证了交易的顺畅。比如，针对茶叶交易，其规定"绿茶净量应从实呈报，违者处罚"。

十三行商人或是清代最早开眼看世界的人。清嘉庆十九年（1814），丽泉行老板潘长耀（十三行总商潘振承的儿子）将拖欠货款的纽约等地商人告到美国联邦最高法院，还致信美国总统詹姆斯·麦迪逊，希望美国商人守信。结果虽泥牛入海，但越洋诉讼本身就意味着十三行商人的世界视野。

十三行的行商，从表面上看风风光光的，可内心的苦楚只有他们自己清楚。"准入难"（须交20万两银子的入门费）或尚可承受，而"准出难"却实在令人痛苦不堪，毕竟清廷不能容忍有实力的行商游离于其视野之外。伍秉鉴退位花了50万两银子，但朝廷选的接班人竟然是他的儿子。颇富智慧的潘有度退商之后远远地躲到祖籍漳州，以为到了世外桃源，谁知算计不过朝廷，嘉庆皇帝亲自过问，两广总督亲自督办，将其提溜至广州"官复原职"。

至于摊派，那是家常便饭。1801年，北方水灾，朝廷摊派给十三行的任务是出资25万两银子，其中，潘振承出资5万两。但有人使坏，提出按照他的实力至少应出资50万两。潘振承向官府哀求出资10万两吧，得到的回复却是：不行！一番讨价还价之后，他终以30万两了结了。

行商一旦破产，结局就凄惨了。而益行石中和继承了父亲的商名石琼官，于1795年因负债累累而破产，随后立即被拘。羁押期间，他身着囚服，戴着枷锁，蓬头垢面，遭鞭笞酷刑，其房屋、田地、存货被变卖。福隆行邓兆祥于1802年充当行商，于1810年因经营亏损而潜逃。此外，行商还要协调外船水手与广州当地居民的关系。1807年，英国"海王星号"水手醉酒后打死一个中国人，官府勒令广利行的卢继光（商名茂官）找出凶手。茂官遍寻不着，结果官府把他给拘捕了，可怜的他甚至悬赏2万两银子去查找。最后，虽然事件意外解决，但茂官的家底也耗尽了。

行商就像夹在官府与洋商中间的受气包。官府规定行商要对大班、船长、水手等行为负责，包括犯法行为。外商都看得明白，行商不仅是朝廷的终身奴隶，负责朝廷的所需，还要为无权控制的人负连带责任，常把自己置于耻辱的境地，把家庭和财产置于风口浪尖，以致他们的结局或自杀，或流放。

十三行的两个带头老大

十三行早期的带头老大潘振承，出生于福建漳州龙溪（今龙海）。他14岁即在海上闯荡，后落脚广州。他当年创立的同文行早已烟消云散，不过，与他相关的遗迹如同文路、潘家祠道、龙溪依然存世。十三行后期的老大是广州人伍秉鉴，比潘振承更牛，2001年被美国《华尔街日报》（亚洲版）评为既往千年最富有的五十个人之一。他在欧洲的知名度很高，马克思的评论都提到了他。潘振承和伍秉鉴两个人甚有渊源，伍秉鉴的父亲伍国莹曾在潘家做账房先生。1783年，伍国莹创立怡和行，主要经营武夷茶。1801年，伍秉鉴接替去世的哥哥伍秉钧成为怡和行的掌门人。平日不苟言笑的伍秉鉴有了施展拳脚的舞台，三拳两脚就折服了外商。1813年，怡和行取代同文行成为广州十三行的领头人（总商）。

怡和行的最大客户是英国东印度公司，尤其是伍秉鉴当了总商以后，他在东印度公司与十三行商家的交易份额中是最高的。1830年，怡和行卖出了5万余箱茶叶，占东印度公司在中国购买茶叶总量的18.6%，价值为127万余两白银。不难估算，如果加上其他洋商的业务，怡和行每年卖茶叶的营业额就可达数百万两白银。所以伍秉鉴有多少钱，是当时广州外商谈论的话题，就像我们今天热议富豪榜。后世学者对当时的茶叶贸易利润率孜孜以求，有学者估算每担茶叶获利四五两银子，毛利润率为16%左右。

那么，欧洲各国用什么来向中国支付茶叶费用呢？没有疑问，是白银。

明代中叶以后，银元就随葡萄牙人、西班牙人输入中国。英国人成为贸易大户后，依旧使用西班牙银元。1635年，第一艘来华的商船就向广东地方政府缴纳船钞费1400枚。18世纪60年代以后，英国是最大的茶叶买主；19世纪初，美国成为第二大茶叶买主。18世纪20年代至19世纪40年代前，流入中国的白银绝大多数由英国、美国两个国家输入。有一则数据显示，1760年至1823年，英国东印度公司对华白银输出总计超3312万两。大量的白银来自西班牙的美洲属地，广州的商务交易就主要用西班牙银元结算。年复一年，美洲银矿也枯竭了。1790年以后，美洲白银产量开始下降。1811年，西属美洲爆发独立战争。这场持续

▲18世纪的"世界首富"——潘振承

▲清代广州十三行"怡和行"第二代掌门人——伍秉鉴

15 年的战争给美洲银矿致命一击。1821 年，西班牙在美洲的殖民统治结束，西班牙银元停铸。之后，墨西哥铸造出墨西哥银元（俗称"鹰洋"）。墨西哥银元在中国流通达半个世纪，直到 1914 年中国开始铸造袁世凯像银币，全国货币才趋统一，从而结束了币制混乱状态。

鉴于白银短缺，用鸦片换茶叶就由"想法"变成"做法"。最早向中国输入鸦片的是葡萄牙与美国，并不是英国，美国主要输入的是土耳其鸦片。此时，东印度公司还比较谨慎。1817 年的贸易季，东印度公司开始参与鸦片贸易，但其没有以公司的名义进行。倒是美国明目张胆，其鸦片贸易额巨大。从此，鸦片输入中国，一发而不可收。18 世纪的最后 10 年里，每年从印度销往中国的鸦片约为 2000 箱，19 世纪以后约为 4000 箱。1822 年，英国加速输出鸦片，当年输华 7773 箱，1832 年飙升至 21605 箱，1838 年更高达 40000 箱。鸦片贸易不仅使欧美国家扭转了多年来持续的对华贸易逆差，而且使其还有大量盈余可换成白银运出中国。当清廷厉行禁烟，使以鸦片为中心的中英贸易结构面临崩溃危险时，英国政府立即诉之于战争。

鸦片战争的炮声响起，一切都改变了。随后，中国被迫签订《南京条约》，"一口通商"被废止，"五口通商"取而代之。英国人可以跟中国任何商人做生意了，十三行商人的垄断权到此终止。鸦片战争后，中国赔款 2100 万两，其中的 600 万两为赎城费，以伍秉鉴为总商的广州十三行出 100 万两，伍秉鉴家再出 100 万两。

鸦片战争期间，潘家第四代接班人潘仕成出钱出力，组织团练抗敌。伍秉鉴也积极声援，但差点被钦差大人误会而砍了头。伍秉鉴保住了命，怡和行则伤了元气。战后，潘家第三代接班人潘正炜，依托家族势力抗议英国殖民者强占珠江南岸洲头咀作为租借地。

第二次鸦片战争期间，一把大火把十三行化为灰烬。从此，十三行长存历史记忆之中，成为中国商业符号。昔日威风凛凛的两广总督府被夷为平地，代之而起的是一座高达 50 多米的石质教堂。一个令人生畏的衙门活生生被西方文化元素取代，真是奇耻大辱啊！更悲催的情况一个接着一个：粤海关的大权被侵略者把持，靠近十三行的一处沙洲成为英法租界……

潘振承与伍秉鉴的后代各奔东西。潘振承有 7 个儿子，潘有为高中进士，挤进士绅之列，潘家从此不用再矮官员半截了。潘振承的商业因

子被潘有度、潘长耀、潘仕成等接纳，并在文化领域有所贡献。伍秉鉴的衣钵由其子伍崇曜接替。与其父相同的是，伍崇曜的身份基本没有变；不同的是，伍崇曜喜好舞文弄墨，所刊行的《粤雅堂丛书》，是清代后期大型综合性丛书之一。

从星村到广州

18 世纪 20 年代，茶就取代丝成为中国第一大出口商品。此后，中国出口贸易最大宗商品就是茶叶。十三行行商半数以上都以经营茶叶为主，多个行商都长期深入武夷山茶区包山植茶。广州的茶叶货源主要来自以武夷山为主的闽北、皖南以及江西婺源一带，尤以武夷山为多。

当时，运输是件难事，山水兼程，对质量与安全都是个挑战。

运输的线路一般是先走山路，翻越武夷山脉，到达江西铅山的河口镇，后从河口镇开始走水路，沿信江到鄱阳湖，再到南昌。经南昌沿长江而上的，是万里茶道的线路，是由晋商主导的。十三行经营的茶叶是经南昌逆赣江而上，到达赣江源头之一的大余县南安镇。行到水穷处，就要走山路了。挑夫担纲，一直挑过赣粤交界的南岭山脉，经过浈江梅关，然后到南雄。再从南雄沿浈江走水路，至曲江，由小船换成大船，大船再从北江一路直下广州。整个交易过程山水交织、人手繁杂、时空跨度大，怎么保证质量，怎么保障安全？我们今天只能想象了。前贤留下了一本手抄的《武夷图序》，记载了从星村至广州的茶叶运输线路图。水路、陆路、山路兼程，共 23 段，每段都有具体里程，约 3020 里。据《近世以来世界茶叶市场与中国茶业》统计，每担茶叶运输成本为：山路 17 文、水路 2.175 文、陆路 9.8 文，由此估算从星村至广州的每担茶叶的运输成本约为 9230 文。

因为路程远、运输困难，所以"一口通商"时期，按照经济学的解释，存在典型的"空间错配"。1817 年，东印度公司的茶叶检验员就建议直接在福建开设海路至广州，但遭到两广总督蒋攸铦呵斥，理由是海面辽阔，难以稽查。这还是小事，要是与外人勾结那就麻烦了。但东印度公司的人并不罢休，眼睛早盯着福州港了。1832 年，他们更是驾驶"克莱武号"与"詹姆西纳号"到福州，要求建立贸易关系，福州官府也断然拒绝。清廷上下都恪守"政治正确"原则，就是不知有没人想过，政治

▶ 武夷山市星村镇茶园（视觉中国 供图）

本身正确与否？

　　鸦片战争结束后的几年，广州港仍是茶叶贸易的第一大港，但上海港很快兴起，且增长势头迅猛，于 1853 年超越广州港，位居第一。又过了 3 年，后起的福州港也把广州港甩在身后。

　　历史的哀叹

　　广州港衰落了，十三行里的那些茶叶经营者远走他乡。凭借一己之长，有的种植茶叶，有的从事茶叶经纪业务，帮助其他茶行（包括洋行）经营。这就是为什么近代大量洋行中的捎客、买办等多为广东人的缘故。福州茶港兴盛时期，广东籍买办就不少。应该说，他们推动了各地茶叶流通。当然，如果眼光放远点看，买办作为中国近代一个特殊的群体，他们掌握着一定的外语能力，沟通中外商贸，视野开阔，是中国最早了解国际金融知识的人。所以有些买办富可敌国，甚至有的参与了中国早期工业化进程，如广东的徐润，早在宝顺洋行供职时就琢磨开设一家属于自己的茶行，后于 1868 年梦想成真。徐润的宝源祥茶栈一成立即高速扩张，在两湖地区建有分号，短期内铺设好了经营渠道。从经营手法看，徐润明显打破了传统模式，具有现代金融思维，如创办了上海茶业公所。徐润不仅从事茶叶经营活动，还介入房地产、矿业、保险、航运等多个行业。

　　当马嘎尔尼、阿美士德带领的外交使团的笑容屡屡被清廷拒绝后，英国人露出了狰狞可怖的嘴脸。一场被英国包装为"通商"的战争，至今让中国人痛心疾首。对于中国在鸦片战争中的惨败，在微观层面上，有一个所谓的"茶叶大盗"罗伯特·福琼在《两访中国茶乡》中毫不客气地挪揄中国的农业技术与英国差距甚远，如同只能在沿海航行的中国帆船与能到达世界每个洋面的英国海军相比；中国城市里的寺庙、牌坊等建筑与英国是无法相提并论的，包括福州、厦门在内的城市的街道又窄又脏。而从宏观层面看，祸根早已埋下。英国忙于工业革命，清廷大兴文字狱；法国的狄德罗在编撰《百科全书》，一大批才华如纪晓岚者受命汇总出《四库全书》；《国富论》《独立宣言》《人权宣言》等发布之时，清廷的皇权统治达到极致。乾隆与华盛顿是同时代人，同一年退位，同一年辞世，而在感觉上，他们根本就是两个时代的人。

武夷茶是怎么被贩到恰克图的

有一块制作于1913年的毛织地毯，上面有两行文字："旅蒙晋商万里茶道 / 大盛魁杀虎口商号"。日常商品上的文字，往往是时代的印记。时光荏苒100年，万里茶道再次进入人们的视野。2013年3月23日，习近平主席在俄罗斯莫斯科国际关系学院演讲中提及万里茶道（俄国人所称的"伟大的中俄茶叶之路"），还把它与当今"中俄输油气管道"并称为"世纪动脉"。

一个尘封的世纪倏然被打开。昔日的"旅蒙晋商万里茶道"并没有远去，而是从历史深处走来，又奔向令人无限遐想的未来。

中俄茶缘

中俄之间的茶缘，可能要追溯至中国明代崇祯年间（1628—1644）。当茶叶作为礼物被沙皇使者带回圣彼得堡时，沙皇命仆人沏泡，并与大臣共享之。清幽淡雅的茶香顿时令众人惊异不已。从此，俄国人开始了漫长的饮茶史。在高纬度的俄国，寒冷漫长的冬日里，草木歇息，一家人围坐在茶炊旁听遥远的故事，似今日流行的"围炉煮茶"一般，是多么惬意暖心的事。

俄国茶文化中最具代表性的就是他们的茶炊，这是俄国人独特的饮茶工具。其外形豪华硕大，工艺精湛，雕饰复杂，多由银铜等金属与陶瓷结合制成，颇富视觉冲击。

茶进入了俄国人的日常生活中，也进入了俄国人的文学艺术中。艺术细胞发达的俄国人自然将茶艺术地升华，以茶为主题的文学作品、绘画、工艺品大量出现，有的甚至成为经典。著名画家库斯托季耶夫的油画代表作《商妇品茗》，色彩浓烈，极富民族性。女主人丰腴光鲜的外表下藏着一颗孤寂的心，桌上摆满美味的蛋糕、诱人的水果，可举起茶杯的只有一个人，好在有只猫陪伴着她。该作品真实地反映了那个时期俄国商人阶层的生活情境。在那里，喝茶是她宣泄孤寂的主要途径，或许，她的知己在遥远的中国。嫁作商人妇的女词人吴藻独守空房时也自吟："茶温烟冷，炉暗香消。正小庭空，双扉掩，一灯挑。"

尽管在中俄两国漫长的交往历史中，误解、对抗时有发生，但茶叶

▲ 俄国拥有独特的茶炊文化，有"无茶炊便不能算饮茶"的说法

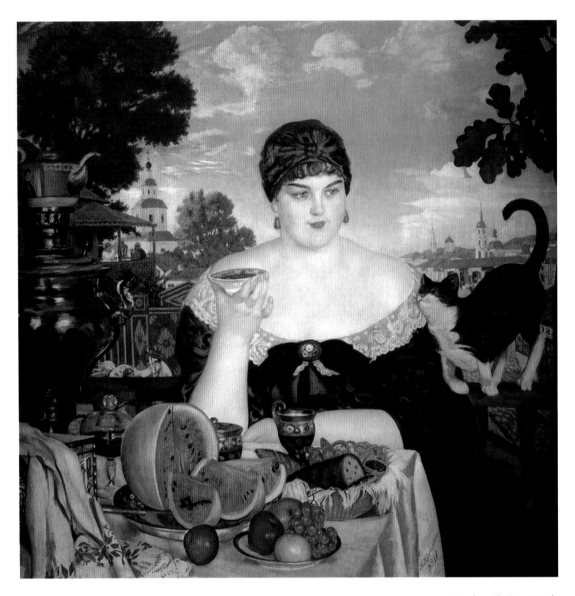

▲ 1903 年，俄国知名画家
库斯托季耶夫以饮茶为
题材创作了油画《商妇
品茗》

一直是两国贸易的主要商品之一。

　　清康熙二十八年（1689），中俄签订《尼布楚条约》，两国贸易正式开始。签订条约的过程中，传教士张诚（法国人）、徐日昇（葡萄牙人）发挥了重要作用。如果没有他们从中周旋，实难想象中俄官员们能有共同的语言与商业认知。中国茶叶、棉织品以及少量的绢、白砂糖卖给俄商，以换取俄国的毛皮，中俄贸易"彼以皮来，我以茶往"的传统也由此形成。

　　清雍正五年（1727），中俄签订《恰克图条约》，确定恰克图为中

▶ 18世纪早期至1858年的恰克
图贸易口岸

俄互市地点。中俄边境贸易有了更多的政策与法规保障，商队贸易与边境贸易并起，极大地促进了中俄贸易发展。中国商人开辟了多条自南方茶叶产地至俄内陆腹地的茶叶贸易路线。其中表现最突出的是晋商。

为什么是晋商

《恰克图条约》签订后，晋商率先嗅到了政策利好，千里迢迢到武夷山贩运武夷茶。为什么是晋商呢？

山西地理条件不佳，气候恶劣，土地贫瘠，种植收入微薄，以至于当地人难以糊口。生存的需要，将山西人逼得去"走西口"。穷则思变，是一些经济行为的原始动力，福建人下南洋也是如此。明代，山西人借助为塞防提供运粮盐等后勤服务积累了雄厚的资金，逐渐引发山西人走上经商之道。所以，有学者说，自明末傅山压轴之后，山西就再也没有出现在全国有影响力的文化名人了。

清初敉平叛乱时，晋商继续充当后勤保障角色，清代中叶更凭借经营票号等崛起为中国第一大商帮。地理区位的劣势，在智慧、坚韧的山西人手中神奇地变成了商业上的巨大优势。这在古今中外都不是个案。

晋商经营茶叶的首选地为什么是武夷山呢？答案很简单，因为武夷山才有俄国需要的红茶。

　　先行者是榆次常家。清乾隆二十年（1755），常万达联合渠家等其他晋商，手持官府颁发的"双龙红帖"，跋山涉水来到武夷山，采取茶叶收购、加工、贩运一条龙的方式，把生意直接从武夷山做到俄国的恰克图。在下梅村，他们购买茶山，与当地茶商景隆号等协作经营。当时，武夷山的不少茶庄都与晋商合作。比如，瑶珍号的刘家就于清嘉庆年间（1796—1820）在赤石山涧开办茶庄，所贩之茶或经晋商北运，或经闽江下至福州，继而输出海外。如今，景隆号所在的下梅村，小溪木桥美人靠，古宅旧铺风雨廊，斜阳残照里，隐隐透出当年的风韵。

　　晋商从武夷山出发，途经江西、湖北、河南、山西、河北、蒙古，以挑夫、舟船、马帮、驼队相继接力，水浮陆转，把茶运到恰克图；再由俄国商人将之运往莫斯科、圣彼得堡，进而进入欧洲其他国家。一季茶道折腾下来，约莫一年。南方的汛期与烈日、北方的风沙与苦寒、路途的疾患与匪患、心里的苦闷与孤寂，无不考验着一个人的体魄与毅力。其中的辛酸，晋商挺过来了，也终成一番大业。无数默默无闻的挑夫、船夫、车夫、马夫顶风逆水，足履灼沙，用血汗与生命凝结出了一条商路，其附着的挑战生命极限的精神，每每视之，总令人肃然起敬。

▲ 《行商遗要》手抄本，被视为
"万里茶道记忆的原生态记录"
（山西省晋商文化博物馆 供图）
▼ 《武夷办茶规例》复印件

如今，晋商是一个热门的研究话题。有专门的研究机构，推出很多成果，对晋商智慧、晋商500年辉煌历程做出种种解读，让人很有感悟。

《行商遗要》与《武夷办茶规例》

晋商经营茶叶与其他茶帮有相同之处，也有许多不同之处。其秘诀，多藏在手抄本中秘而不宣。如今，随着晋商研究的广泛展开，我们可一窥究竟。

比如，很具代表性的《行商遗要》，就是晋商中一家经营了上百年的三和茶庄在湖南安化办茶的实操规则与经验总结，以歌诀的体裁展现，易读易记，足有两万余字。其开篇第一句就是："为商贾，把天理常存心上；不瞒老，不欺幼，义取四方。"虽说是灌输商业的核心价值观，但很亲切，如话家常。《行商遗要》内容很丰富，几乎涉及经营活动所遇到的所有问题。这里不妨再举几例加以说明。一是怎样处理与东家的关系。受雇于东家，就要诚心对待东家，"遵号令，照旧规，勤勤俭俭"。在晋商经营模式中，虽然掌柜要忠于东家，但东家不得干涉掌柜的经营策略，否则掌柜可炒东家鱿鱼。这在其他商帮或是不可想象的。比如，福州蔚长厚票号经理阎维藩就干过这事，后被大名鼎鼎的乔致庸聘请掌管其大德恒票号长达26年。二是商号日常教育、监督、约束是很严格的。雇员有空时须练练字、读读书、弹弹琴、奏奏乐，至于嫖赌、嬉游及匪类事，是严格禁止的。所谓"平素日，手摸胸，细细思量；勿倍工，勿耽误，可称老板"，似乎给予了雇员职业规划。三是对于如何处理与当地茶农的关系、水运中如何考察船老大、如何在重要的码头长期驻扎等等，都阐述得很详细。

当然，各类办茶规程也囊括于其中。比如，在湖南安化选购红茶的标准有这些：外形"细致鲜明，条紧条元，尖峰如针，身分沉重，香气盈鼻"；泡水时，"红艳如血，一眼到底，明亮可金，水必甜而浓厚"，自然是上等好茶；手掐时，"无筋无骨，叶薄身单，色枯根飘，泡水汤色不清无香味，甚至泛苦"，显然是劣等茶了。鉴赏没有太多的诀窍，关键是"用心眼力、鼻力揣摩"。

《武夷办茶规例》亦有异曲同工之妙，我们从中可领略晋商在武夷山采办茶叶的细节。从规程看，晋商对武夷山各岩、洞、峰、坑等处的茶树品质了如指掌，并一一记录在案。在晋商笔下，御茶园、止止岩、马头岩、白云洞、大王峰等数十处场地都出好茶。出上等小种的山场也有数十处。

　　晋商采买小种、工夫红茶是在星村与下梅，尤其是星村，红茶质量最好。规例明示了办茶要点，"色、条索、味气、水色俱全"。至于不同等级的红茶具体的采买标准，如"条索紧实细嫩"等亦一一标示。同时，规例还不忘了提示："办好办坏全在人见机行事"，严谨中也留有灵活操作余地。

　　采办费用是一个重要事项，即便各类附加费用，如房租、称手费、管店费、柜台费，包装用的棉纸、盆铅、茶纸、绳子等行情价、使用规则也记录得详详细细，哪怕一根绳子，如"棕绳店每条记重五六两，每千条洋钱二三十元"。

　　从星村、下梅采办的茶叶发往崇安县城，运输工具是极具武夷山特色的筏。因茶箱大小不一，一般五六担一筏。星村至崇安每筏洋钱一元，每筏另加酒钱120文。若水量小，须加至两百多至三四百文。而下梅至崇安每筏五六百文。

　　从崇安县城出发就要踏上万里茶道了，最重要的花费当然是运费了。规例将一路上不同运输工具及其转换、水脚等里程和各类可能发生的费

◀ 晋商钱票（内蒙古博物院藏品）

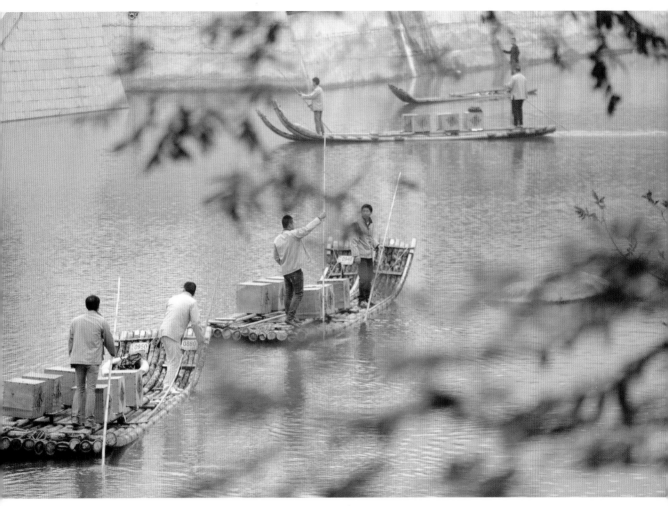

▲ 武夷山下梅村景隆码头运茶
　情景（大海峡图片库 供图）

用规定得滴水不漏。遇到的不测也一一载明，真是周全至极。例如，"如
遇水浅可提驳船，每担钱 30 文上下；若遇过浅可提三十来担不等，看
水势而行"，也就是说，如果水量小，可酌情使用驳船或者雇用纤夫。
至于神福钱、酒钱，就是祭祀的费用，即便一只鸡的价钱也清清楚楚。
细密而清晰的规范，确保了准确而高效地执行。晋商万里茶道两百年的
辉煌，显然与其经营智慧分不开。

　　《武夷办茶规例》的最后话题一转，很有人文关怀，读来倍感亲切，
即提供了常见病药方，包括治疯狗咬伤、漏疮等的。伙计们读到此处，
应是会有所触动的。不承想，一份规例，竟透射出了中国传统商业文化
与茶文化的温情。

汉口茶战

九省通衢的汉口是天然的贸易港。明清之际，汉口镇为湖北之冲要，商贾毕集，帆樯林立，钱庄票号众多，茶叶贸易兴盛，因此有"下汉口，坐茶馆"之说。

汉口开埠后，英俄等列强看中了汉口这块风水宝地。俄国贵族与财阀依仗沙皇庇佑纷纷奔赴汉口，开办制茶厂。著名的俄资新泰砖茶厂位于汉口合作路俄租界内，旧址保留有古老的砖墙、门洞、木梁等。其他的俄国茶商遗存还有李凡洛夫公馆。华俄道胜银行也是为了茶叶交易而开设的。

在汉口，俄商、英商与晋商不可避免地展开了交锋。英商因为关注点在上海港，所以并不恋战，而俄商与晋商迅速拉开了架势，毕竟俄国茶商在汉口设厂，损失最大的莫过于万里茶道上的晋商了。

鉴于俄商制茶使用机器，晋商立马进口更先进的英国烘干机，使用气压机与水压机制茶，产品一点不比俄国的差。俄商兵临城下，晋商以其人之道还治其人之身，迂回穿插，把茶号开到俄国去。深入俄国境内的有锦泰亨、大德玉、大泉玉、独慎玉、庆和达等晋商商号。

跳出问题才能解决问题，如果说这是晋商的高明之处，那么接下来

溢出的强大的执行力，则让人叹为观止。构想于清同治六年（1867）提出，仅仅过了两年，晋商就向俄国输出茶叶11万担。晋商茶号更是以惊人的速度遍布伊尔库茨克、赤塔、比斯克、秋明、莫斯科、圣彼得堡等城市。

"致富皆在数千里或万里之外"，晋商大范围地闪展腾挪，不断开辟生存空间，既使其主宰茶路200年，也道出了其自身的无奈。这对当今企业的危机管理仍应有股鉴意义。晋商不仅对外如此，对内也是随机应变。清咸丰三年（1853），太平天国运动的战火烧至福建、江西等地，茶路断绝，晋商迅疾移资至湖南安化、湖北鄂南等茶区。"茶乡生计即山农，压作方砖白纸封。别有红笺书小字，西商监制自芙蓉。"这首诗描写的就是山西商人在羊楼洞指导茶农进行生产，控制茶叶源头的情景。当时晋商监制的砖茶多用白纸封裹后再贴红字，上书商号名称，如著名的川字号，可谓中国的世界级茶叶品牌了。

第二次鸦片战争时期，英国人在海上开炮，而俄国人不费一枪一弹，在中国攫取的好处远在英国之上。俄国通过《天津条约》《北京条约》以及《中俄陆路通商章程》等掠取了很多特权。比如，俄国人取得七口通商权，俄商在天津、张家口经商享受比其他国家商人低1/3的税收优惠，尤其是天津的茶叶市场，完全被俄商统治了。俄商在中国产茶区可直接采购茶叶，尽管是时的中国关卡林立，但俄商采用水陆联运的方式却只交一次税就万事大吉了。俄商运茶走水路，沿长江至上海，再北上至天津，快捷且成本低。这对晋商是不公平的。晋商只好舍近求远，坚持走传统的路线，凭借一套完备的管理经验，包括驼队掌控等，以超强的意志、韧性、牺牲精神与俄商抗衡了数十年。直到1905年西伯利亚大铁路开通，这种传统的运输方式才被淘汰。辛亥革命、俄国十月革命以及第一次世界大战接踵而至，中俄万里茶路在纷飞的战火中逐渐衰落，晋商的核心竞争力逐渐丧失，对俄茶叶贸易的天平向对手倾斜。晋商遂向俄国人赊销，但因俄商赖账，晋商被彻底压垮。尤其是俄国策动的外蒙古独立事件，给晋商以致命的一击，财物被抢劫还算小事，不少晋商甚至魂丢草原，兴盛了200年的万里茶道这才沉寂下来，任凭荒草侵袭。

山西几乎不产茶，也不是茶叶的重要消费区，但晋商却掌控住了茶业的产、制、运、销，这几乎是其他商帮不具备的。200年来，一代代的晋商用双脚踏出了辉煌的万里茶道，日复一日的生活常态皆沉淀为中国茶行天下的精神。

铁观音
Ti Kuan Yin Tea

以我茶树枝，易彼岛中粟。

阮元《西洋米船初到》

茶港时代

"五口通商"后，福州、厦门开埠，茶港兴起，福州茶市突然活跃。洋行、茶栈、茶商，甚至传教士都参与进来。熙来攘往中，福州港迎来了黄金时代，一度成为中国最大的茶港。

厦门港也不示弱，带动了闽南、闽西腹地茶业经济的发展。台湾茶也曾转口厦门出口。宁德三都澳的开港，带动了闽东茶叶的输出，在茶叶外销史上也写下了辉煌的一页。晚清民国时期，福建的茶业经济几乎可以说是以三大港输出来拉动的。

不料，绚烂的背后，竟是落日余晖。茶业的繁华梦随之散去，给后世留下无尽的唏嘘与思考。

After the "Treaty of the Five Ports", Fuzhou and Xiamen (Amoy) were opened to foreign trade, leading to the rise of tea ports and a sudden boom in the Fuzhou market. Foreign firms, tea intermediate traders, tea merchants and even missionaries all became involved. In the hustle and bustle, Fuzhou Port ushered in a golden age, and briefly became the largest tea port in China.

Xiamen Port also played a significant role, driving the economic development of tea industry in the hinterland of southern and western Fujian. Taiwan tea was also re-exported via Xiamen. The opening of Sandu'ao Port in Ningde has driven the export of tea in eastern Fujian and has also written a brilliant page in the history of tea export. During the late Qing Dynasty and the Republic of China, Fujian's tea industry economy was largely driven by the output of the three major ports.

Unexpectedly, behind the gorgeous scenery was the sunset. The prosperous dream of the tea industry then gradually faded away, leaving endless sighs and thoughts for future generations.

榕城四月茶市开

开埠前后

许多人对福州的印象，可能来自教科书，来自晚清洋务运动中的马尾船政，甚至于后来的马江海战。这显然有点掐头去尾之嫌，没弄明白正是因为福州茶香盈城，帑储殷实，马江上空才响起了机器轰鸣声，并直接把福州带入了工业时代。五口通商的城市，福建有其二。福州、厦门两地之所以被英国看中，就是因为这两地能为其攫取茶叶提供便利，所以在就《南京条约》通商口岸问题进行谈判时，英方强烈要求加上福州。

英国人觊觎福建茶久矣。清道光十五年（1835），就有英商泊船到福州台江，然后换一小船，经洪山桥直上水口，期望能抵达崇安，结果被江防兵勇阻止。

福州、厦门均于1843年9月11日开市。福州被辟为通商口岸，时人是不理解的、拒绝的、愤慨的。两江总督梁章钜因病返回故里福州，途径浦城时恰逢此事，不胜骇愕，立即修书给福建巡抚刘鸿翱，言福州开埠，英夷必得寸进尺，窥视延津。看到英国人居住在自己家门口，梁章钜索性不叶落归根了。

◀ "五口通商"后，在福州港的出口贸易中，茶叶成为大宗商品

但刘鸿翱又能怎样，道光皇帝都无可奈何呢！

福州港，在久远的潮起潮落中也曾惊涛拍岸，乃至于历史要在这里逗留。清乾隆二十二年（1757），清廷再次禁海，只留广州作为与欧洲国家通商的口岸，但实际上福州与琉球的往来是畅行无阻的。福州设有琉球馆，至今遗迹尚存。

福州开埠后，英国商人急不可耐地来到福州寻求贸易机会，但遭到上自官员下至百姓的坚决抵制，想从福州运走茶叶颇为艰难。1845年，英国商人纪连在福州开设了一家洋行，不过经营得并不顺利，最后他还被揍一通而灰头土脸地离去。英国人也一度怀疑自己的判断，欲以温州或台湾取代福州。

而就在外商近乎绝望中，奇迹出现了。太平天国的战火烧至福建、江西、浙江等地，原来从武夷山输往广州、上海的茶路被阻断，因而寻找新的茶叶输出路径就迫在眉睫。1853年，福建巡抚王懿德果断上奏，请求在福州开茶市。毕竟从武夷山沿闽江水系顺流而下到福州只需4天，而之前运至广州需45天，到上海需28天。一路上，人挑畜驮，水浮陆转，防潮防盗，关卡林立，运输成本其实高得惊人。在运输速度决定茶叶利润的年代，这对茶商是致命的。事实上，这对中国的茶业发展也是致命的。

捷足先登的美国旗昌洋行直接将茶从武夷山沿闽江顺流而下，运往福州，此举引发怡和洋行等竞相效仿。

序幕刚一拉开，充满疾风骤雨的高潮便来了。仅1856—1865年的10年间，英国、澳大利亚、美国从福州港运出的茶叶从37.17万担剧增到57.11万担。这显然是长期扭曲的茶叶市场矫正后释放的巨大能量。王懿德的这一决策堪称抢抓时机的经典，福州港从此进入又一个兴盛周期，乃至于改变了晚清福州的社会经济结构。

《榕城茶市歌》

福州的茶港岁月至今仍为后世津津乐道，一篇小文也时常被提及，这就是《榕城茶市歌》。作者是翁时农，可惜履历不详。透过些微信息，只知道他当时家住福州南台，目睹了福州茶市繁盛热闹的场景，并用细腻的笔触记录了下来。

头春已过二春来，榕城四月茶市开。陆行负担水转运，番船互市顿南台。
千箱万箱日纷至，胥吏当关催茶税。半充公费半私抽，加重征商总非计。
前年粤客来闽疆，不惜殚财营茶商。驵侩恃强最好黠，火轮横海通西洋。
西洋物产安是宝？流毒中原只烟草。洋税暂能国帑盈，坐耗民脂悔不早。
建溪之水流延津，武夷九曲山嶙峋。奔赴灵气钟吾闽，奇种遂为天下珍。
乌龙间投徒饰色，名花虽馥失其真。天生特勒泰西种，销售唯视泰西人。
此亏成本彼抑价，一语不慎洋人嗔。独不闻，夷人赖茶如粟米，一日无
茶夷人死。

　　春天是茶的季节，南方的山区处处弥漫着茶的气息，茶也是春，春
也是茶。头春、二春，是茶树嫩枝的采摘轮次。传统上，闽东、闽北习
惯用"春"来表述轮次，所谓"头春、二春、三春"；闽南通常以"茶"
来表达采摘轮次，所谓"春茶、夏茶、秋茶"是也。
　　《榕城茶市歌》可谓福州茶市的"清明上河图"。

其对福州茶市交易的时间、地点、规模等交代得很清楚。每年农历四月，福州茶市最旺的时期，周边以及省外的茶商、洋商、牙商云集南台，运茶船在闽江来往穿梭，盛况空前。驵侩，就是人们常说的牙商。虽然牙商的形象在影视作品中似乎不好，但其实从经济角度看，其正面效应是主流的，譬如其交流了市场信息，提供了商业信用，促进了商品交易，至今仍是市场不可或缺的重要一环。现在市场活动中的各类中介，其实就是牙商。有时牙商也履行一定的管理职能，比如，替官府代征地方商税、控制特殊商品的贩运，甚至对一些手工业生产进行监管。牙商有官私之分，官牙要经官方恩准，持有帖子。做牙商是有门槛的，即要有资产。资产雄厚者曰牙纪，而小的则叫牙侩。清末的牙佣为 1% ~ 3%。

福州茶市的繁荣来得太突然，官府的管理举措、金融市场的发育程度等显然没能跟得上而一时手忙脚乱。茶人忙着张罗生意，抽税的胥吏们也就顺势捞了一把，不少官帑就这样流入私人腰包。洋行里多广东人，这是因为他们是从十三行中分流出来的，懂业务，市场需要他们。洋商一方已经进入机器时代，凭借着资本优势控制着茶叶生产的产业链。洋行借款给茶栈，茶栈预付资本给茶庄、茶农，茶农必须将茶叶销售给茶庄。销售渠道、定价权掌握在洋商手里。

◀ 晚清时期的南台街市景象

翁时农弄不明白，既然中国茶商居卖方市场地位，夷人为何还掌握着定价权呢？岂止翁时农一脸惘然，其时的中国茶界对世界市场也是懵懵懂懂。这留待下文讨论。

一时荣耀福州港

姚贤镐的《中国近代对外贸易史资料（1840—1895）》存留了一组福州港茶叶出口的辉煌数据：1867 年为 55 万担，1868 年为 60 万担，1875 年是 72 万担。1880 年创下纪录，是 80.2 万担，之后总体呈现下滑趋势。1856 年以后，福州港茶叶出口量位居全国第二，1859 年首度超越上海港，成为全国茶叶出口第一大港。这当然不能忽视客观因素，即太平天国部队李秀成部攻克苏杭，围困上海，商贸中断。有资料为证，1859 年，上海茶出口 5550 万磅，翌年只有 2550 万磅。

在福州港鼎盛时期，能与之相颉颃的是上海港，稍后还有汉口港。它们是当时中国的三大茶港，其茶叶年出口量基本占中国茶叶出口总量的 70%。从茶叶市场组织程度看，上海、汉口明显更完善些。1868 年，上海就设立了茶叶公所，郁子梅主办，董事唐廷枢、卢际周、梅子余、姚溪筠、叶仕卿、唐翘卿、徐润等，多是晚清商界风云人物。同时期，汉口也设有茶叶公所。纵观晚清对外贸易，上海无疑稳居第一宝座，毕竟彼时的上海已是中国经济中心，腹地极为广阔。五个通商口岸之中，上海当然最为重要。

据闽海关年度贸易报告显示，福州港出口的茶叶主要是工夫红茶，正常年景占总量的 80% 多，明显"一茶独大"。其次是色种茶、花茶、乌龙茶，以及极小一部分的松溪绿茶、熙春茶等绿茶。关于茶叶出口的目的地及数量，1867 年的统计数据显示，输往英国 35.4 万担，输往澳大利亚 9.8 万担，输往美国 6.3 万担，输往新西兰以及其他地区只有一小部分。

"五口通商"以后，"码头"一词也开始广泛使用。福州茶市一开张就设在仓山泛船浦、海关埕一带，桥南道设了许多码头与仓库。由于无法满足需求，桥北的台江沿岸迅疾兴建新码头，茶叶交易中心也渐由仓山转移到了台江。1916 年，台江开辟了第一条马路，连通了桥头、上下杭、苍霞洲、三保等处，大大便利了货物流通，但依旧应付不了船运需求，于是人们继续在闽江及其周边水域白马河、新港、三捷河、达道河等处建了大量简陋的道头，如洪武道、中选道、尚书道。至今还有

◀ 19 世纪 80 年代，福州茶市人头攒动，呈现出一派繁忙的景象（李共青 供图）

▶ 20世纪初期的福州码头帆樯
　林立

▶ 晚清时期，福州闽江江面上
　停满了商船

一个地名叫茶道，显然是装卸茶叶的码头。码头搬运工称"甲哥"，纯靠体力维生，生计艰难，时人叹为"四边"：身穿破边，吃在摊边，睡在路边，死在街边。令人唏嘘！

福州码头既见证了闽北的木材、纸张等山货源源不断沿江而下，也目睹了其转运海内外而走向更远的地方，可谓近代福州经济活跃的见证者，许多人的故事就是从码头开始的。清同治九年（1870），著名学者俞樾莅闽时，站在越王台上凭栏俯视，但见闽江上"海外帆樯历历可数，亦壮观也"。从现存的老照片看，闽江两岸确实是帆樯麇集，江面宽阔，但呈现严重的拥挤状，像个农贸市场，远处烟台山上的领事馆格外醒目。

闽江，如一条商业脐带，维系着闽北腹地与福州的经济命脉。

洋行、茶帮与茶栈，一场大戏

　　福州茶市出现人来货往、商行林立的盛况，福州人始料未及，而洋行的动作明显快。1869年，福州市场就有英国商行15家、美国商行3家、德国商行2家以及银行、货栈、印刷局等。嗅觉敏锐的美国旗昌洋行于1818年在广州一成立后就参与武夷山的茶叶经营，并于1846年将总部迁往上海，这显然是对上海发展潜质的先知先觉。

　　福州市场上的洋行经营茶叶的程序，一般是先向茶栈购茶，后另行焙火，再重新包装，贴上洋行商标，销往海外。洋行的内部组织层级分明，责任明确。最上层是总经理，俗称大班；其下是茶师与总账房，均为老外；再下是买办，多为广东人（所谓"广东市栈闹繁华"，说的就是这个）。买办之下是账房主管，主管之下又分过秤员、专门负责茶样的及栈司、翻译、书记员等。

　　在洋行，买办是个关键角色，负责茶叶采购与人员管理，事务庞杂繁多，处事八面玲珑。洋行刚入驻福州时，买办要冒着风险携巨资赴武夷山采购茶叶。直到19世纪60年代福州汇兑市场完善后，买办采办茶叶才便捷些。买办要独当一面，因此报酬不低。一些买办发家后，或开茶栈，或入股洋行。如福州琼记洋行的唐隆茂，为东家在福州服务11年后，在汉口另立门户，自组茶栈。鲜为人知的是，不少买办还被日本茶商雇佣，为日本茶叶出口服务。因为同时期日本茶的出口模式与中国如出一辙。买办精通茶叶贸易业务，自然是国际市场上的香饽饽。

　　福州茶市兴隆之时，不仅邑人纷纷跻身其间，也吸引了浙江、江西、安徽、京津等地客商。他们或独资，或合作，或直接经营茶叶，或为茶叶经营提供服务。后来，福州许多知名的老字号茶商也是在这个时候创办的，如太和堂、陆经斋、双团轩、天柱峰、第一峰、一枝春。曾任全闽大学堂监督的叶在琦在《冶城端午竹枝词》中曰："万盏波灯宴清夜，豪华知是卖茶商"。由此，足见当时的茶商开门利市，赚了不少钱。茶商有了钱，端午之夜就泛舟、买酒，快哉悠哉！

　　市场之红火，带动了福州相关产业发展，也使得周边茶叶种植活动活跃起来。清同治年间（1862—1874）的一则契约显示，泛船浦有五个人商议成立了一家木作厂，专门为茶叶出口制作木箱。由于生意实在太好，其中三人有意自立门户，于是五人于清光绪五年（1879）欣然签约

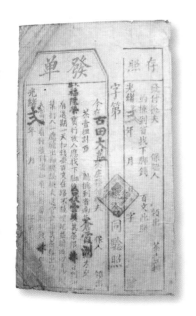

▲ 古田大益茶庄于清光绪二年（1876）雇佣劳工挑茶到福州苍霞洲的"发单"

散伙。茶业链延伸得很长，涉及码头搬运、蒲色、油褙、铅箱、铁箱、报关、画箱等。

由偏僻山区往福州运茶的挑工就难以欣欣然了。清光绪二年（1876）的一张货单显示，古田大益茶庄一直是通过挑工将茶叶运往福州苍霞洲的。从古田挑茶翻山越岭到福州要 4 天时间，一担运费是台伏 1 元（铜钱 1000 文），如有逾期，每日扣钱 100 文。到福州后，如有欠秤，扣钱 400 文。挑工若敢偷换调包，则送官究治。

当时，不同经营模式、不同地域的茶行自行组合在一起，统称为"茶帮"。茶帮为维护自身利益，彼此组成茶帮公所。茶帮的划分并没有统一的标准。比如，福州市场上，以采办绿茶为主的称为茅茶帮，以采办红茶为主的称为箱茶帮。运销茶行有京东帮、天津帮、洋行帮之分，这显然是以运销目的地来划分的。茶帮，是晚清民国以来中国茶市的重要存在，但不是一个严密的组织。福州市面上的茶帮多时达三四十家，后主要分为两类：一是福长乐帮，多由长乐人经营；另一是福泉兴帮，多由福州人与闽南人经营。各帮之内又可细分，如京东帮内有京徽帮与直东帮之异，帮内多是由安徽人开设的茶行组成，产品主要销往华北等地。京徽帮来福州的先行者是汪正大号。1935 年的一个调查显示，彼时福州还有京徽帮 44 家，如源丰和、泉祥、同德、乾太盛、聚源，它们多设在福州下藤路、泛船浦一带。福州本地人开设的茶号主要集中在桥南、桥北、城内，桥南多平徽帮，桥北多闽帮，城内是茶店铺。

福州如此，福建省内其他地域亦不例外。如产茶重地武夷山，自太平天国运动阻隔茶路后，晋商撤资转战两湖，留下的空缺迅速由闽南与广东茶商填补。实力最雄厚的茶帮有三：一是下府帮，以讲闽南话的茶商为主组成；二是广东帮，以使用广州方言为主的茶商集聚而成；三是潮汕帮。三帮之间经营各有侧重：花茶多由下府帮经营，主要在赤石镇精制，运往福州市场销售；武夷山的莲心茶、龙须茶多由广东帮、潮汕帮经营。

晚清福州市场上的茶帮衍迁至民国时期基本格局没有改变。京东帮中的北京茶商与山东茶商依旧源源不断地把福建茶叶销往北方。天津帮中多福建人，因多经营花茶，故也称花香茶帮。茅茶帮主要收购毛茶并转售给其他帮。广东帮主要为洋行做代理，钟情红茶与乌龙茶，因这两种茶须用箱子包装，故称箱茶帮。洋茶帮的领地被看管得最严，绝对不允许他帮染指，洋行采购茶叶主要由茶栈代理。全面抗战前，福州市场上还有怡和、太兴、裕昌、德兴、乾记、天祥、协和、禅臣、同亨等英德洋行。

茶栈，是茶叶外销的重要机构，是与一般的茶庄、茶号完全不同的，可时下不少人会将三者混淆。茶栈的起源要从十三行说起。鸦片战争后，公行制度被废除，买办制度取而代之，买办隶属于洋行，洋行主导着茶叶交易。因为茶叶商品交易的特性与丝绸、瓷器、漆器等出口产品完全不同，后者可以在市场上直接现买，而前者必须预定，所以市场上就产生了买卖双方的中介——茶栈。

茶栈占地规模一般不大（这是其与茶厂的最大区别）。栈者，货栈、客栈也。的确，福州城内的茶栈要为闽北、闽东以及福建省外远道而来的茶商提供茶叶存储服务与食宿。福州长乐欧阳康家族在今福州下杭路与白马路交界处的 238 号开设的"生顺茶栈"就极富代表性。生顺茶栈四周有 9 座房屋毗连相通，包括大大小小百多间房子，前门在下杭路，后门直通何厝里、上杭街，进出非常方便。茶栈的诸种职能也是在业务发展中逐渐拓展的。首要的是介绍茶叶输出，从中抽取佣金；其次是从事茶业间的借贷等，由于其本身资金并不雄厚，故而一般假手于洋行，转贷款给内地茶庄或茶农。程序上是前一年放贷给茶农（称为"放山"，茶农则称为"领盘"），茶农来年开春采摘完并制作为毛茶后，再卖给茶栈。由于茶园偏僻，茶农经营规模小，受市场波动影响大，因而茶栈也经常遭受损失。

当时，福州茶市竞争颇为激烈，洋商与本土茶商绞尽脑汁，斗智斗勇。成立茶业公会、控制货源、维持价格是福州商行与洋商竞争的常规动作。如 1883 年 8 月，有一公会告知各茶行不准从外地运茶到福州，同行互相监督，一经违反即罚洋 1000 元，甚至其还有越位之嫌，竟然不准茶农采摘秋茶。

洋行最擅长的手段就是利用资本与国际市场的信息优势，诱使本土茶商做出错误判断，从而渔利。毕竟洋商在世界市场逐鹿，而中国茶商依旧拘囿于一域一技，难免处处被动。左宗棠督政闽浙时，看到每年春茶上市，洋商在福州茶市高价收购，

▲ 生顺茶栈一枝春茶庄描金茶盒（欧阳芬 供图）

◀ 生顺茶栈是福州唯一保存完整的集花茶制造厂、毛茶收购站、成茶仓库、茶农（商）客栈、"东南茶王"欧阳康故居于一体的古厝（福州市上下杭保护开发有限公司供图）

待大量茶船拥至，茶货堆积而价格锐减，中国茶商因此亏了血本，深有感触："洋商茶栈林立，轮船信息最速，何处便宜，即向何处收买。"资本、运输上的短板，中国人也看得真真切切，并积极弥补。如轮船招商局成立后雄心勃勃，开辟海外航线，但在洋船的挤压下壮志难酬，只好偃旗息鼓。

本土茶商难以掌控自己的命运，只能互相杀价，结果传导到产业链低端的茶农身上。茶农只好制作毛糙，将新旧茶混杂，以次充好，以致茶品质愈益低劣。而此时的清廷，内忧外困，只知搜刮茶税"富国强兵"而不知"富民富茶"，茶叶技术改造、品质提升无从谈起。恶性循环难以阻止，最终中国茶业呈现日暮途穷之态。而同时期的日本，一直致力于"直输出"，也就是掌控海外销售渠道，如利用日本海外商社代理渐渐打开渠道，于甲午战争后取得明显成效。进入 20 世纪，日本基本实现"我的茶叶我做主"了。中日对比，浮沉之间，中国留下太多的无奈。

◀ 羊楼洞青砖茶

▶ 砖茶又称蒸压茶，根据原料和制作工艺的不同，可以分为青砖茶、米砖茶、黑砖茶、花砖茶、茯砖茶、康砖茶等几类（图虫创意 供图）

放不下的砖茶情结

　　俄国是中国茶叶的最忠实需求者。福州茶港兴盛之时，俄国人也兴冲冲来了。为了在茶叶贸易中争得主动地位，他们采取的是控制中国茶业产业链的做法：设立砖茶厂。这点有别于英国，英国采用的是在殖民地培植新的茶叶供给地的方式。俄国因为气候寒冷，也没有殖民地，所以采取的是一条完全有别于英国的做法。

　　1872 年，俄商新泰洋行设立了福州第一家砖茶厂，并引发了福州历史上第一次外商投资热潮。新泰洋行生产的砖茶每筐 64 饼，约一担重。至 1886 年，福建境内建宁府、延平府有 9 家砖茶厂，年产 5 万余担。

　　清光绪元年（1875），福州砖茶出口量为 620 万磅；清光绪五年（1879），福州砖茶出口量为 1370 万磅，达到全盛时期。清光绪十七年（1891），俄资逐渐移至汉口与九江。1911 年，福州南台还新成立了致和砖茶厂，年产 2.2 万担，用篓装茶，每篓 80 饼，约 150 斤。

　　因为砖茶给人的第一印象是粗糙，所以价格也是低廉的。1888 年，福州砖茶每担只有 8.5 ～ 10 两，而上一年度则更低，同期的花茶价格是每担 50 ～ 150 两、坦洋工夫是每担 15 ～ 37 两、白琳工夫是每担 28 ～ 48 两。价格低廉的原因是，砖茶制作原料主要是茶末或夏秋间采制的老茶叶，同时制作工艺也简陋。另外，不同销售终端的砖茶成分也有些差异，销往俄国的砖茶往往掺入印度爪哇茶末，销往蒙古等地的砖茶一般全是用华茶制作。两地需求不同，俄国需要的是红砖茶，蒙古等地青睐青砖茶。

　　历史上，砖茶在茶马贸易和万里茶道中扮演着主体角色，被后世称为"边销茶"。不过，随着时代的变迁，其早已不复昔日荣光。据 1943 年财政部贸易委员会外销物资增产推销委员会所编的外销物资增产推销特辑《茶叶》载，至少在 20 世纪 30 年代前期，多的时候每年还有约 13 万担的出口量，而全民族抗战爆发后的 1939 年，出口量就锐减为 2889 担。但俄国以及后来的苏联对砖茶依旧情有独钟，中俄两国茶叶贸易与文化交流等活动中总少不了砖茶。

从闽江到泰晤士河的运茶大赛

历史上，茶叶运输是极为艰辛的。民国时期，有学者将茶业经营归纳为四"难"，用现在的话说，就是四大关键词：产、制、运、销。"运"是其中之一。后世茶人无从体会其艰辛，品茗论道时，尽是些诗与远方，茗香、帆影、碧波，还有漫漫茶路上悠扬的驼铃声……

晋商在万里茶道上的艰辛已经说过了，现在说说海上的故事。船队长期漂浮在海上总免不了风暴与海水的侵袭，早期荷兰人和英国人曾考虑从陆路经俄国来运茶，但耗时更长，成本更大。相当长时期内的海上运茶，可以说是荷兰与英国在进行冲刺赛，毕竟从中国运茶到欧洲与美洲的周期一般也要15～18个月。中国人每年争尝春茶的鲜香时，上一年度欧洲人购买的茶叶还在海上颠簸。味蕾难以及时得到满足，欧洲人的气就撒到了东印度公司的运茶船上。

东印度公司按部就班，而隔岸的美国人却从中看到了商机，并抢先一步。1832年，美国人率先造出了茶史上称为"快剪船"的运茶船。各国工程师从中得到灵感而竞相效仿。一时间，大洋上就飘着快剪船飞鱼般的身影。

快剪船高桅杆，形体狭长，船首尖利，当风劲帆满、破浪前行时，就像茶叶在碧波中轻盈地舞动。

美国最著名的快剪船设计与制造师是唐纳德·麦肯。经典的《茶叶全书》中有他的肖像，从具有艺术气质的发型到俊俏的面颊轮廓，尤其是睿智的目光，乍一看就像林肯总统。他经手的快剪船达33艘。这些船长宽比一般大于6:1，几乎贴着水面航行，水下阻力小，航速快。尤其是水线，特别优美，甚至在首部水线面有内凹，长长而尖削的曲线剪刀型首柱呈一种百米赛跑冲刺的态势，在海上能劈波斩浪，减小阻力，故曰"飞剪船"。首柱也延伸了船体的长度，沿首柱外伸一斜杠，就可在首部多悬一些支索三角帆，有利于扩大撑帆的容量。空心船首使船在海浪中便于抬首，提高了航向稳定性。后体逐渐变瘦的、有倾度的水线十分协调地过渡到狭窄的圆尾，与优美的船首形制和谐地混成一体。这类快剪船，船帆面积很大，一般使用三四桅全装备帆装，往往用高桅，其高度达船长的3/4，在顶桅帆上还挂有月亮帆和支索帆，有时在船体两侧还有外伸帆桁，称翼帆杠，可挂翼帆，更加大了帆的横向外伸面积，

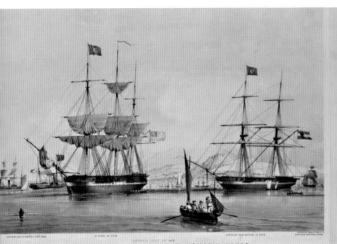

▲ 快剪船主题明信片

使得帆的横向尺寸大大超过船宽。从现存的照片看，快剪船驰骋海洋时风帆饱满，动感十足，极为壮观。

1845 年，"虹号"快剪船从纽约航行至广州只走了 92 天，返程耗时更是缩短了 4 天。在资讯落后的时代，它带回了自己抵达广州的新闻。

1859 年，美国快剪船迅速参与到东印度公司的运茶行列，"东方号"有幸成为第一艘从中国运茶前往英国的美国商船。

1866 年 5 月，福州马尾罗星塔下的江面上，"羚羊号""火十字号""塞利号""太清号"等 10 余艘快剪船繁忙地装着茶。他们的目的地是伦敦。船长、大副、二副们精心检查着每个细节，即使一根绳稍有磨损也得更换。船员们各就各位。大赛前的紧张气氛，绝不亚于一场欧冠决赛。

是月 28 日，各船开始起锚。"火十字号"率先出海，而"鹰号"直到 6 月 7 日才出发。

大洋上，你竞我逐，交互领先。当然，与激烈的竞赛相伴的是最令人惧怕的风暴。"羚羊号"就曾帆倒樯折，但丝毫也没有动摇船员们前行的信心。大多数时间内，"羚羊号"处于领先地位。7 月 15 日，各船陆续通过好望角，进入大西洋。8 月份的大多数时间内，"羚羊号""太平号""火十字号"几乎并驾齐驱，风平浪静时彼此都成为对手眼中的风景，枯燥的远航之行顿时有趣了很多。

9 月 5 日，各船接近英国海岸时，新闻报道的速度比快剪船还快。伦敦的船主们兴奋不已。船长与船员们何尝不是呢？9 月 6 日当天，"羚

羊号""太平号""塞利卡号"三艘船分别到达。最终的成绩出来了，
99天。

快剪船是为运茶而生的。谁先将茶运到伦敦，谁就获得一个好的售
卖价格，因此船主们在福州停泊时会尽量压缩收购茶的时间，这也给福
州茶商提供了一个抬价的机会。

但快剪船的黄金时代只有短短的25年。1869年，苏伊士运河开通后，
其美丽的身影就逐渐在大洋上消失了。1871年，上海至伦敦的海底电
缆铺设，继运输技术革命后又出现通信技术的革命，来自伦敦的一个电
报，就主导着福州茶市的晴雨。其背后的手，来自伦敦的银行家，中国
人自然不明就里。1873年，英国商人开始用汽船从福州运茶到英国了。
飞剪船运茶的使命走向终结。

尽管如此，快剪船充满激情、进取味十足的美丽帆影在100多年后
总还是让人久久难以忘怀。不少国家的邮票、明信片永远地保留下了那
识别度极高的快剪船破浪前行的姿态。塞拉利昂2016年就发行了"海
上运输中国茶叶150周年"纪念邮票。比利时的明信片上也留下了快剪船
的风采。还有一些海洋画家，比如蒙塔古·道森，将快剪船定格在画框中。

卢公明的茶生活 🍃

15世纪末，西班牙、葡萄牙、荷兰等国在科技、资本、文化准备
充足后，横跨海洋，希望通过海路亲近东方，实现对财富的渴望，结果
打通了东西方海上航线。从此，东西方文化与生活方式通过海路碰撞起

来。其中一个特殊群体至今仍被人提起，这就是传教士。

传教士既然来到中国，自然绕不开茶。其实，茶香飘至异域，与传教士也密不可分。历史教科书中常提及的意大利人利玛窦，在中国时就对以茶待客的方式甚是好奇，但中国人未必都待见他。泉州籍的思想家李贽就反感利玛窦以西学"易吾周孔之道"，斥责其无异于痴人说梦。葡萄牙传教士曾德昭、法国传教士李明等在中国期间，都对中国的茶文化印象深刻。而像德国传教士郭士立，还干了些不光彩的事，直接参与了对中国沿海经济资源包括茶种的偷窥、探测。1834年，他伙同鸦片商人戈登深入武夷茶园，采集了标本。或许，他的真实身份就是一个商业间谍。

在福州茶叶贸易兴盛时期，一部分传教士直接参与了进来。最著名的就是美国的卢公明。1850年5月31日，受美部会派遣，卢公明与妻子一同来华，在福州一住就是14年。

尽管时光早已将卢公明以及他那个传教士群体搬离人间，但而今提到卢公明，人们还是敬佩有加。那是因为在福州期间，他对福州进行了细致而持久的观察，包括农业生产、婚丧嫁娶、宗教信仰、官场蝇营狗苟、科举考试、年节习俗、商贸金融、吉凶卜卦、赌博与鸦片等，最终在其1865年于美国出版的《中国人的社会生活》中，再现了晚清福州社会生活的林林总总。

卢公明寄居福州时期，目睹了那时的贸易状况，将其详细记录下来。由于茶的需求量猛增，福州周边广辟茶园。1861年5月，他与一个美国朋友相约到福州北门外的北岭茶园考察，记录了妇女儿童参与采茶的情况。那次茶乡之行，似乎有两点令他感触很深。一是茶叶做青时用脚踩，怎么中国人就不嫌"很脏"，难道没别的手段取代吗？二是采茶、拣茶时男女老少全民上阵，每天却领取着极低的劳动报酬，面对如此低廉的劳动力成本，其他国家怎么与之竞争？这是否是美国南部一些适合种植茶树的地区没有种植的原因？

卢公明不独以一个旁观者在观察，还亲自上阵从事茶经营。1868年11月至1871年9月，卢公明受雇琼记洋行，直接参与茶贸易。这一举措，直接遭到同僚诟病，因为有违基督教谕。但最终还是被谅解，毕竟微薄的薪水难以支撑他们的传教事业，尤其是美国南北战争期间，不少传教士的经济来源断了，除了自力更生，自谋出路，还有他途吗？

借道厦门来出口 🍃

除福州港、上海港、汉口港三大港口之外的其他茶叶出口大港，北有天津港，南有广州港，长江上还有九江港，而福建境内也有厦门港。

闽南茶的输出港

衷干《茶市杂咏》记载："雨前雨后到南台，厦广潮汕一道开。此去武夷无别物，满船春色蔽江来。"应当说，福州茶港的辉煌一定程度上遮掩了厦门港的风头。实际上，厦门港的茶叶输出比较早。清康熙二十六年（1687），"伦敦号""武斯特号"光顾厦门，这两艘商船携带了大量银元，回航时严格按照计划购买了茶叶、樟脑、丝织品等，其中有150担特选茶叶，一半罐装，一半壶装，由此开启西方国家直接从中国进口茶叶之先河。清康熙三十六年（1697），"纳索号"从伦敦到厦门，采购货物中包括茶叶600桶；同年，"特林鲍尔号"采购茶500桶；次年，"舰队号"来厦门采购茶300桶。一直到雍正年间，仍有从厦门出发输往海外的商船。

经厦门港出口的茶叶中，安溪茶与武夷茶占80%，其余有漳平茶、宁洋茶、长泰茶、龙岩茶等。清咸丰八年至同治三年（1858—1864），英国每年从厦门口岸输入的乌龙茶达1800～3000吨，主要产自安溪。仅清光绪三年（1877）一年，英国从厦门口岸输入的乌龙茶就高达4500

吨，其中安溪乌龙茶约占半数。

与福州港不同的是，厦门港主要输出乌龙茶，输出目的地是美国，每年七八万担。1866 年的厦门海关年度贸易报告显示，当年的茶叶大多出口到美国的纽约，出口量达 600 万磅，没有茶叶直接运往英国。如此看来，乌龙茶在美国很受欢迎。

鲜为人知的是，其时台湾茶也是经厦门港向世界出口的，因为当时的台湾岛没有大的港口。1870 年，台湾乌龙茶开始经厦门转口至美国。起初数量并不大，仅为 2839.13 担，此后逐年增加。由于厦门乌龙茶的掺假现象越来越严重，台湾乌龙茶遂逐渐取代厦门乌龙茶的地位，且其出口量在多数情况下超过厦门本地茶叶出口量。福州港开始衰落时，厦门港并没有一同折戟，相反，利用台湾商品的转口贸易，在甲午战争前后出口额已经超越福州港。清光绪二十八年（1902）刊印的朱正元《福建沿海图说》载，那年，厦门港拥有大、中、小商船 1000 余艘，大商船就不下 30 艘，市面极其繁盛，华商、洋商杂处。

但很快，厦门的茶叶出口生意就迎来一个强劲的竞争对手，这就是 19 世纪 70 年代末以后崛起的日本。日本人以积极姿态不断改良茶叶以迎合美国市场，厦门对美国的茶叶出口量开始下降。另一方面，茶税和厘金的负重也加重了厦门茶叶的销售成本，厦门对美茶叶贸易逐渐丧失了竞争力。没几年后，又因日本人开发台湾基隆港，转口厦门港出口台湾茶的时代彻底结束了。

厦门北边的著名港口泉州港，在历史上极为辉煌，是宋元时期世界

▼ 晚清民国时期的厦门港（St. Julian Hugh Edwards 摄）

海洋商贸中心，有些读者可能会因此下意识地认为其茶叶贸易应该很发达。其实，恰恰相反，泉州港的上空并没有弥漫多少茶香，泉州的茶叶市场状况也出乎一些人的意料。

全民族抗战爆发后，厦门沦陷，水路断绝，安溪外销茶无法出口，茶叶大量积压，茶号纷纷倒闭，安溪茶人遂转战内销。内销市场上，乌龙茶的主要消费区在闽南和粤东的潮州、汕头一带。泉州茶叶在传统上是挑贩卖于街市，而不是开设固定的茶叶店。1828年，泉州府的第一家茶庄泉苑茶庄问世，数十年后开始有丁泉岩、周玉泉。清光绪时期（1875—1908），如雨后春笋般地出现廖泉茂、北苑春、茗圃等茶庄，带来一时兴旺。泉州市场上的茶叶来源，首推武夷山。每年春茶季节，各茶店都要派人携带巨资到武夷山采购，鼎盛时期采购量可达千箱，而泉苑一家往往占了一半，其主打产品是水仙与铁罗汉等。张伟人接管泉苑茶庄时，将岩茶的拼配技术推到新的高度，能保持配制茶的稳定。其次是从温州换回来的红茶，每年亦有五六百担。再次是安溪、大田等地的茶。安溪茶本来近水楼台，但最初茶商在泉州经营时还没有底气，招牌上还羞答答挂上武夷岩茶的品名，后在周玉苑茶行的努力下得到泉州当地人的认可。

日寇侵占厦门后，茶叶运销渠道受阻，周玉苑老板周修源设法从泉州港将茶运往香港。1940年，运往南洋的安溪茶叶有16000多箱，每箱净重36斤。但很快南洋陷落，外销受阻，而安溪茶逐渐在泉州、惠安、晋江等地普及开来。

台湾茶，福建茶

台湾建省（1885）前隶属福建，福建茶理当包含台湾茶，毕竟即便台湾建省，也还称作"福建台湾省"。台湾茶源于武夷山。连横《台湾通史》载，早在清嘉庆时（1796—1820），柯朝从武夷山弄来茶苗，在桀鱼坑一带种植，没想到收成颇丰，遂扩大播种面积，并于清道光年间（1821—1850）运往福州销售。但由于福州每担要收取2元入口税，而厦门便宜得多，所以台湾茶多在厦门上岸。清同治时期（1862—1874），台湾就有外商设德记洋行经营。彼时台湾经济结构单一，制茶业、制糖业等是其支柱产业。刘铭传抚台期间，奖励植茶。泉州、厦门、汕头等地的商人也纷纷到台湾设茶行，做茶的茶工多为安溪人，有制茶工、采茶女、鉴定师、书记等分工。安溪人王择臣于 1842 年即在台湾鹿港创办了著名的峣阳茶行。台湾著名的包种茶就是由安溪人创制的。

在台湾茶史上，有几个人至今还常被人提及。

李春生自小沿街叫卖糖果，15 岁时即在厦门钱庄当伙计，凭借勤快聪颖，很快就悟出商业之道，还学会了英语，然后转投洋行从事茶叶买卖，后来自己经营商行。太平天国战火波及闽南时，李春生入台，在宝顺洋行做买办期间引进安溪种植、制作茶叶技术，提高台湾茶业水准。他将乌龙茶销往美国时，提出"台湾茶"的概念。

郭春秧于 16 岁到印度尼西亚谋生，在制糖领域有一定基础后到台湾设立锦茂茶行。郭春秧经营茶叶以眼光独到著称，种茶、制作、贸易一条龙，在南洋很有市场，并将销售网络延伸到厦门等地。

张宝镜早年下南洋，于 1901 年在印度尼西亚开设义和商号，后来在台湾设茶厂，制作茉莉花茶，商标金三九，销往南洋各地，很有市场，乃至于后来富甲一方。2007 年，张宝镜后人回到祖籍地厦门，开设了一家义和成茶行。

▼ 几种具有代表性的台湾茶（图虫创意 供图）

▲ 坪林是台湾很有名的茶乡，不仅拥有青山绿水的好风光，更是包种茶的故乡（视觉
中国 供图）

腹地安溪

闽南茶区是福建四大茶区之一，史上名茶迭出。即便不喝茶的人，也大抵都听说过安溪的铁观音茶、永春的佛手茶、平和的白芽奇兰茶、诏安的八仙茶等。而这几个地方的人谈起他们的家乡茶，无不充满自豪感。当然，其中最具代表性的是安溪的铁观音茶。

去过安溪的人都有这么一个感觉：到了安溪才知道什么是茶。无山不茶，无人不茶，无话不茶；家家涉茶，处处见茶。是一个家庭，还是一家茶叶店，有时根本说不清。说不清也就不说了，反正到了安溪，就被泡在茶里了。

观音故旧

安溪植茶大概起源于唐末。史载五代时期，一天，安溪县令詹敦仁与僧介庵在路途中相遇，两个人兴致勃勃地就地汲泉烹茗，相谈甚欢，直至明月穿透深林也难分难舍，最后竟躺在石头上酣睡起来。

到了明代中后期，安溪大部分区域已遍植茶树。安溪茶人在实践中培育出长穗扦插繁育法，后不断升华为短穗扦插繁育法。至20世纪30年代，短穗扦插繁育法技术成熟，福泽后世。这种方法至今是使用最广泛的茶树无性繁殖技术，优点是能保持茶树品种性状稳定，有利于建立标准化的茶园，同时省材料、繁育快、成活率高、经济效益好。一代代人植茶、选育新品、制茶经验与智慧的凝练，使安溪茶业开始步入兴盛，安溪也终成世界闻名的铁观音之乡。

1957年，福建省福安茶业试验站进行茶树品种资源调查时发现，安溪有30多个茶树品种，易于识别的只有佛手、水仙、梅占、奇兰、铁观音、本山、桃仁、大红、白毛猴、乌龙（包括大叶乌龙、抽藤乌龙等）、黄金桂、白牡丹、毛蟹等，科研人员认为值得推广的是毛蟹、铁观音、奇兰、大叶乌龙和黄金桂，本山、梅占也不错。毛蟹因发根、育芽能力强，产量极高，每亩干毛茶产量最高可达200千克，至少也有100千克。有意思的是，当今的看家品种铁观音虽然芽叶肥重，制作乌龙茶品质特佳，但因为根系发育、育芽、产量远不如毛蟹，不便栽培管理，所以茶农并不愿意种植。

▲ 安溪铁观音以其天然的"观音韵"、独特的"兰花香"，为广大茶人所喜爱（图虫创意 供图）

▲ 乌龙茶中唯一的紧压茶——漳平水仙（图虫创意 供图）

绿叶红镶边

铁观音制作工艺很讲究，主要有萎凋、做青、炒青、揉捻、干燥等七八道程序。整个过程如茶人在听草木的浅吟低唱，没花十年八载功夫，怕是弄不懂茶的语言。茶里有乾坤，工艺可出神入化，如最难把握的摇青阶段，就要根据茶树品种、天气、晒青程度等来具体运用，故有所谓"看青做青，看天做青"的说法。摇青过程中，鲜叶互相碰撞，叶缘细胞破坏，改变了供氧条件而发生轻度氧化，叶片呈现红边，达到"绿叶红镶边"程度。制作出最佳的色香味，大概是对大自然最好的敬意。

乌龙茶的形状有多种，如条索状的闽北乌龙、饼形的漳平水仙以及颗粒状的铁观音。而成品铁观音外形紧卷结实，用手掂一掂，很有分量。其色如青蒂，间有红点；香胜芳兰，味高韵显；汤呈蜜黄，饮后唇齿留香。盖杯蕴香，茶水涵香，杯底留香，三香合一方为上品。抽象的观音韵留下了无尽的话题，正像铁观音的起源是观音晓梦还是帝王赐名，是故事还是传说，笼罩着神秘的面纱。乾隆赐名，使铁观音有贵胄之尊；观音保佑，使安溪茶人前行之路少了坎坷。

侨销茶

侨销茶，就是近代福建、广东、云南等地面向中国港澳地区及南洋等地华侨华人消费群体销售的茶叶的统称。

千百年来，福建先民为寻求谋生与发展需要，不辞其遥，前往异域。他们秉承中华民族的勤劳、坚韧与智慧，种植作物，开凿运河，修建铁路，开采矿山，经营商贸，传播中国文化。尤其在晚清，列强入侵，社会动荡，越来越多的人不得不向境外求生，也将茶叶带到了域外。至全民族抗战时期，福建的铁观音、闽北水仙、武夷岩茶、福州茉莉花茶等就长期占有新加坡、马来西亚、印度尼西亚、越南、泰国等国市场。

海外的安溪茶行

早在清乾隆时期（1736—1795），安溪西坪、大坪、罗岩等地茶商就间或出洋到如今的东南亚国家经营茶叶生意。

安溪人王冬于清乾隆时期即在越南开设冬记茶行。清光绪年间（1875—1908），王量兄弟6人至印度尼西亚经营茶叶生意。民国时期，安溪人在南洋开设的茶号有100多家。其中，越南有冬记茶行、锦芳茶行、泰山茶行等10多家；泰国有白锡碧的义和发茶行和三九茶行、王清时的集友茶行、白金凤的炳记茶行等20多家；马来西亚有王友法的三阳茶行、王宗亮的梅记茶行、王长水的兴记茶行等10多家；新加坡有白三春、林南泰、黄春生、林金泰、源崇美、高铭发、林和泰等30多家；印度尼西亚有王炳炎的王梅记茶行、王金彩开办的茶厂等10多家。此外，还有香港地区的尧阳茶行、福记茶行、谦记茶行、泉芳茶行等10多家；台湾地区张协兴茶行、王瑞珍茶行、宝记茶行、王有记茶业公司、正达茶业公司、祥兴茶业公司、龙泉茶庄、峰圃茶庄等20多家。其中，新加坡的林金泰、源崇美、白三春、高铭发、林和泰，马来西亚的三阳茶行、梅记茶行、兴记茶行，以及印度尼西亚的王梅记茶行等比较有名。

从这些侨销茶老字号的经营情况看，有这么几个特点：

一是早期的海外安溪茶庄规模都比较小。不少是乡民挑着担子沿街叫卖，依靠辛苦积累而走过来的，如白金讴的白新春茶庄。

二是茶叶主要来自武夷山与安溪等福建茶区，以家族经营模式为多，

▲ 新加坡白三春茶庄广告

▲ 新加坡林金泰茶庄广告

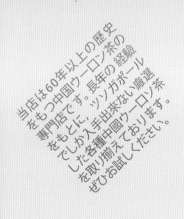

PEK SIN CHOON
TIONG KOK "A1" TEA
ANXI TIE KUANG YIN
36 MOSQUE STREET
SINGAPORE 059514
TEL: 63233238 FAX: 63233005

货源由兄弟姐妹来组织，编制了一个完整的乌龙茶产、购、销体系。有的商号还在福建设有分号，如白三春茶行就在安溪与建瓯设有两个分号，设在建瓯的负责闽北武夷岩茶等的行情信息收集与采买等事项。

三是有鲜明的版权意识。注册商标清晰明了，商标中凸显出主打品种，如白毛猴、铁观音、铁罗汉等。

四是注重广告宣传，广告词质朴平和，亲和力强。基本构成元素有地址、电话、主要经营品种及图案、茶的自白和特点，如"色香味三美具备"，具体而扎实。而我们今天的一些茶叶广告词，雷同单调，唯我独尊，强调的不外乎生长环境的山高云深，有机茶呀，生态茶呀，野生茶呀，老树茶呀，手工制作呀等等，就是不见茶企独具的经营理念与服务意识。

五是兼营他业。如林和泰、源崇美就兼营汇兑信局等业务。

如今，昔日的老字号，有些已经消失了，有些由后代子承父业，在前行中与时俱进，并创下时尚品牌。如新加坡已逾百年的林南泰，其后人就创立了 GRYPHON 和 PRYCE。

彼时，从安溪运输茶叶十分不便，制作完成的茶叶用木箱打包好后，雇佣牛帮从安溪出发，翻山过岭，走约百里山道，跃安溪龙门，经安溪大坪到厦门同安，再租小船运至厦门港口，然后辗转海外。

福建人不仅将茶叶带到了如今的东南亚国家，也将茶叶种植技术、

▲ 新加坡白新春茶庄出品
的安溪一等铁观音茶

茶文化传播出去。由于地缘关系，缅甸、越南、泰国等国的茶业发展直接受益于中国本土，而东南亚的茶叶生产大国印度尼西亚引进中国茶的过程就比较曲折了。1684 年，德国人曾试图从中国引进茶籽种植，但没有成功。30 年后，其再次从中国引种。1731 年，印度尼西亚将从中国引种的大批茶籽分别种于苏门答腊、爪哇等地，始见成效。直到 1826 年，印度尼西亚华侨从祖国引进茶种，才真正奠定了茶业基础。1828 年，荷兰东印度公司的茶师杰克逊来中国学习制茶技艺，先后共 6 次，并从广州带出去制茶工人 12 名和各种制茶器具。至 1833 年，"爪哇茶"才第一次在市场出现。其后，印度尼西亚不断学习中国茶业经营方式，设厂加工，并尝试使用机械制茶，提高品质。其锲而不舍，历时 200 年才修成正果。

反哺故里

海外华侨具有强烈的爱国情怀。1928 年 5 月 3 日，"济南惨案"震惊中外，消息传到新加坡，狮城华侨一片义愤。经营茶叶的新加坡华商在积极参与陈嘉庚领导的"济南惨案筹赈会"过程中，意识到有必要成立一个机构，在祖国有危难时迅速组织赈济款项，还可反制其他同类经营者所形成的垄断行为。

是年 6 月 23 日，"星洲茶商公会"在新加坡正式成立。宣言称，"近者外侮频仍，统一实由国货推销，万人一志，今不先不后，恰于次日，茶商公会成立，以鉴外侮之频仍，以庆统一之实现"。茶商公会不仅主张南洋茶界"交换智识、联络感情"，还倡导遵循商业正轨，推行"价目公平"，在外侮这一背景下，希望通过推销国货来实现国家的统一和强大。

星洲茶商公会成立之初，有林和泰、高芳圃、张馨美、金龙泰、高铭发、高建发、林金泰、源崇美等 25 家会员茶庄，其中安溪籍 16 家。公会成员包括正总理林本道（林和泰茶庄），副总理翁朴诚（东兴栈茶庄），财政员张瑞金（张馨美茶庄），查账员魏清正（茂苑茶庄），庶务员颜受足（源崇美茶庄），共议员 12 人（家）。

从 1928 年起，星洲茶商公会几易其名。从"星洲茶商公会"到"新嘉坡华侨茶商公会"，到"新加坡华人茶叶出入口商公会"，再到"新

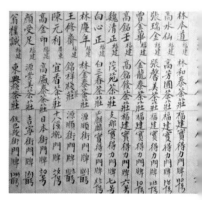

▲ 星洲茶商公会第一届会员表

加坡茶叶出入口商公会"。公会几度更名，见证了时代变迁，更见证了福建茶商在海外筚路蓝缕的奋斗史。早在清末的洋务运动时期，就有华侨参与祖国的经济建设，将国外先进的生产方式、管理模式带回祖国。新中国成立后，百废待兴，百业待举，华侨积极反哺祖国，在工业、农业、商业、教育、体育等领域都出现华侨身影。改革开放，引进外资，主力是侨资。新时代，海外华侨华人依旧是家乡建设与中国经济发展的强大动力。

在 19 世纪末下南洋的大潮中，安溪人魏静哲是离乡背井人群中的一员，直到 1906 年，魏静哲兄弟在新加坡创办了茂苑茶庄。1930 年，茂苑茶庄停办后，魏家第二代魏宜转等开设了魏新记茶行。魏新记茶业传到魏荣南已经是第四代。虽时空跨越上百年，但每代人钟情茶业的初衷始终如一，这在整个东南亚地区都不多见。

如今，一身儒雅的魏荣南是南苑茶庄掌门人、新加坡茶叶出入口商会会长。他继承祖父遗愿回到安溪，见识了祖父一辈子念念不忘的地方，在故乡西坪松岩耕耘着 500 亩茶山。而今，他站在观音山上极目远眺，云海茫茫，青山含黛，绿意熏染，村庄依山而建，错落有致。一座座闽南古厝在铁观音茶园层层掩映中，显得格外宁静美丽。

魏荣南不惜花费高价，对幼树灌溉豆浆，施加纯天然有机肥料，让铁观音茶树自然生长。同时，他实施了生态园式管理，保证树苗之间有

▲ 魏新记茶行印章

▲ 南苑茶庄茶叶外包纸

充分间隔，并经常锄草，保持树苗间的通风，让茶树苗在最佳环境下生长。魏荣南的身体力行，实际上说出了安溪人的心里话：要产出全世界最清洁的铁观音。

魏荣南的故事不是个例。白新春茶庄的创始人白金讴也一直秉承"让故乡的乡民生活更好"的初衷。1959 年，容国团获得世界乒乓球锦标赛男单冠军，海外华人也为之沸腾。白金讴心情久久不能平静，推出纪念中国第一次获得世界冠军的"香山名茶"。

其实，海外侨胞财富的积累是不容易的。熟知华侨史者都明白，下南洋，也是一部血泪史。他们白手起家，没有就业保障，没有社会福利，得不到当地政府和银行的支持。在社会动荡时，他们的财富被洗劫，甚至人身遭受屠戮也不绝于耳。可是他们胼手胝足，披荆斩棘，成长起来了，在克服挤压、掠夺、强占等种种困难中壮大起来了，彰显出一种顽强的、向上的、摧不垮的生命力量。

▲ 白金讴

张源美的百年沧桑

拓荒缅甸

像那个时代大多数失业破产的人一样，安溪的张彩山兄弟为谋生而下南洋，先在新加坡做工，于 1904 年辗转到缅甸开垦种植果蔬。

1921 年，张彩云返乡时萌生做茶叶生意的念头，遂在安溪注册了"张源美"商号，商标为"白毛猴"。兄弟分工合作，张彩南在国内主持茶叶收购；张彩云在缅甸负责销售，靠着肩挑，走街串巷，逐渐打开了局面。张家世代植茶，茶叶知识丰富，懂得"善卖不如善买"，在货源把控上胜人一筹。在缅甸市场上，根据客户需求，张源美推出不同等级的茶产品，有质优价昂的铁盒装的"岐山洞正白毛猴"、纸包装的"岐山洞提枞小种"产品，也有质优价廉的"万圃"产品。张氏兄弟经营策略灵活，善于捕捉客户心理的细微变化，适时打出"茶质有变，旧可换新"口号，赢得意想不到的口碑。因为缅甸气温高、湿度大，茶叶保质难度大，许多茶行对此望而生畏，而这恰恰成就了张源美茶行，使之得以在市场站稳脚跟。

▲ 张源美茶行曾邀请红极一时的香港影视明星夏梦为自家茶叶代言

旧时的茶庄，要立足，还真要有绝活。像泉州的泉苑茶庄，在竹窠、幔云等武夷山核心区有茶场，熟识茶叶的老板张伟人更是掌握了一手拼配绝技。泉苑茶庄生意不分淡旺季，正月初一也都要开市；所售茶一概不二价，不论数量多少，真是独一无二。

正当张源美茶行经营得红红火火时，日军铁蹄踏向南洋，张家兄弟只好辗转云南回国。经过权衡，1942年，张源美在漳州设立茶行，其门面、包装等新鲜出奇，一时令漳州同行侧目，加之其有海外渠道，很快就超越漳州市场上的奇苑、瑞苑等老牌店。

转战漳州

漳州奇苑茶庄创办于清同治年间（1862—1874），长期经营武夷岩茶，在如今的新加坡、马来西亚、泰国、缅甸等地有销售网络，在当时漳州市场上坐头把交椅，拥有武夷山的宝国岩、曼陀岩、珠帘洞等众多茶园，年销售茶叶达数十万斤，一度占据漳州茶叶市场的半壁江山，并引领漳州市场上武夷茶的销售潮流。之前以经营安溪茶为主的茶庄见有利可图，就纷纷效法，于是在漳州市场上形成武夷茶、安溪茶互争雄长的局面。而漳州本地长泰、平和、漳平、宁洋产的茶只能归为杂茶类。

漳州有实力的茶商往往在武夷山与安溪开垦有茶园。漳州茶叶经营者也很善于讲好茶故事，流传最广的一个大概是这样的：一个大茶庄重金聘用一经理人携带巨款往武夷山物色名种，一去三年才有音讯。东家以为采购茶叶数量巨大，遂事先召集很多挑夫在码头接应，谁知经理人一人独自而归。东家惊诧之际，经理人从身上取出一小包纸，其中只有三片茶叶。东家大怒，后将三片茶叶掷于庭院，适逢暴雨，竟成香茗，原来所采乃大红袍……

抗战时期，道路阻隔，经营武夷茶的奇苑等茶商受到挫折。而安溪由于地理距离近，加之一些安溪茶商为躲避匪患而迁移漳州，安溪茶一度占上风。这也就是张氏兄弟回国后选择漳州的缘故。

落户厦门

抗战胜利后，张源美茶行看到厦门营商环境的便利，遂将总行移

▶ 1953 年，张水存（左四）和
堂弟及张源美茶庄厦门茶行
伙计们的合影

至厦门。后来证明这个决策是正确的，业务得以蓬勃发展，家丁兴旺，
张源美茶行还可充分利用华侨回国探亲的机会向南洋各国推广自家的茶
叶。1947 年，鉴于业务兴旺，茶行实行新的管理办法："分房头经营，
自负经济盈亏"。张绵传负责福州、武夷山与香港业务；张水存主持厦
门总行；漳州、仰光业务分属于三房和四房。

　　分枝散叶带来了张源美茶行的黄金时期。张水存负责打理厦门业务
时才 20 岁出头，其时店里有十几个员工，店铺规模不小，茶行每年销
往缅甸的茶叶上千箱，每箱 36 斤。张水存坚持"品质第一、作价恰当、
勤于经营"的理念，很快就令茶行声誉鹊起，甚至超过一些老字号。而
同时期的泉苑茶庄在张伟人去世后陷入权力之争，兄弟之间一度拔枪相
向。张伟人长子张祖泽虽保住了位置，但其本人吃喝嫖赌样样嗜爱，且
害怕路途风险，懒得去武夷山打理茶园，最终导致茶行的存茶量不足，
只好从同行处采办。同行欺负他纨绔习气，往往以劣充好、以假充真。
家族内讧水火不容，茶庄管理混乱，效益不佳，只好刻薄对待员工。新
中国成立后，张祖泽遭族人联合举报贪赃枉法，被判处劳改两年。而张
家一大家子竟无一人能站出来担负经营祖业之重任。

　　不久，张源美茶行也出现了意想不到的巨变。厦门的业务随着公私
合营的完成而呈现另一种面貌，张水存的身份变为中茶厦门办事处的员

工。但不变的是，他对茶的执着。不论是后来当门店经理，还是在别的岗位上，他都一如既往地充满热情，于20世纪50年代末还琢磨出用煤炭烘焙乌龙茶的工艺，并在闽南地区普及，大大提高了功效。1974年，张水存在茶厂工作时，参与了茶叶烘干机高炉的改革，改进了以电代高炉送热风焙烤茶叶的方法。晚年，他还推出一本《中国乌龙茶》的书，其中记载了乌龙茶的过往与他亲身经历的家族岁月。

1953年，缅甸政府严禁进口外来茶叶，张源美茶行原来打算经香港输入茶叶的计划泡汤，故不得不经营当地土茶。1962年，缅甸实行国有化政策，张源美茶行被缅甸政府没收，不少华侨也远离缅甸而去。张彩云只好带领后人张树根、张华荣在缅甸北部的掸邦继续开辟茶园，制作茶叶，可缅甸的社会秩序一直不稳定，他们就只能艰难而顽强地生存着。1981年，福建省农业科学院茶叶研究所的郭元超等人在缅甸考察期间，目睹张源美茶行在缅甸按照安溪乌龙茶制作方法制作乌龙茶，商标有"宝国岩茶""正白毛猴"等。

日本学者须贺努多年来致力于中国茶旅，遍访中俄蒙万里茶道、海上茶路，包括东南亚国家的华侨华人茶叶老字号，如新加坡的源崇美，吉隆坡的建源、高泉发。马六甲有高铭发茶店，门面狭小，已经延续三代了。现任老板高培材最担忧的是茶庄能持续到什么时候，这也是其他茶庄担忧的。如今仍在缅甸仰光打理一家茶行的张彩云的孙子张丁国所担忧的，想必也是如此。

三都无街而有市

港因茶而生

福建宁德三都澳，可以说是因茶而生的海港。

这还要从清光绪二十五年（1899）说起。闽浙总督许应骙鉴于福建山多地少的省情，奏请"开拓利源"，在三都澳设立"福海关"。一奏就准，自然有值得玩味之处。那年的5月8日正式开关，次年就有茶叶从三都澳运往福州，起初数量并不大，只有3万担，毕竟茶商对新的运输路径还有点犹疑不定。但很快茶叶运输生意就兴隆起来，一度占福海

福海关关署

验货厂（磅楼）

修理工场

泰茂洋行
济美轮船公司
万顺春茶栈

邮政局
福成洋行
亚细亚洋行

操场及草坪

税务司公馆

太安轮船公司、美孚洋行等

帮办公馆

监察长公馆

▲ 载于 1913 年 8 月出版的《小说月报》第四卷第四号的三都岛全景（李伟 供图）

关货物出口总值的 98%，如史籍所载，茶叶"实为本埠出口货物中之独一货物"。三都澳是新设立的港口，配套设施欠缺，其他货物若经三都澳出口，搬运和储存都不方便，因此不便选择三都澳。而茶叶上市是与时间的竞赛，尽管有种种不便，也只能克服，毕竟它是北路茶叶运往福州的最佳途径。

"五口通商"之前，闽东茶叶外销要经崇安集结，然后再发向广州。清乾隆时期（1736—1795），福鼎人王家宾有诗《绿雪芽茶》云："崇安商人三月来，收买往往争先蹈。世人万事蒙虚名，武夷乃是太姥属。"由于历史沿革的原因，即便"五口通商"之后，亦有闽北客商来闽东收购茶叶。陈鸣鸾《福建福安茶业》（1935）载，清咸同时期（1851—1874），建宁茶商来福安坦洋收购茶叶，坦洋万兴隆茶庄始制红茶。

福海关，的确是有福之地，也确实为闽东茶业带来了厚厚的红利。论港口条件，三都澳是"中国第一，世界少有"的天然良港。港阔水深，外有岛屿环绕，湾内风平浪静。口岸有沙埕、三沙、赛岐、飞鸾等。经三都澳离港的茶主要转运福州出口，也有一部分不经福州直接运往外埠。福安绿茶一般由赛岐直接运往浙江瑞安，再转手至上海出口；福鼎有部分茶经沙埕口岸北上，经温州（瓯海关）至上海出口。

三都澳开埠后，英、美、意、俄、日等 13 个国家的 21 个公司在三都澳设立子公司或商行，如朋兴、同兴、西辉就是日本洋行。一时间，三都澳成了茶叶出口的主要中转港。1900 年至 1949 年的半个世纪，三都澳茶叶出口量最多时可占到福建省茶叶出口总量的 60%，多数年份都在 10 万担以上，1923 年更是创下了 14 万余担的最高纪录。可以说，福州港、厦门港茶叶贸易衰落后，三都澳继之而起，扛起福建茶行天下的重任。三都澳自开埠以来几乎只出口茶叶，这在中国的海外贸易史上是极为罕见的。与昔日茶为外贸出口大宗商品的广州港、上海港、福州港、汉口港相比，三都澳可算是名副其实的"茶港"。

三都澳西托蕉城，北依福安。其北边，可达福安的赛岐港。近代轮船业兴起后，赛江航运一度繁忙，那时的赛岐码头，日泊民船 100 多艘，闽东各地货物多由此进出。赛岐三江口以西是穆阳溪，溪水运输的终点是穆阳，是福安西部的货品集散地，可达周宁、政和、松溪等县。赛岐三江口以北是交溪航道，可通福安城关乃至于寿宁、柘荣以及浙江的泰顺、庆元等县。赛岐在闽东茶市中具有重要地位，也涌现出一些规模较大的茶行，如高旭记、阮泉益、合和春、协新春等。政府也在此设有各类机构，如福建省建设厅茶业管理局在赛岐设立闽东办事处，中国茶叶公司福建办事处在赛岐设有"包运管理栈"，对茶市实行监管。

潮起潮落之间，时光到了 1940 年 7 月，三都澳突遭日机轰炸，几乎瘫痪。此后再也不复往日荣光。1942 年 4 月 11 日，三都澳福海关降为"闽海关"的分关。其后又迁到赛岐，改称赛岐分关，下设罗源、宁德、福鼎、沙埕、八都等支关。1945 年 5 月 14 日，赛岐分关再降为一等支关，又于同年 9 月 1 日迁回三都，称三都支关，下辖宁德、东冲等支所。

▶ 福海关税务司公馆，是至今仅存的福海关建筑遗迹（李伟 供图）

1950 年，福海关关闭，三都澳另作他用。半个世纪的茶叶出口史的辉煌与坎坷，最终永远锚定在港湾之中了。

市因茶而兴

三都澳的腹地宁德，饮茶植茶历史久远。

1993 年，在霞浦沙江镇古县村发掘出土的晋代青瓷茶具五盅盘等，是福建饮茶历史最有力的物证。此后在福安出土的隋代青瓷茶杯、柘荣出土的酱釉茶盏等，已经昭示着隋唐时期宁德茶为食物，无异于米盐了。

宋代北苑贡茶鼎盛时，其辐射地域已经至今日宁德的部分地区。宋子安《东溪试茶录》、赵汝砺《北苑别录》著述中提及的"谢坑、苦竹、横坑"等地名，今天依然真真切切地保留着，就在屏南县的岭下乡，与南平市接壤，至今通建瓯方言，与北苑凤凰山的直线距离也就三四十千米。谢坑村有清道光二十一年（1841）的一块题匾"茶岭扬芳"，无疑是对其史上植茶之风甚盛的一个肯定。其实，宁德在明代以来就是福建的重要茶区，茶树遍布溪谷山林。宁德名茶亦层出不穷。

明代宁德籍进士林保童为家乡茶高唱赞歌，"品归陆谱英华美，歌入卢咽兴味长"，直接拿陆羽、卢仝来背书，有底气。清初，周亮工《闽茶曲》（十首）中有一首盛赞太姥山的绿雪芽。乾隆时，郡守李拔特别欣赏福鼎白琳茶、福安松萝茶，属僚嫌其表义含糊，要问个明白"究竟哪个最好"。他的回答竟是宁德支提茶。

晚清民国以来，宁德茶新品迭出，绿茶、红茶、白茶领域都涌现出了在国内外知名度很高的茶品。坦洋工夫、白琳工夫主要销往欧洲。福安淮山茶主要经上海销往苏联。霞浦、福鼎等地的莲心茶一部分销往越南。白茶经香港销往南洋市场。

三都澳的开埠，促进了宁德茶业繁荣，邑人的大量诗文足以验证。吴寿坤就在霞浦见到这样一幅场景："南北山头竞采茶，一肩便是好生涯。旗枪声价分高下，艳说茶商几十家。"的确，茶业利市，茶农受益，茶商弄潮，由此涌现出了不少著名的商号。屏南棠口村的万象春茶行，好的年景能收购 1500 担茶叶，并由传教士运销至英国。

民国时期，茶叶运输依旧是个大问题。既然是个问题，当然其中就蕴含着商机。宁德沿海的几个县城都有轮船公司，福鼎有左海、鼎孚、荣泰、谦益轮船公司，福安福寿轮船公司就是由福安茶商合资成立的，霞浦有福兴轮船公司等，大大解决了宁德茶叶往福州、上海、温州等地的运输问题。但从茶园到三都澳路途依旧艰难，要翻山越岭，要花好几天时间。福安茶区的茶叶输出，一般先是茶农肩挑至茶号，茶号再雇挑夫肩挑至上白石、社口、穆阳、城关码头，再以溪船运送，每条小船可载十几担至二三十担不等，至赛岐，过驳船再改换汽船或帆船至三都澳。如不在三都澳出口，可搭福寿轮船公司的轮船直接运至福州。屏南茶叶一般是先人力挑至宁德莒洲，每担每 10 里 0.2 元，共 1.6 元，再从莒洲沿霍童溪顺流至八都，再转至三都澳，每担运费约 5 元。茶号也体谅挑夫的艰辛，会适当发放一点福利。比如，寿宁县最大的商号复兴号常给挑夫、船工发放烟丝，用于路途歇息时缓解疲劳；茶叶一袋、红糖一块，用于路上解渴；蜡烛一两支，以便投宿或夜间行船照明之用等。

因为装载精制红茶用的是箱，所以红茶通常以"箱"为单位。箱由杉木制作，内套铅罐或白铁罐，罐内套以纸张，密封后再衬以棉纸，注明茶号，然后上漆、绘画，使之坚固美观，外销的加竹篾。箱子的规格一般是五五箱（每箱装茶 50 斤）、三五箱（每箱装茶 35 斤）、二五箱（每箱装茶 25 斤）。因为绿茶一般用布袋和篓装，内里包裹以竹叶，袋口扎紧，并加盖印记，所以绿茶以"件"为单位。至于茶梗、茶末，往往以"篓"记之。

茶叶生意的繁荣，促进了宁德茶叶金融的活跃，一些信誉好、实力强的茶庄还发行了茶银票。早在清咸丰年间（1851—1861），福安茶市初兴，有实力的茶商就尝试发行小额的茶银票，以弥补当时小额银币流通量不足的缺憾。当然，这并不是福安首创，全国不少地方为弥补钱币不足和应付流通的需要发行了代币券。比如，1925 年，天津巨商张子青就创办了中国丝茶银行，发行纸币。

茶银票不仅可在同号茶行、钱庄兑换银元，在茶产地的市面上也可流通，便于找零、买卖、雇工、采茶工资等结算，利于茶行经营。民国时期，福安县登记在册的茶商号六七十家，许多茶庄都发行了茶银票。茶银票一般面值较低，而当时市面上常见的钱庄票面值要高些。抗战时期，福建市场上还出现过一种茶流通券，这是国民政府金融当局为解决辅币不足而印制的，使用范围在江西、安徽、江苏、浙江、湖南和湖北等 7 个产茶省。

▲ 同泰春茶行于 1935 年发行的壹角茶银票左方为英国议会大厦，背面为茶行英文名称

▲ 宁德是福建省乃至全国主要的茶叶生产和出口地区，茶产业规模大，品种资源丰富，
出口历史悠久（大海峡图片库 供图）

坦洋村的工夫茶

福安是坦洋工夫的核心产区。其身世大致是这样的：早在清道光年间（1821—1850），福安、霞浦就试制红茶销往香港。清咸丰时期（1851—1861），坦洋村胡福四的万兴隆茶号试制坦洋工夫成功，次年各庄竞相仿效，茶香迅疾飘至海外。此后，茶商纷纷入山求市，洋行也不甘落后，周围各县茶叶亦云集坦洋村。

坦洋工夫名气很大，但坦洋村只是一个小山村，与福建乡间常见的两山夹一溪格局的小山村并无二致。村镇因茶而兴，这在福建茶业发展史上很普遍。寿宁之斜滩、屏南之双溪、政和之锦屏等亦如是。察势者智，驭势者赢，就看你能否把握商业的演化趋势。据载，坦洋村最多时大茶行就达三四十家，比如元记、宜记、福奎、冠新、裕大丰、丰泰隆，全村雇工3000余人。每逢清明采茶季节，坦洋村里熙熙攘攘，商贾云集，煞是热闹。歌谣道："茶季到，千家闹，茶袋铺路当床倒。街灯十里亮天光，戏班连台唱通宵。上街过下街，新衣断线头，白银用斗量，船舶清凤桥。"

从经营模式看，外商资本操纵的色彩还是比较浓厚的。一般流程是这样的：春初，茶商从福州的各洋行领取茶银（茶银用桶装，每桶1000元），待春茶、秋茶采制结束后，再运去茶叶。偿还期一到，不论茶叶价格高低，茶商都得出售。茶商在茶栈、洋行面前是没有话语权的，价格由茶栈与洋商定夺，过秤时往往又被克扣一笔。这也是当时中国茶叶竞争的一大软肋，无奈销售渠道掌握在洋商手上。茶商虽知道被鱼肉，但也只能打落门牙往肚里吞了。时人叹曰："吾闽之茶，徒为人作嫁"。闽茶如此，其他省份也不例外。

有记载说，1912年坦洋村外销的红茶超过5万担（海关统计数字显示，1912年三都澳输出茶叶超过11万担），这当是包含周边霞浦、屏南、周宁等地运至坦洋再加工或转手的销售数量。可见史上所说的坦洋工夫，不独福安一地所产制。同样，"闽红三大工夫茶"之一的白琳工夫也包容着寿宁、柘荣等地的工夫红茶，而不啻白琳镇独一份。而今，地理标志保护意识深入人心，成为一个衡量施政的重要政绩指标。这固然有其道理，但这是否大大缩小了历史名茶的外延，对"三茶"统筹是利还是弊呢？

▶ 坦洋工夫干茶（崔建楠摄）

百年前的坦洋工夫，就是一款世界名茶，外销至荷兰、英国、日本以及东南亚等 20 多个国家和地区。而今，提到坦洋工夫，人们最津津乐道的是坦洋工夫于 1915 年获巴拿马万国博览会金奖。但是文献记载的获奖者是"福安商会茶"，那么问题就来了，是坦洋工夫以福安商会茶的名义参展吗？答案几乎是肯定的，因为与福安商会茶一同获奖的几款福建茶多是以商号的名义参展的。福安商会当时呈递的茶叶除了坦洋工夫，还有别的茶品吗？

如今的长溪水虽再也不会漫上坦洋村的古码头，但坦洋村的茶香丝毫没有减退。每逢采茶季节，这里依然喧嚣，斗茶场面更是酣畅淋漓。就在茶人为争夺茶王挥汗厮杀时，溪对岸的老茶行横楼也在静静地注视着这一切。斑驳的身躯、雍容的气度好像在提示当今茶人：可以喧嚣，可以夺标，但最好给茶史留下来一点痕迹。历史记住一个人，不会因为他是谁；历史记载一件事，不会因为谁做的，而是因为这个人、这件事，与我们现在的精神或物质直接或间接地相关联。横楼恰如此，设在丰泰隆茶行旧址，由坦洋村武举人施光凌创建。从外观上看，有 3 层，每层11 开间，制茶与售茶均在此。抗战时期，福建省立三都学校内迁至坦洋村，横楼敞开胸怀接纳了这些颠沛流离的学生。

坦洋村故事多，有老故事，更有新气象。1988—1990 年间，习近平同志主政宁德时，4 次到坦洋村。1990 年 5 月，习近平离任宁德地委书记时，专门来到他的农村党建联系点坦洋村交接工作。"原想安排一段时间到村里住一阵，走走家，串串户。没料到这次走得这么匆忙，心里很遗憾。"习近平向当地干部群众袒露心扉，"喝过坦洋工夫茶，人走情常在。"

▼ 横楼（宋经 摄）

从《白云山赖家制茶图》说起

通草画

2013 年 10 月，在英国伦敦举办的一场拍卖会上，出身于福安白云山制茶世家的赖培华竞拍到通草画册《白云山赖家制茶图》，一时在宁德茶界成为热门话题。该通草画册上有醒目的年款，即"大清光绪癸卯年桂月"，也就是 1903 年的农历八月。该通草画册画面清晰、色彩鲜艳，形象生动地再现了百年前白云山下的制茶景象，为晚清以来白云山茶业经济的繁荣又添一佐证。茶叶销售收入是白云山麓不少村民的重要经济收入，蟾溪村立于清同治十年（1871）的两块茶碑透露了当时农村植茶情况。村民为保护茶园，订立村规民约，以茶叶收入雇人看管茶园，并立碑以记，传之子孙。

值得一提的是，赖家制茶技艺衣钵相传，至赖培华已经是第四代了。2016 年 1 月，"赖氏红茶制作技艺"入选宁德市第五批市级非物质文化遗产名录。2017 年 8 月，赖培华被认定为宁德市第五批市级非物质文化遗产保护项目"赖氏红茶制作技艺"代表性传承人。而今，"赖氏红茶"正以高品质的形象走向世界。

至于绘制《白云山赖家制茶图》所用的材质——通草，就富有历史深蕴了。通草，是从通脱木树上提取的一种类似纸张的绘画材质，质地较普通画纸厚而硬，着色容易且经久不褪，所绘图案有很强的立体感。"一口通商"后，当时在广州的西方商人、传教士、画家在做生意或传教的同时，也在观察中国风情，并急切地将所见所闻传递给远方的亲朋好友。东西方文化的碰撞，创造出了一种兼具中西元素的通草水彩画。大凡衣食住行、婚丧嫁娶、花鸟草虫、风景园林等都被纳入画中，使之具有很强的写实性，于无形之中全景式地记载了广州社会风情，于无意中承担了向国际社会讲述中国故事的角色。很多作品对当时中国社会情景的展现系统而细致，以茶来说，就涉及植树、浇水、采摘、炒制、烘焙、装箱、茶箱上彩、卖茶、品鉴，可谓全程记录，极富历史价值。

19 世纪 80 年代，通草画产业达到巅峰。直到 20 世纪初，这个被誉为"寄往海外的中国风情明信片"才慢慢退出历史舞台。

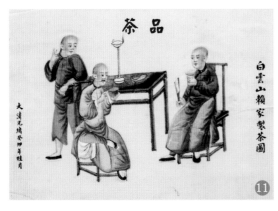

▲《白云山赖家制茶图》的内容包括福安白云山赖家从种茶到售茶的整套工序，分垦地、栽茶、落肥、采茶、晾青、筛分、捻茶、过红锅、官堆、拣茶、品茶、卖茶12个画面，一画一工序，环环相扣，描绘了全套传统制茶工序（赖培华 供图）

"走水过火"的美学

《白云山赖家制茶图》是通草画中不多见的福建元素，虽反映的是白云山地域茶叶从栽植到销售的全流程，但实际上也是福建茶叶生产的一个缩影。

民国时期，福建茶叶生产承继了清代以来的传统，虽开始引入机器作业，但仍以手工为主。传统的茶叶制作流程一般有两个过程。一是茶农粗制，即制作所谓的毛茶。制茶工具简单，不外乎"一釜数筛"，制作时节男女老少齐上阵。毛茶要经过筛分、扇簸、拣剔、焙火等主要工序才成为精茶。二是茶号再精制。

制茶有两个工具是必需的，即锅与筛子。筛分时，先用筛孔最疏者，筛下者有一个很雅致的名字叫"吊雨"。茶叶虽无言，却时时诠释着自己的美学。再如"走水"，就是晾青、晒青、烘焙中蒸发水分。筛下者多为碎末，谓之"渣雨"，留在筛面者自然是"茶珠"。筛底依次由疏至密，约10次，因此还有粗雨、中雨、小雨、芳雨之分，最后是末。

晚清民国以来，即便是稍微有规模的茶号，制作设备亦简陋，基本架构是烘场、作场、拣场、储备等。茶厂的规模就大多了，设备亦齐全，有完整的组织架构，职位有经理、看货（负责收购毛茶）、掌称、庄客（外出采购）、账房、掌盘（厂内总管）、焙筛扇拣等技术工人、杂役等。制茶繁忙时节，雇佣贫家女拣茶是一大场景。晚清民国时期，福州南台茶栈和茶行雇佣的拣茶女每天报酬一两百文，虽微薄，但不如此，又到哪讨生活呢？那个时代流行的竹枝词多有记载此事，如闽清人刘玉轩有《挑茶妇竹枝词》《拣茶女竹枝词》等。

新中国成立之前，大部分茶区采用手工制茶，是相当辛苦的。福州罗源县七境茶区有一首民谣形象地道出当时茶农的艰辛："日中（白天）满山跑，盲晡（晚上）起茶灶，脚企（站）肿，手起泡，茶叶下，老命去半条。"自古制茶多艰辛。武夷岩茶制作中做青、焙火的师傅必须控制好制茶环境的温度、湿度、气流，调动全身的每一根神经感悟茶叶的生理变化，工作时夜以继日，几乎无充足的睡眠时间，对体力、精力是个挑战。采工、筛工等也不敢懈怠，时时遵守神圣的铁律。所以，制茶人都是艺术家，长期的艰辛磨炼成了一种修行与坚守，一片片普通的树叶，经人手的揉捻，入铁锅温炒，"走水过火"，于死去活来中脱胎换骨，

▶ 一味好茶来之不易，背后尽是制茶人的坚守与付出（图虫创意 供图）

涅槃重生。沸水冲滚，茗香四溢，等到归于平静，喷薄而出的是神奇的生命激情。那布满时间的创痕，饱含着向上的能量，给人以自信与力量。一片片树叶演绎的自然与劳作之美，承载着中国历史文化之精气神。

1939 年的一份资料揭示了当时福建红茶制作成本，大体有这么几类：

1. 原料费（毛茶采购费）

2. 制造费（工薪、燃料费）

3. 包装费（木箱、锡罐、篾包、纸张等费用）

4. 运费（挑工费、船运费、水陆转运费）

5. 管理费（厂租、仓储费、器具费）

6. 其他费用（损耗费、税捐、检验费、代报费、利息、保险费）

如果是出口，还要加上另外的包装费。据 1935 年的统计资料显示，每箱包装用铅 3 斤半，计价 6 角，焊锡、钉子、桐油、纸张等费用，共计 1 元 2 角左右。以崇安为例，采购小种毛茶约 42 元（箱子的规格是二五箱），制造费 14 元，包装费 2.5 元，运费 2.7 元，管理费 1 元，其他费用 2 元，合计约 65 元。而工夫红茶的制作成本比小种毛茶低很多，基本上原料费约占总成本的三分之二。

白茶出福建

清光绪十七年（1891），传统的茶叶出口清单中悄然出现了一张新面孔，而这个新面孔一出现就与众不同。

那就是白茶。白茶身世朦胧，甚至神秘，与几位"长兄"最显著的不同是，其问世以来一直以外销为主，国内市场上一度很少看到，特别受南洋市场欢迎。这一跨越就是100多年，乃至于现今人们提到白茶，常誉之为"墙内开花墙外香"，这显然是有一定道理的。

白茶亦"高贵"，即白茶市场价格高。晚清民国的福建茶市，主要销售的是红茶、乌龙茶、绿茶、白茶、茉莉花茶，还有大量的杂茶，包括茶头、茶末、茶子、茶梗、茶粉、茶珠、碎茶、茶片等。而白茶价格最高，尤其是其中的银针价格似有鹤立鸡群之感。比如，茶价因时而不同，红茶、乌龙茶、绿茶每百斤头春30元、二春20元，夏秋茶15元，而同期的银针，高者可达200～250元。

福建于1941年的一份结汇侨销茶价格资料显示：福鼎白毛猴、莲心72元/担，政和白毛猴72元/担，建瓯乌龙55元/担、水仙60元/担，武夷水仙75元/担、赤石莲心65元/担，水吉莲心45元/担、乌龙45元/担、水仙50元/担，闽北白牡丹80元/担。其中，白毛猴、白牡丹属于白茶家族。

白茶制作工艺简单，只有萎凋与干燥两道工序，也就最大限度地保留了茶中的茶多酚、茶氨酸、黄酮、咖啡因、可溶性糖等原始风味。工艺虽简单，但操作起来并不易，其春天怕发黑，夏天怕发红。

白茶中的银针，是白茶中的极品。茶如其名，翠绿的芽身满披银色茸毫，芽长近寸，毫锋毕露，纤细柔嫩。茶芽长而细，不适于制作白毫银针者，则用于制作白毛猴。而今，国内白茶市场上，白毛猴几乎不复存在。仅次于白毫银针的是白牡丹，与白毫银针一样，也采用大白茶茶树品种制作。再次者是贡眉，传统的贡眉由小菜茶品种制作，现在的市场总量不大。市场上最大量者是寿眉，民国时多用莲心绿茶茶树制作。茶农一般采头春嫩芽来制作寿眉，取二春、三春的制作莲心。莲心作为绿茶，如今在市场上已难觅踪迹了。而寿眉茶饼是当今福建紧压茶的典型代表，原料多为大白茶与菜茶的低级鲜叶。

白茶是福建对世界茶业的又一贡献。但白茶具体发源于何处，后

◀ **明前白茶初展芽（视觉中国供图）**

世还未有定论。现有两种比较有代表性的意见：一是认为发源于建阳漳墩镇桔坑村南坑。清乾隆时期（1736—1795），由当地茶商世家肖氏以当地菜茶幼嫩芽叶制成，俗称"南坑白"或"小白"，因其满披白毫，故又称"白毫茶"。二是认为先由福鼎开始，以后传到水吉，再传到政和。清咸丰七年（1857），福鼎点头镇柏柳村张阿河在田岸发现一株芽心银白的茶树，然后将其繁殖，定名为福鼎大白茶。两种说法都有文献作为支撑。或许，白茶的起源地并非一处，大可不必争个正宗、唯一之类的名头，倒不如思忖如何将福建白茶产业做大做强，方不辜负先贤"茶行天下"的胸襟。

至于有些茶人把白茶起源无限追溯，则未免荒唐。诸如把宋徽宗《大观茶论》中"白茶自为一种"的论述搬出来作为依据，是否陷入概念混淆与逻辑的误区？茶叶分类是以制作工艺区分的，宋代的制茶技艺与今天的白茶完全风马牛不相及。徽宗笔下的白茶，条形舒展，叶片莹薄，崖林之间偶有一两棵树种，估计是树种变异，宋代茶著多有记叙，不过如此。

进入 21 世纪，白茶开始在国内走俏，这与福建主要的白茶产制县市大力宣传推广分不开。福鼎市首先打造"福鼎白茶"的公共品牌，并先后与政和、建阳完成了白茶的地标保护。不太懂茶的人似乎也对白茶"一年茶，三年药，七年宝"的说法耳熟能详，足见福建茶人推广之功。而对于茶叶的药用价值，消费者自当客观、理性、全面地去看待。虽然茶叶本身是可以周期性生产的，在历史上也曾具备货币属性，但茶叶是否具有收藏价值、金融属性等，当细加思量。

落日余晖里的一声长叹

福州茶港兴盛时，福建的"种茶热"也被推进到了一个新的高度，却也带来极大的负面效应。闽江上游的闽北地区种茶之风甚炽，植被遭到破坏，水土流失，结果是"梯田尽废"，常常引发洪涝，直接殃及下游的省城福州。福州籍高官陈璧就屡屡慨叹，过去二三十年才发一次洪

▶ 来福建，当饮一杯老白茶（图虫创意 供图）

水，如今则年年不断。但慨叹却没能阻止茶香盈城，从闽东山区前往福州的挑夫们依旧经北门一路"咿呀咿呀"径往南台。

不祥的 1880 年

时光不知不觉到了 1880 年，也就是后世确认的福州茶港分水岭的那一年。统计数字告诉人们，福州出口量虽达到了 80.2 万担的历史峰值，但出口额却减少了 122 万海关两。不祥的数据很快发酵，次年，大量资本退出福州茶市。茶叶市场行情变化不定，福州茶商的心情也如坐过山车一般。1886 年开市时一片红火，可很快茶价就疲软，整整一个茶季里，茶市都萎靡不振，茶商一结算，腰包瘪了不少。到 1890 年，输出量只有 39 万担。海关税收减少，茶行开始破家败产。这一切都预示着一个可怕的结局：福州港茶叶飘香的日子要结束了。当然，不独福州港，上海港、汉口港亦然，只是时间稍后了几年。准确点说，是中国传统茶叶贸易开始走向衰败，乃至于民国时期也一蹶不振。

1886 年创下的中国茶叶出口 238 万担的纪录，整整过了一百年才被追平。

"年年茶价贱如土，日日买茶卖与谁？"福州港见证了中国传统茶业落日时段最绚烂的余晖。此时的中国茶业，亦如那时的中国，站在了一个十字路口。是在哀叹声中沉沦，还是知耻后勇，救亡图存？好在中国自古就不乏"众人皆醉我独醒"的睿智者，虽然他们的声音可能被淹没，举止遭到嫉妒，甚至自身被放逐，但他们仍理智地在思考：问题出在哪儿，怎么去应对？有意思的是，这时期的一次科举考试的试题就关乎茶业改良计策，不知举子们向光绪皇帝献出什么良策？

世人对于传统茶叶贸易走向衰败的原因，好像没有太多的歧义。无序竞争、以次充好、制茶技术落后、茶叶品质下降是内因，而同期在亚洲的南部悄悄崛起的两个强大的竞争对手是外因，这就是印度与锡兰。这两个国家的茶业发展模式与中国传统的小农作坊式的运营模式完全不一样。这两个国家的茶业有资本助推，从栽培到制作注重科技因素，对茶园进行精心管理，市场化运作，采用现代流通方式等手段，这一切都令中国茶业从业者们感到很陌生。

他国之路

"中国茶叶"走出国门，却演绎了一条与"中国茶业"完全不一样的道路。

茶被引进到日本、南亚、欧美等地，就与中国国内有明显分野，地域文化、现代科学的认知、资本的力量、技术元素和现代化的生产组织等，充分渗透进茶业生产与消费过程。一时间，诸多制茶机扎堆问世，如筛分机、揉茶机、干燥机、萎凋机、蒸青机、碎茶机、拣茶机等。比如，1668年，日本的高林谦三就琢磨出了焙茶机。1774年，英国人约翰·瓦丹获得史上第一个茶机专利。印度茶业协会于1900年就设置了科学技术部。而同期的中国，被茶叶的卫生、掺杂使假、假冒伪劣折腾得焦头烂额。政府无力解决，茶商只好尽力而为之。比如，当时福建的不少茶行只好在外销茶中放置一张英文版的打假声明，坦陈"自家茶叶出自老师傅之手，制作精细，不含灰尘杂质，有不法商贩冒用名号，敬请留意……"难道凭着一纸声明，老外就能分辨个明明白白？

在现代工业生产方式面前，传统的小农作坊岂有不败之理？1889年，中国茶叶对英出口量首次被印度超越。次年，立顿，也就是而今世界知名度最高的茶企问世。

清光绪三十一年（1905），清廷南洋大臣、两江总督周馥为挽回茶利，派江苏道员郑世璜赴印度、锡兰取经。郑世璜也就成了中国官方出洋考"茶"第一人。此举在当时应是一件大事，否则也不会在次年周馥与夫人庆七旬双寿时，福州人陈季同、陈寿彭兄弟的贺寿词中有一条就是"派员至印度考查种茶制茶诸法"。这篇盖棺定论似的祝词是由陈寿彭之妻薛绍徽代拟的。

不耻下问，向当年的"学生"学习，也是一种勇气。比如，康特璋，自筹资本，设立红茶公司，取印度、锡兰之长，改革传统制茶方法，产品以外销为主，誓在国际市场与印锡之茶一较高下。

一个茶商身上尚且闪耀着一个民族的精气神，中国茶业岂会长期沉沦？及至民国时期，茶人们都在反思传统茶业为何一蹶不振，并为复兴茶业而孜孜矻矻。

长吁短叹之后

百多年过去了，现在回过头来客观看看当时茶商的应对之策，发现其依然摆脱不了传统思维的窠臼，祭出茶业公会组织。上海、汉口的茶业公会组织的力量都很强大，并且在与洋商的博弈中时不时争回了自己的利益。1872 年，上海洋行不遵守交易规则，首开过磅不付银先例，上海茶、丝两业公会迅疾联合抵制。洋行起初不当回事，也联合起来反抵制。经过焦灼的拉锯战，洋行终于在茶业公会强大的压力下妥协了，当然，上海茶业公会也做出了让步。1883 年，汉口茶业公会强行推行新交易规则——公证人监督制度、统一称量标准，违者严惩。洋行立即做出反应，最狠的招数就是停止购茶。汉口茶业公会怎肯示弱？双方就这么僵持着。最终还是洋行先做出让步。类似这种博弈的优势，实际上只是中国茶业公会利用洋行直接在中国收购茶叶既不便也不现实的软肋，控制了茶叶货源而获得了要价能力。但国际市场上，运输和销售则完全在洋行掌控中，洋行凭借运输优势、金融优势等垄断着茶叶出口权。比如，对外贸易中，汇率是一个很重要因素，洋商很会利用汇率捞取好处，而中国茶商只能望洋兴叹。

中国的茶业公会、茶商更不会想到的是，"洋商＋茶业公会＋茶栈＋茶农"的茶叶贸易制度实际上是以牺牲中国茶业发展为代价的。近代中国茶业低水平重复，甚至恶性循环，都是这一制度衍生的。比如，茶农收入微薄，就无力进行茶园精细管理；而管理不到位，产量与品质都会下降。外国的竞争者于是经常抓住中国茶叶"不洁"大做文章，其实真的是"不洁"的问题吗？行业上游设置多种规矩，盘剥下游，而下游为维持生计，便投机、作假，无所不用其极，哪有心思琢磨产品质量？各类公会、茶帮组织等分割了市场，造成市场封锁，有损于他们利益的一概强烈反对。1931 年，南京国民政府设立茶叶检验局。本来这是一件促进中国茶业向现代转型的举措，但没想到反对最激烈的就是那些各地的茶业公会，真是令人大跌眼镜。战时茶业统制政策甫一推出，福州市场上的茶栈即联名，通过闽侯县商会递呈延缓执行的抗议信息。

清廷糊涂颟顸，显然无法从行业发展角度构建一个有利的国家环境。有清一代，国门时断时开，最后被迫开放，但心理上的封闭像一个锈烂的锁，怎么都打不开。茶叶贸易的恶化，动摇了清廷的经济支柱，银子只出不进，清廷只能在风雨中飘零了。

▶ 尽管面对着重重考验，但一代代福建茶人依旧知难而进，在不懈奋斗中赓续中国茶业的血脉（陈建石 摄）

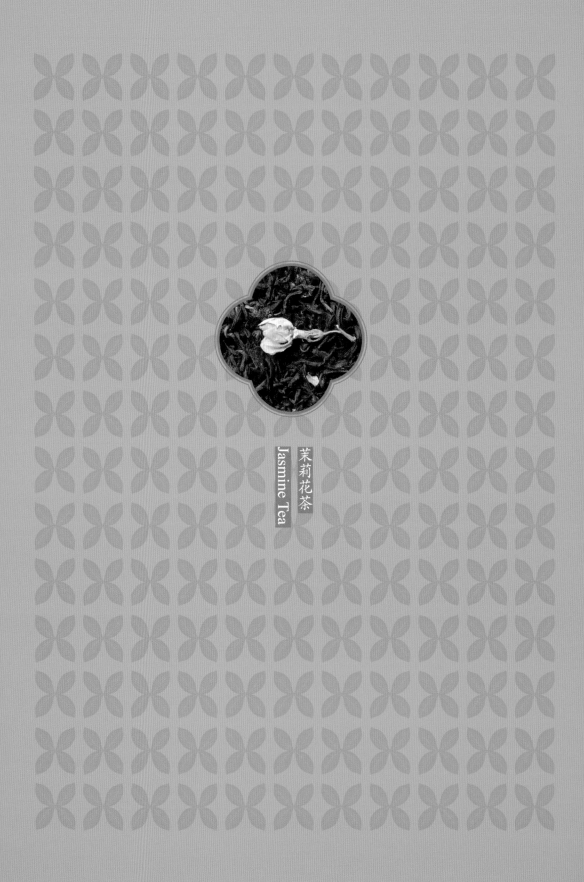

茉莉花茶
Jasmine Tea

茉莉花香逗碧幢。

试茶细啜曼生壶。

潘榕《猫儿坠·其一·题瓜李茉莉花茶壶画扇》

艰难走向现代茶学

民国时期，尽管传统的茶业体系基本走向崩溃，但茶人们仍积极寻求复兴之道，进行茶业改良，发展茶业教育，力争向现代转型。

全民族抗战期间，福建茶政服务于国家大局，配合政府的统购统销政策，制定了许多切实可行的对策。诸如，直接贷款给茶商的金融支持办法；防止福州沦陷后存茶资敌的存茶管理办法；积极配合政府在国家层面上组建中茶公司；开展茶树更新运动，为战后中国茶业勃兴做准备。

民国茶业困局殷鉴不远，值得我们思索与关注，以便我们应对茶业发展中的不确定因素。

During the Republic of China, although the traditional tea industry system almost collapsed, the tea enthusiasts still actively sought the way to revive it. They embarked on tea industry improvement, developed tea education, and worked towards modernizing the industry.

During the Counter-Japanese War, the administration of Fujian tea industry served the nation by cooperation with the government's policy of unified purchase and marketing. The administration formulated many practical strategies, including the financial support method of direct loan to tea merchants; measures for the management of tea storage to prevent the enemy from tea resources after the fall of Fuzhou; active cooperation with the government to establish China Tea Company at the national level; carrying out the tea tree renewal campaign to prepare for the prosperity of China's tea industry after the war.

The former example, the dilemma of the tea industry during the Republic of China, is not far away, which deserves our consideration and attention, so that we can deal with the uncertain factors in the development of the tea industry.

▲ 福安是"中国茶叶之乡"，植茶历史有千年之久（刘榕钦 摄）

茶商叹于市，茶农叹于野

外销绝境

沿着晚清颓圮的惯性，中国茶业无奈地坠入民国。而民国的这杯茶更为苦涩，几乎为泪与血所浸泡。

"民主共和"时代的来临并没能阻止中国茶业的凋零与衰败，相反，民国时期军阀割据，外敌入侵，土匪猖獗，经济凋敝，加之全球性的战火与经济危机的肆虐，这一切都无情地摧残着祖先遗留的家业，乃至于喝茶成为一种奢侈。这些不提也罢。

在国际市场上，竞争对手的挤压日甚一日，中国茶叶的生存空间更加逼仄。晚清时，日本就挤兑中国绿茶市场，民国时更是变本加厉。红茶、砖茶销量也是一蹶不振。中国茶叶的国际市场占有率一度只在可怜的 6% ~ 8% 徘徊。厦门港的茶叶出口量，多数年份只及清末鼎盛时期的十分之一。外销市场萎靡不振，茶叶价格"跌跌不休"，恶性循环中，不顺的事情接踵而至，茶商、茶农遭受损失，茶园面积大幅度萎缩，茶号锐减，有些市场上倒闭者竟达 90% 以上，仅存者亦惨淡经营。

日本在明治维新后即窥视中国北方茶叶市场，日俄战争后更是大肆向东北推广日本茶，并顺势撬开了中国茶叶市场的后院——俄国市场。北非的摩洛哥、突尼斯等国长期消费中国茶，此时市场也被日本渗透。日本在侵华战争时期蚕食与掠夺中国茶业的行径极为歹毒，不仅大量仿制中国茶，向中国输出日本茶，更为恶劣的是，专门拍摄了中国茶叶制作中不卫生的影片到处播放。在沦陷区，日本一旦发现质量好的茶叶即肆意抢夺，然后贴上日茶标签，在国际市场招摇撞骗。珍珠港事变后，日寇全面封锁中国的出海口，茶叶出口受阻，中国茶业遭到毁灭性的打击。日本投降后的几年，中国茶业急骤萎缩，与历史最高年份相比，有霄壤之别。

整个民国时期，福建茶业虽比兄弟省份好一些，但总体上也是惨兮兮的。以福建重要茶区福安角逐国际市场为例：

1915 年，国际市场还不错，经营者多获利。

1916—1918 年，一战时期市场逐渐疲软。

1919 年，一战后国际市场一片萧条。

▲ 福安北门茶场（李宇青 摄）

1920—1921 年，国际市场依然不景气。

1922 年，市场有所起色。

1923 年，出现难得的旺市。

1924 年，稍逊，但也利市，经营者多有获利。

1925 年，茶叶价格大跌。

1926—1927 年，茶叶市场波澜不惊。

1928—1929 年，市场出现疲态。

1930—1931 年，市场有所转机。

1932—1933 年，市场惨不忍睹。

1934 年春，略显起色，但立即又现疲态，简直像乘过山车一般考验心脏的承受力。

当时的海关留下了有关福建茶叶输出的翔实数据，可一窥那个时代茶业的无奈：20 世纪的第一年即 1901 年，尚有 30 余万担；随后总体是下滑的，日本全面侵华，中国产业遭到灭顶之灾，到 1939 年只有 11 万担了。

福建茶叶输出情况波动不定，但大多数时期仍占福建出口总值的30%以上，在出口品中常年牢牢占据第一宝座。迨至第一次世界大战，伦敦茶市停闭，中国茶被禁止输入，福建茶叶出口业务遭到重创，1919年出口总值占比首次退居次席，尽管当局采取了茶叶出口免税等政策，但仍旧遏制不住下滑局面，出口占比一度跌至第三位。直至1925年中苏贸易恢复，北非市场开辟，闽茶出口业务才有所起色，终于1930年又恢复到出口占比首位。二战前，茶叶出口值一度占福建出口总值的40%以上，1932年更是创造了49.9%的惊人纪录。

二战后，世界经济狼藉一片，英国限制进口中国茶；法国更甚，直接取消进口中国茶；美国市场红茶价格持续低迷。

茶乡生计

民国时期，福建茶区东西南北四路是以福州为中心划分的，即北路茶区，基本等同于今天的闽东地区；西路茶区就是闽北地区；南路茶区以安溪为中心，涵盖了今天的闽南、闽西区域；福州掌领东路茶区。

福建茶产品有红茶、乌龙茶、绿茶、白茶、花茶、砖茶几种，且品类不断出新。比如，由于茶人游走，在"闽红三大工夫茶"的基础上，不少地方推出了自己的工夫红茶，有福清工夫、闽侯工夫、邵武工夫、光泽工夫、沙县工夫等数十种。绿茶中也有些佳品，如莲心茶、峨眉山茶、淮山茶等，是当时市场上的主打产品。

因为茶户植茶沿袭着清代以来的格局与技术模式，零星分散、品种不一、技术含量低，所以产量稀少，不少茶户毛茶产量就一两担，一二十担者就是大茶户了。因为植茶过程中社会组织化程度低，所以流通交易中就离不开茶贩、茶行、茶栈。

1936年茶业管理当局的一份统计数据显示：

福建茶农有107553户、361421人。这是个什么概念呢？也就是分别占全省农户与人口总数的6.46%与4.04%，较1915年的183695户下降幅度不小。

茶户最多者为福安（28000户），其次是宁德（17940户），后面依次是寿宁（7632户）、周墩（7000户）、福鼎（6630户）、政和（6110户）、水吉（6000户）、安溪（3465户）、崇安（2400户）、建瓯（1940户）、建阳（1169 户）等。虽说是茶户，但其实绝大多数者并非以茶营生，而专事茶叶者估计只有 5000 户，集中在安溪、崇安、福安等地。

全省栽植总面积 54 万亩。有的年份统计面积大一点，也差不多 60 万亩，基本相当于今天茶业大县安溪的种植面积，或者当今日本全国的植茶面积。

1946 年，福建省政府建设厅经济研究室调查战后福建茶叶产量的资料显示，花香茶 13000 担（其中，5000 担是皖浙茶，在福州窨花）、红茶 7000 担、乌龙茶 8000 担、绿茶和白茶 3000 担、茶梗茶末 4000 担，未精制的红茶和绿茶等六七千担，总量仅及战前的 15%。此时，茶界有识之士着手贷款设厂，准备大干一场，谁知接下来的局面更为艰难。

彼时的福建茶情是中国茶业的一个缩影。茶叶开始在世界普及，茶香开始弥漫在不同肤色人群的唇齿之际，中国人的茶杯却无比尴尬，无比苦涩，给后世留下了太多的哀叹与思考。

财长的茶厘之困

1935 年，福建省财政厅厅长陈培锟到闽北调研民生情况。4 月 10 日，他在建瓯了解当地的茶税情况，竟如坠入云雾间。原来，仅仅不属于省库征收的"捐"，就名目繁多，他只好一一记录在日记中。

名目	征收率	征收机关
马路捐	每斤 2 文	市政委员会
教育捐	每斤 2 文	教育局
水警捐	每箱大洋 1 分	水警分住所
查验捐	每箱大洋 3 元或 6 元	崇安县茶捐征收所
学务捐	每斤 2 文	市政委员会
市政委员会	每斤 2 文	市政委员会
保卫团捐	红茶：每担大洋 1.6 元 白茶：每担大洋 1.3 元 绿茶：每担大洋 0.8 元	政和县保卫团
保卫团捐	每斤 2 文	水吉保卫团

（来源：根据陈培锟日记所述内容整理）

民国时期，税捐多并不见怪，只是一省财赋之最高长官竟陷入一县的捐税征收困局，这就令人纳闷了。

辛亥鼎革之际，执政者虽也顾及了茶业对中国的意义而欲振兴，但终无暇着手实施，以致民国茶业管理一开始就被动地承袭着清朝的模式。

晚清发生变局，财政异常吃紧，从朝廷到地方，都把手伸向茶业，表现之一就是茶厘的产生以及名目繁多的捐派。

厘金是清咸丰三年（1853）设立的，最初是作为筹集军饷的一种临时性税种，原定天下安宁后即废止，结果太平天国的战火熄灭了，厘金反而被锻造得犹如铜墙铁壁似的，谁也撼不动。左宗棠督闽时期，福建厘金已经很普遍了，时人就有"逢关纳税，遇水抽厘"之说。

茶厘属于厘金的一种，是许多地方官府的主要财源，地位非常重要。如著名的皖南茶厘局，其总办就由两江总督亲自任命。皖南茶厘局设在产茶之地屯溪，两江总督管辖期间，每年征库平银30多万两。由此可见，茶厘是块肥肉。尽管清廷走向衰亡的最后几年里，茶叶贸易惨不忍睹，但官府仍死死咬住茶厘不放。

厘金产生后，福建就设立了茶税总局，各产茶区置茶税局。福建茶税征收，"计量不计价"，即无论茶叶品质优劣，都以百斤为准则课以同样的税额，而杂茶酌减。茶税额含两项：一是起运税，每百斤茶缴纳正税银1钱2分，随征火耗银3分5厘，正税补水银1分等，纳税完毕，领取执照；二是落地税，但各个关卡标准不一，有的按照"箱"计，有的按照"袋"计，大概每百斤20多文。厘金产生的最初几年，福建厘金全部是茶厘，足见茶之于福建的意义。清咸丰四年（1854）为8714两，清咸丰五年（1855）为14098两，清咸丰六年（1856）为52102两，清咸丰七年（1857）达160717两。随后扩展到其他商品，但茶厘所占份额一直没有低于40%。

厘金，顾名思义，本来应只抽取1%，可清廷财政窘迫，每遇重大变故，茶叶税率便出现突破。甲午战争须筹款，只好"增设茶叶二成捐"；庚子赔款，"各省加派，又加抽茶叶三成捐"。清光绪十三年（1887）之前，福建茶捐不低于90万两，可至清光绪二十七年（1901），只有20多万两了，茶业衰弱之情状可见一斑。

厘金制沿袭至民国而有所变革。1924年，福建茶税由财政厅招商包办（实际上是由商人承包），总局设在宁德三都，产茶地置分卡。

1924—1930 年，闽东茶区年茶税额达二三十万两，厦门周边为 7 万两左右，闽北为十一二万两。

茶厘之外，各类名目的摊派才可怕。比如，福建延平府局管辖的茶叶税收名目，除厘金外，还有验照费、验箱费、报票费、找单费、小验费、船费、补底费等。其余地方也不乏"地方特色"的捐派，如福州就达 24 种之多，着实令人骇异。从武夷山运往福州的茶叶，按照厘金章程，共课税 4 次。第一次是在建宁征收"起厘"，厘金局开具起票收据。第二次是在延平，厘金局根据前述情况征收"初验厘"，开具收据。第三次是在水口，征收"二起厘"。第四次是在竹岐，征收"二验厘"。

厘金的名声素来不好，有人称其为"清代最大的恶税"。太平天国时期，曾国藩主政两江时增加税卡，后继者李鸿章嫌烦琐，采用落地税，以实效为主，即在茶产区设立关卡，驻扎兵勇，清明节设局卡，白露时撤卡，时人戏谑称"来清去白"。

厘金之弊，首要在于处处设卡，节节留难，标准不一，手续烦琐，因税额高而导致一些商品滞销，引发商行倒闭歇业，人人深恶痛绝，斥之为"知有财而不知有政"，行之内地则病民，行之商埠则驱民，无不呼吁取消而后快。1928 年，厘金被裁撤。1931 年，海关免去茶叶出口税，以便与他国竞争。

尽管后世评述中国近代茶业之失败，所述原因众多，但捐税繁重这一大罪状却无人有异议。

一切始于博览会

博览会是典型的舶来品，随着近代西风东渐而进入中国人的视野。很快，有人意识到博览会这个洋玩意大有裨益。原来，其时"实业救国"思潮比较流行，博览会首先契合了实业家的愿景。有人将其重大作用归纳为 8 条：联交谊、扩物产、奖人才、察商情、广贸易、增关税、兴商地、除积习。显然，这仅仅是从商业角度来说的。其实，博览会对晚清民国社会文化观念的冲击才是它迅速在中国广泛流行开来的根本原因，于是就出现一个很奇异的现象，即在那段社会动荡、政权更迭如走马灯、各类风潮令人眼花缭乱的时期，中国人对博览会竟表现出惊人一致的热情。袁氏当国、国民政府执政时期都热情拥纳。

通过博览会，中国人冲破了孤陋寡闻、妄自尊大的心理，视野上、精神上受到前所未有的冲击与震撼。随着时间的推移，我们越发清晰地认识到，博览会是中国人认知世界的一次大飞跃，甚至是真正认识世界的起点。有人评价说，正是通过博览会这个载体，近代中国人才真正产生了清晰的"国家"意识，民众首次萌生了能代表中国的新型的"国家"出现，而不是一个个不断更迭的王朝。可以说，博览会是近世中国现代化的一面镜子。

中国参加博览会翻过了坎坷和屈辱的一页。早期完全是由海关代理，但海关权力操纵在以赫德为首的洋人手里。中国展馆的布置与主题，核心元素竟是"农业"与"王朝"。从1873年的维也纳博览会到1905年的列日博览会，32年间的28次博览会都是由洋人来代表中国参加，连中国的驻外使节都被排斥在外。后来经过士绅、官员、商人、留学生等长期不懈的斗争，中国人自己终于夺回参加博览会的权益。

美国为纪念巴拿马运河通航，定于1915年举办万国博览会，并向中国发出了邀请。刚成立的北洋政府认为这是一个展示中华民国"新造国"形象的绝佳机会，因此对巴拿马太平洋万国博览会格外重视，于1913年就成立筹备事务局，对局长人选反复斟酌，最后选定经验丰富的陈琪。筹备机构一俟成立，就督令各省成立出品协会和各市成立物产会等。具体经办的陈琪则事无巨细，编写博览会出品分类纲目、出品人须知，甚至具体指导出品的包装等。

博览会是现代工业革命的产物，其时的中国，国力衰弱、科技落后，制造业极为寒碜，几乎没有什么像样的工业品，能拿得出手的展品依旧是传统的丝绸、茶叶、瓷器、酒、漆器等。筹备会期间，筹委会就茶叶展览事宜专门进行过讨论，要求用机器制茶和改进包装等。

令人意想不到的是，以农产品为主展品的中国竟然在奖牌榜上居首位。中国出品的展品获奖1211枚。其中，大奖章57枚、名誉奖章74枚、金牌奖章258枚、银牌奖章337枚、铜牌奖章258枚，以及奖词（口头表彰）227个。当然，巴拿马万国博览会是一个残缺的博览会，英国、德国等工业国家忙于世界大战，没有参展。

中国参赛的茶叶产品取得不俗的成绩，被誉为"品质优美，甲于全球"，得大奖章7枚、名誉奖章6枚、金牌奖章21枚、银牌奖章4枚、铜牌奖章1枚，以及奖词5个。而侵蚀中国茶叶国际市场最大的两个国

▲ 福州马玉记商号荣获 1915 年的巴拿马太平洋万国博览会金奖的茶盒

▲ 1867 年的法国巴黎世界博览会上，三位福建茶艺小姐第一次向世界展示了中国茶艺

家——印度和锡兰，只得到金牌奖章。

福建的红绿茶是 7 个大奖章获得者之一。

名誉奖章获得者中有大名鼎鼎的汪裕泰茶庄等，但没有福建茶的身影。

获得金牌奖章的福建茶有福建福安商会茶、福建周鼎兴茶、福州马玉记茶。马玉记的包装盒蛱蝶穿花，华丽四射，美轮美奂，上面的英文的中文意思为"马玉记特级白毫银针花茶"。

银牌奖章获得者中有福州第一峰茶庄。

这届博览会效用立竿见影，在国力衰弱、中国传统商品国际竞争力江河日下的无奈中，一定程度上提振了中国传统农产品和手工业品的形象。当年度中国对美国的茶叶出口额就同比增加了 1800 万美元。生丝、丝绸、桐油等出口额也都有所增长。

福建茶与博览会结缘，始自 1851 年的首届伦敦世界博览会，那届博览会报告中提到了白毫茶、工夫茶、乌龙茶。1867 年的法国巴黎世界博览会把三位福建少女的倩影长留人间，屡屡被后世的福建茶人提起。1873 年的世界博览会在维也纳举办，福建茶品经厦门海关走出，留下小种茶、包种茶、德记茶等的出口记录。

茶叶始终是福建的拳头产品，在展示福建形象的各类重要场合，茶叶都是一个不可或缺的元素。

走出经验茶学

张天福与福安茶业改良场

在西学东渐的熏染下，中国传统的"农"与"学"渐渐走到了一起。1895 年，孙中山牵头组织成立了中国历史上第一个农学会，致力于发展科学的农业，引发社会响应。

民国以降，茶业凋敝，但中国茶人并没有沉沦。不少茶人目睹时局之艰、茶业之痛，立志以振兴茶业为己任，在艰苦环境中顽强地寻求生存空间，在教育与科研方面取得突破，逐步引领中国传统茶业走出传统经验茶学的藩篱。继前文提到的郑世璜考察印度、锡兰茶业，开眼看世界之后，民国茶人踵武前贤。晚清民初的留学热中，出现了矢志茶业的

福建茶，世界茶　Tea in Fujian, Tea for World

热血青年。1919 年，吴觉农成为中国第一个赴海外学习茶学的留学生。随后，安徽于 1920 年后的 8 年间先后派遣胡浩川、汪轶群、陈鉴鹏、陈序鹏和方翰周等多人留日习茶。

1915 年，北洋政府农商部在安徽祁门设立模范种茶场。从此，中国茶史上有了第一个正式的科研机构。同年，建瓯县茶业研究会经福建省政府批准成立了第一茶叶试验场，标志着福建由经验茶学向试验茶学过渡。

1935 年，福建省政府在福安社口设立茶业改良场，张天福为主任，隶属于福建省建设厅农林改良总场。改良场成立伊始，可谓困难重重：地方不宁，调查及测量时有生命之虞；土地征集速度迟缓；政府经费拨付不及时等。虽然如此，但工作却开展得有声有色，包括茶树品种比较试验、茶树施肥试验、扦插方法与扦插时期比较试验、枝条与压期关系试验、茶籽去壳与不去壳贮藏试验、茉莉花生长中的防寒试验、茶籽摘期试验、台刈方法试验、茶叶采摘试验、茶树栽植方法试验等。当年，改良场向全国征集茶籽，得到了云南省、河南省、四川省以及福建省尤溪县、福鼎县的积极回应。在实践中，张天福逐渐摸索出"品种优良、栽培合理、制造机械、产品标准"的茶业理念。针对中国茶业经营现状，他一直倡导"茶要有等、等下分级"的主张。1942 年，福建省实施茶

1935 年 9 月 27 日，张天福在福安茶业改良场期间给上级写信，汇报了各项工作的开展情况，而主要目的则是催促上级，望其及时足额拨发经费（福建省档案馆 供图）

▶ "俭、清、和、静"四个字
是张天福为中国茶礼所赋予
的精神内涵，如今已被茶界
广泛推崇（张德友供图）

▶ 建于1935年的福安茶业改良
场原址

叶分级，成为全国第一批实施茶叶分级的省份。

　　说来不可思议，对于茶叶改良，时人竟有不同看法。有一种观点认为，组建茶叶改良场纯属书呆子之举，对于复兴中国茶业只能掀起小波澜而已，一旦人事更迭、资金困难，即山穷水尽。这话有道理，也是客观事实。但今天回溯那段历史，应该说，茶业改良场的存续，其本身意义就难以估量，对中国茶业走出传统的植茶、制茶、运销窠臼和引进现代理念功不可没。因为历史上，植茶只是农家副业之一，尤其在福建，山地丘陵多，山岭之麓、溪流之畔皆可植茶。民国时，茶叶调查者就感叹，农户种植茶叶简直是"东鳞西爪"，不少农户也就房前屋后栽植十株八株的，有数十亩连片的都难得。一块茶园里有十几个品种是常事，一丛茶中有两三种也是习以为常。"全县遍产茶叶，竟无一处令人满意之茶园"是民国时期福建植茶的真实写照。

　　张天福在担任福安茶业改良场主任与福建省立福安初级农业职业学校校长期间，广纳贤才，像李联标、童衣云等有技术专长的茶人也奔赴

茶场。张天福引进日本成套红茶机器设备，当年制作坦洋工夫 81 箱，每箱 25 千克，英国的裕昌洋行以 75 两白银收购了 50 千克，引发茶商眼红与跟风。1936 年 2 月，张天福参加全国茶业复兴目标计划会议，提交了一份"提倡茶树之无性繁殖法以育成优良品种"的提案。这次会议，汇聚了当时茶界精英。分组讨论时，张天福与吴觉农在一组，他们就茶树品种保护、剪枝、栽培、组织合作社、茶商救济以及广告等进行了交流。从今天看来，他们讨论的话题正是当年茶业的关键词。

1938 年 10 月，福安茶业改良场为躲避日寇的侵扰，迁往崇安县的赤石，更名为"示范茶厂"，由张天福任厂长。

福安茶业改良场是福建茶史上第一个茶叶科研机构，此后，其学脉不断衍化，1961 年 1 月 1 日定名为"福建省农业科学院茶叶研究所"。研究机构创办茶叶技术学校，培养茶叶科技人才，著名的国家级良种福云系列 6 号、7 号、8 号、23 号等就是在这里孕育的。社口镇近水楼台先得月，率先应用了最新的茶叶科技成果。1960 年，全国茶叶生产现场会在社口镇召开，社口一下子在全国闻名起来。目前，福安是全国最大的茶树良种繁育基地，不少茶农都掌握娴熟的育种技能，俨然是育种专家。

庄晚芳与《茶叶检验》

茶叶检验是摆脱传统制茶羁绊，步入现代茶学的重要标志。1931 年，上海商品检验局率先在农作物检验组设立茶叶检验课，由吴觉农负责。从此，中国茶业在科学化、标准化建设领域大大向前推进了一步。1937 年，广州商品检验局在福州、厦门设办事处，办理茶叶检验事宜。茶叶检验显然契合了社会所需，福建省政府建设厅茶业管理局对茶叶检验极为重视，在其编印的"福建茶业丛书"系列中就有庄晚芳濡笔的《茶叶检验》（1939）。

在书中，庄晚芳就针对茶叶市场存在的真伪混杂、以次充好弊端，疾呼进行茶叶检验，制定茶叶标准。当时检验中常遇到的问题很多，最棘手的，一是毛茶水分太多，而茶庄难以及时处理，以至于堆积霉变；二是掺杂使假，同批次中茶叶品种参差不齐、粉末多、着色、掺入黏状物或者粉饰物、有熏蒸的烟臭味与尘土杂物，后续无法挑拣处理。茶业管理局对症下药，制定严格的规则与实施标准，如红茶、绿茶是用 1 公

▲《茶叶检验》封面

寸具有 63 个网眼的筛子，筛出粉末超过 5% 即不合格。

主持这项工作的庄晚芳，是当时的福建省政府建设厅茶业管理局局长，是福建惠安人，后来成为我国著名的茶学家，也是中国茶树栽培学科的奠基人之一。

福建的茶学研究平台

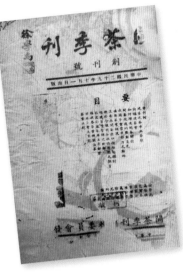

▲《闽茶季刊》创刊号刊影

1937 年，上海推出了《茶报》刊物。

1939 年 6 月，福建茶业管理局在福州创办《茶讯》旬刊，以倡导茶业研究、沟通信息、指导茶业发展、发布政令为宗旨。第二年停刊，改为《闽茶季刊》，一时竟引为茶界盛事。政界要人如陈仪、严家淦、陈培锟、郑贞文、包可永、李世甲等，对福建赓续悠久茶历史寄予厚望，更希望为政府决策提供参考。福建省政府主席陈仪的题词很有代表性，内容为："茶业是福建最重要的特产，其品质的优良久为中外人士所交口称赞。我们应该尽量地蓄植、改良、发展它的特色，使之地位更巩固，对于人类的贡献更大。我们鼓励从业人员的要言是业精于勤，精益求精。"

中国茶业衰败，国人为之惋惜，整个民国时期都没有歇停过反思，福建亦如此，相关文章屡屡见诸《闽茶季刊》，归纳其内因，大致有：（1）掺杂作伪，影响信誉；（2）茶农茶商受中间商剥削而破产；（3）产、制、运、销各环节无计划无组织，个人行为、盲目行为严重，管理混乱，如运输途中丢失破损等；（4）洋商操纵；（5）技术落后，产品质量差，不能与外商抗衡，墨守成规；（6）交通困难，运输不便；（7）与国际脱钩，不了解国外信息，不懂得按照国际惯例行事，比如不懂得宣传。有人高度提炼了一下，甚为有趣："听任自然，轻视人为；有了发现，不知研究。"这话既抓住了症结，又开出了良方。

1945 年 11 月，福建农林公司茶叶部主办《闽茶》月刊，内容有相关茶业研究成果、译述、调查报告、施政建议、茶市概况、茶叶加工技术以及茶人的散文、小说等。

中国茶史上真正意义上的茶学专业研究期刊是 1943 年 7 月创办的《茶叶研究》，由财政部贸易委员会茶叶研究所在崇安创办，以深化茶业科研为宗旨，于 1945 年 6 月停刊。《茶叶研究》存续时间虽短，却是抗战后期茶学界交流的主要阵地，不少撰稿人后来都成为大名鼎鼎的

茶学家，如吴觉农、胡浩川、王泽农。

吴觉农主政茶叶研究所

中国茶叶研究所是由原设在浙江衢州的东南茶叶改良总场改组成立的，因日寇战火烧至浙赣地区，故于1942年4月迁移至福建崇安，由财政部贸易委员会接管，改名为"财政部贸易委员会茶叶研究所"，由吴觉农任所长。一时间，武夷山茶界名流云集。有人统计过，后世中国十大茶人中，有七个在武夷山，真恰如茶界的"西南联大"。在这里，人们看到了中国茶业的希望。

吴觉农年轻时在日本农林水产省茶叶试验场学习时，目睹日本茶业先进的制作方式，对比中国传统手工制作的现状，深有感触，一腔振兴中国茶业的热血化为一份掷地有声的《中国茶业改革方准》。吴觉农饱含拳拳之情，对中国茶业发展的历史、近代茶业失败的原因及振兴的根本路径等作了全面剖析。他所提出的振兴茶业的第一方略，就是"茶业人才的养成"。在文章的结尾，胸怀抱负的吴觉农更是发出了这样的誓言："中国茶业如睡狮一般，一朝醒来，决不至于长落人后，愿大家努力罢！"数十年后，中国茶叶博物馆筹建，筹建办的工作人员请吴觉农题写前述那句话，不过个中用字有些不同。

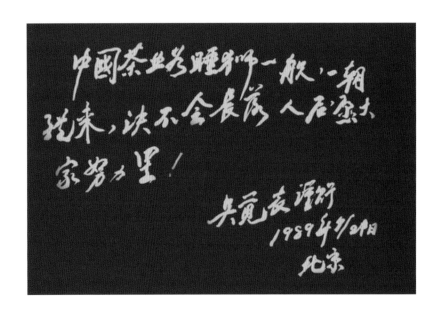

◀ 吴觉农于1989年为中国茶叶博
　物馆所作的题词

▶ 吴觉农（右一）考察印度尼西亚茶厂（上海海纳吴觉农茶文化博物馆 供图）

吴觉农还先后到印度、锡兰、印度尼西亚、英国、法国和苏联考察，经过比较，愈发对中国茶业的凋零情状看得透彻，陆续撰写《华茶在国际商战中的出路》《华茶对外贸易之瞻望》《中国茶业复兴计划》等切中时弊的报告。其举措主要集中在三个方面：其一，学习海外，设立试验场；其二，倡导机器制茶，创办现代化的茶企；其三，精简流通环节，比如，取消茶栈制、修路架桥、降低运输费用。

全民族抗战期间，吴觉农负责国民政府贸易委员会的茶叶产销工作，努力开拓茶叶对外贸易，特别是对苏易货贸易，换取抗战物资。吴觉农在主政茶叶研究所时，在极其困难的情况下积极开展茶树改造运动，进行茶学研究和土质调查分析等。为搞清武夷岩茶品质优异的原因，吴觉农组织土壤专家王泽农对武夷岩茶产区土壤进行调查分析，写就《武夷岩茶土壤》一文。廖存仁的《武夷岩茶》，陈舜年、徐锡堃等人的《武夷山的茶与风景》以及吴觉农亲自撰就的《整理武夷茶区计划书》等对振兴武夷茶极有价值，被后世公认为武夷茶研究的标杆。虽然如今的科研条件、队伍不知比吴觉农时代强多少倍，但产生的成果与前辈相比，似乎逊色了不少。

1946 年，茶叶研究所由国民政府农林部中央农业实验所茶叶试验场接管，由张天福任场长。1949 年 11 月，张天福留任崇安茶叶试验场场长。

茶政市场化，茶市政治化

全民族抗战的非常时期，内忧外患重重，时局维艰，中国茶业该向何处去？应该说，国民政府茶业当局有作为、有尝试，亦见成效。其举措今天看来亦切中时弊，对症下药。比如，对茶政与茶市关系的认知，强调茶业发展须要政府加强投资引导，茶政要服务于市场，而不是摆官僚主义的架子。

金融支持可能是茶业扶植力度最大的政策了，其做法倒是简单，全国各地都一样，即直接贷款给茶商。为资金安全起见，要求茶商组成联号，例如，闽东、闽北茶区的 400 多家茶号组成 88 个联合茶号。邵武县的中兴联号就由元记、鸿记、移记三家组成，于 1938 年 4 月得到贷款 28240 元，期限 1 年，利息 1 分。现在农村常见的茶叶合作社，在民国时已见雏形，其初衷都是为了把茶户小农经营改为集体经营。合作社的职能，既包括集中收购毛茶，又包括进行茶叶精制。当然，政策实施过程并不顺利，茶商极力阻挠。桐木关茶农在星村设厂精制茶叶时就遭到星村茶商刁难，连个像样的场地都找不到。

统购统销

茶政必须服务于国家大局。1938 年 6 月，国民政府财政部颁布了第一个战时茶业统制的《管理全国茶叶贸易办法大纲》，由财政部贸易委员会主办茶叶的对外出口业务，在全国推行茶叶统购和统销政策，以换取抗战物资。

统购统销政策是战时国民政府实施的两项重要茶政之一（另一项为"茶树更新运动"），福建自然被纳入这一茶政体系。统购统销政策之所以甫一实施即立竿见影，主要是因为它革除了传统茶叶贸易特别是出口贸易的诸多陋规，减少了中间环节的苛杂和洋行延期付款、扣现等积弊，使广大茶农和茶商直接受惠。福建茶业当局积极作为，频频推出大手笔，或配合中央政府之举，使之在福建落地实施。1938 年 6 月，国民政府设立贸易委员会，兼办茶叶统购统销事宜，并在福州设立办事处和在香港设立富华公司，负责销售闽茶。抗战前，福建茶叶输出目的地依次是中国香港、英国、荷兰、新加坡、法国等地，全民族抗战开始后，福建茶叶输出目的地几乎就只有香港一地了。当年运港销售的茶叶104721 箱，销售额大大高于之前实行"茶栈制度"时期的。当时的福建茶界给予高度评价，确实是因为此举好处多多，比如，摆脱了对外商的依赖，拓展了销售渠道，收购价合理，运输得以保障，茶农得到实惠。同时，闽、皖、浙茶叶在香港同一平台亮相和竞争，有利于相互促进，提高中国茶叶的质量。

福建茶业当局明确指出，茶商向茶农收购毛茶，须携带营业许可证，填写表格，采用政府定价，用公平的市秤。也就是说，政府规定了毛茶收购的最低保护价，并公布周知。1940 年，福建茶叶市场主要的茶叶收购价格比上年度大幅增加。具体如下：

茶叶名称	收购价格	茶叶名称	收购价格
屏南工夫	32 元 / 担	水吉乌龙	35 元 / 担
沙县工夫	32 元 / 担	建瓯水仙	50 元 / 担
福清工夫	32 元 / 担	武夷半岩水仙	65 元 / 担
寿宁工夫	36 元 / 担	水吉水仙	40 元 / 担
松溪工夫	42 元 / 担	福鼎白毛猴	65 元 / 担
崇安工夫	52 元 / 担	政和白毛猴	55 元 / 担
邵武工夫	52 元 / 担	闽北白牡丹	70 元 / 担
崇安小种	58 元 / 担	闽北寿眉	40 元 / 担
邵武小种	58 元 / 担	福鼎莲心	65 元 / 担
福鼎红茶	38 元 / 担	水吉莲心	35 元 / 担
建瓯乌龙	45 元 / 担	闽北龙须	55 元 / 担

抗战期间，时局难测，福建茶业当局的应急预案即便从今天看来，也是高水准之举。其为防止福州沦陷后发生存茶资敌的行为，制定了系列办法。如《处理福州存茶办法》，要求所有茶行、茶栈将存茶登记，运往闽北安全地区，必要时政府可以强制收购；再如《福州茶叶疏散办法》，规劝茶商尽可能迁入内地，如果不方便迁徙，茶商也应遵照福州警备司令部疏散办法迁往离福州 50 里以外地方制茶。至于花香茶，因制作要求特殊而无法离开福州的，茶商也应将某些工序移往郊外去开展。存放地点应为茶业管理局指定地点，必要时要销毁。这些举措确保了抗战与生产的平衡有序。茶叶是重要出口物资，日本侵略者特别嫉恨，曾劫掠焚毁。

1933 年，福建省建设厅批准郑芎藩、林松冈等私人出资在福州台

江码头设立宁昌茶仓，以方便保管闽东运来的茶叶。次年，苏逸钧在桥南自行设立仁成茶仓，可惜规模狭小。1935 年 5 月，林松冈、郭公木等人呈请建设厅再设立第一茶仓一所，官商合办，虽效果不佳，但茶叶保管迫在眉睫，于是次年加大力度设茶仓管理所。当局编印了《福建省政府建设厅办理茶仓之概况》，规范了茶仓建设与管理行为，如茶仓设铁窗户，可通气，不怕水虞，火患有保险，损坏有赔偿，一切以茶件运销便捷为原则。茶仓收费也较合理，如从三都、赛岐、沙埕运来的茶叶，每袋约收费 2 角 2 分，每箱约收费 1 角 9 分。如果茶叶无法入库，就要停放在轮船上，其防盗、防潮等看护成本是很大的，要雇哨船日夜巡逻，还要派人盯着走私犯、盗窃犯常出没地的情况。对于茶仓之举，时人撰文指出，其对稳定茶价起了"压舱石"的作用。1938 年，为响应统购统销号召，茶仓管理所与福州出口红茶联合运销处合并为茶业管理处，管理茶叶外贸业务，其间不乏作为，如制定福州出口红茶统一运销办法等。1939 年，茶业管理处升格为茶业管理局，职能不变，当年运销香港 145000 余箱。其饱受诟病之处主要是贷款手续烦琐迟滞，给海外市场供应不及时，让台湾茶钻了空子。

中国茶叶公司带来的新气象

民国时期，有识之士普遍意识到近代中国茶业衰败根源在于生产方式落后，销售环节受制于人，辛劳一场徒为他人作嫁衣，遂提议在国家层面上组建茶叶公司。提议得到福建、安徽、江西、湖南、湖北等省的认同。1937 年夏，中国茶叶公司在上海创设。中国茶叶公司以"推广贸易，复兴茶业"为宗旨，是典型的官商结合的企业。福建省政府建设厅厅长陈体诚与福州市商会会长罗勉侯（也是福建商股的代表）出任董事。公司在各地设有分公司（办事处）、示范茶厂（茶场）等。1940 年 7 月 1 日，国民政府为进一步加强对茶叶的统制，中国茶叶公司改为国营，商股退出，资本从当初的 200 万元扩张至 1000 万元。

中国茶叶公司成立以后，内销与外销茶、边销茶、侨销茶三箭齐发，展现了一番新气象。尤其是在边销茶领域，总经理寿景伟亲力亲为，积极推进西南茶区发展。川、康、滇、黔等省茶区是中国最古老的茶叶产地，长期以来因交通不便而开发迟缓，如今知名度很高的云南滇红、贵

州湄潭茶等都是在全民族抗战时期开发的。

在 1940 年的香港第四届中国货品展览会上，中国茶叶公司在会场搭建了一个中国古典茶宫，展销观音牌红绿茶。广告力度很大，目标客户定位明确，让消费者一眼明了。例如，"中茶三杰，观音、建国、胜利，家用送礼，处处相宜。观音牌茶叶，尽善尽美！建国牌茶叶，经济实惠！胜利牌茶叶，家庭必备！"侨销茶一直以南洋为主要市场，而日本以低价倾销台湾茶，加之当地茶价格低廉，给侨销茶以沉重打击。中国茶叶公司知难而进，针对侨销市场，努力抓住侨胞心理，大打感情牌，如广告语极为恳切："父母不会欺骗儿女，国家机关出品的观音牌茶叶决不会使侨胞失望！"

虽然当年的中国茶叶公司已经不复存在，但其务实、进取的经营作风与谋略，似乎并没有过时。

1938 年，福建茶叶贸易公司茶叶部在福州设立福春茶厂，福建始有国有茶厂。其后迁移到福安，主要制作淮山茶。

1939 年，福建茶叶贸易公司与中国茶叶公司合资成立福建示范茶厂，设址于赤石，福安茶业改良场一并入该厂。张天福任厂长，郭祖闻、庄晚芳、向焕寅任副厂长。茶厂举行奠基典礼时，茶厂的监理委员会主任委员徐学禹题词："岩茶之源，仙植武夷；焙制精良，岩茶成规；以示今范，以奠初基；磐石长久，亿万年斯。"福建示范茶厂商标用"闽茶"二字，主要制作坦洋工夫、寿宁工夫、福鼎白茶、武夷岩茶。其分厂福安茶厂所制之坦洋工夫定为"建红、闽红"，福鼎分厂产品冠以"鼎红"之名。中国茶叶公司福建办事处（后为福建分公司）在福州设有福华茶厂，专事花香茶制作。福华茶厂在安溪设有分厂。

1940 年，福建茶叶生产、制造、收购、运销、外贸等按照国民政府规定都由中国茶叶公司办理，生产计划由贸易委员会审定、财政部核定后才能实施。在香港销售事宜，由中国茶叶公司香港分公司负责。

对于战时的经济统制，时人高唱赞歌，有人誉为"一脚踏进了新时代新经济围地"。是否过誉暂不讨论，不过确实唤起了国民对经济社会等时局的关注。因为茶是福建的大宗特产、优势产业，素来与民生经济之密切既深且巨，所以实行茶业统制对提高茶农组织化程度与栽种技术以及资金支持力度的作用不可低估。

▲ 中国茶叶公司参加香港第四
届中国货品展览会特刊刊影

▲ 中国茶叶公司产品宣传页

茶树更新，无疾而终

茶树更新运动是战时国民政府茶政的两项主要内容之一。战时时局维艰，不少茶人遭流亡之苦，怎么会展开了一场有规模、有声势的茶树更新运动呢？

原来，珍珠港事件爆发后，日寇铁蹄随即踏进东南亚地区，同时日寇也加紧了对中国东南沿海港口的封锁，茶叶海上输出线路完全被切断。福州、武夷山到处堆积的茶叶难以计数。此时，中国茶业面临空前的困厄，欧洲市场基本丢失，统购统销政策遭到重大挫折，茶商纷纷破产，茶农就更凄惨了，有条件的开始毁茶而改种他物，比如，闽东茶区改种油桐、油茶，甚至马尾松，没条件的只能任其荒芜。

眼见茶业荒废，茶园一片荆棘，一个人迅疾站了出来，他就是吴觉农。战火波及世界主要产茶区，全球茶业遭重创，吴觉农以睿智的眼光，预见到战后茶叶一定奇缺，认为这将是中国茶业复兴的一个大好契机。于是，吴觉农积极倡导茶树更新运动。今天看来，此举确实独具只眼。这"眼"，是眼光，别人看不到的你能看到才叫眼光。吴觉农富有洞察力的眼光是多年专业专注、吸纳包容、志向情怀的结晶，然后释放出一种穿透的力量，掠过表象，又准又稳地落在高处，将业态本真尽收眼底。

茶树更新运动起于 1942 年 5 月，吴觉农亲自领导，中国茶叶研究所主持，中国茶叶公司提供经费。简单说，茶树更新运动就是在闽、浙、赣、皖等中国东南部省份开展的一场改良茶树老化、低产劣质现象的行动。核心原则是"幼树留蓄，壮树继续采制，老树则彻底更新"，主要目的就是为战后中国茶业勃兴做铺垫。

茶树改良以外销茶区为主，在福建省，主要集中在崇安、建瓯、安溪等茶区。福建的具体做法，是每个茶区设立更新工作站，专人负责向茶农传授种植、剪枝、移植等技术，执行内容主要是老树台刈、幼树留蓄、保育和移并。由于茶农普遍文化水平低，因而经办人员不得不向茶农普及茶树栽培等基础知识，这反而成了运动中的一项重要工作。

茶树更新运动为茶农带来了切实的利益，一定程度上得到茶农配合。据吴觉农自己估计，全国共维护了 10 万余亩茶园，更新了 1000 多万的茶丛，提高茶叶产量约 10 万担，约为战时茶叶输出量的 1/10。而据福建 1942—1943 年调查，建瓯、崇安、安溪、福安等县 1625 户茶农更新老茶树 8655 亩。

有点出乎意料的是，以复兴茶业为旨归的茶树更新运动于 1945 年 1 月戛然而止。为什么呢？吴觉农有专文做了总结，主要是经费不足。预算经费总共只有 300 万元，偏又逢通货膨胀，更加捉襟见肘。之前答应给茶农的补助无法到位，茶农难免有抵触行为，经办人员只好苦口婆心劝说，但这终究不是长久之计。随着时间的推移，各级经办人员也懈怠了，机构也瘫痪了，茶树更新运动也不了了之了。随着茶树更新运动无疾而终，国民政府最后一项有全国性影响的茶政也宣告结束。好在吴觉农是幸运的，他的希望、理想在新中国成立后成为现实。

▶ 福建省政府建设厅茶业管理局报送福建省合作事业管理处的 1942 年度福建省茶树更新工作计划（福建省档案馆供图）

窨花，窨出了一座茶城

对于素有"人间第一香"的茉莉花，文人们不惮竭尽心力，给予最靓丽的词汇，如姚述尧《行香子·抹利花》曰："天赋仙姿，玉骨冰肌。向炎威，独逞芳菲。轻盈雅淡，初出香闺。是水宫仙，月宫子，汉宫妃。"读后似炎夏时节猛灌了一杯冷饮，大呼："畅快，畅快！"再如，李渔《闲情偶寄》载："此花独为妇人。既为妇人，则当眷属视之矣。妻梅者，止一林逋；妻茉莉者，当遍天下而是也。"读罢不禁生出几多柔情与爱怜。

相遇多美好

茉莉花与茶，至迟在南宋时就相遇了，间有文献零星记载。至元代，已出现明确的工艺描述。一本叫《云林堂饮食制度集》的书记载了茉莉花茶制法。书很小，虽是一本普通的菜谱，但作者倪瓒却不普通，与黄公望、吴镇、王蒙并称"元四大家"。其做法是这样的：在罐子里铺一层芽茶，再铺一层花，铺满则封盖，然后晒，再蒸，蒸后倒出，取茶去花，用纸张包裹晒干即可。如果追求更高品质，再重复"花蒸"三次。可见，倪瓒笔下的花茶制作关键词是"花蒸"。

元代以来的其他花茶制作方法基本沿袭了这一思路并发扬光大，尤其是明代散茶占主流地位后，在茶业全流程中，创新与发展的空间更广阔了。就花茶来说，明代精于茶事的钱椿年《茶谱》中就载有橙茶，即橙皮与茶按一比五比例混合烘焙而成。至于莲花茶，程式就更繁杂了。太阳未露头时，将茶叶放入莲花蕊中。并裹以麻皮；第二天摘花时，将茶叶倒出来焙干后，再放入莲花蕊中。如此反复，不胜香美。蔷薇、木樨、兰蕙、菊花、栀子花等花也常常入茶。此时，花果茶也大盛。核桃、枣仁、榛子、银杏、柑橘、枇杷、莴苣、芹菜与茶杂之，以现在眼光看，不知是茶，还是补品？抑或受此启发而开发出一款"补品茶"，也未可知。

茉莉花与茶在福州的相遇，不仅是一场美丽邂逅，更演绎了一场跨越时空的彼此欣赏。福州这片茶的故土从此升腾出一种馥郁秾韵、滋味隽永的茉莉茶香，熏染了一条江，一座城，乃至于一个国度。在燥热时节，昏昧迟滞，再没有比呷一口浓郁的茉莉花茶更令人神清气爽的了。

◀ 福州市花——茉莉花（图虫创意 供图）

这就不难理解，一到酷暑时节，茉莉花茶就成了人们生活中的消暑佳品。

据《闽茶季刊》创刊号载，福州茉莉花最初是由广州输入，先在长乐种植。清咸丰时期（1851—1861），北京汪正大商号将其所制鼻烟运至长乐，用茉莉花窨之，味道极美，在京城口碑极佳。长乐茶号生盛、大生福、李祥春等受启发，用茉莉花窨茶，果然味道独特。后来，古田帮商号万年春等纷纷效仿，所制作之茶在华北销路出乎意料得好。至清光绪年间（1875—1908），福州周边普遍种植茉莉花后，茉莉花茶大兴。

茉莉花茶的窨制原理，就是将具有吸附特性的茶坯与具有吐香特性的茉莉花放置在一起，一吐一吸，"花溢清芬，茶迎花韵，相看永不厌"，茶坯就变为带有茉莉花香的茉莉花茶。一般而言，窨制次数多，配花量大，制作出的茉莉花茶级别就高。福州茉莉花茶制作技艺十分考究，一般制作标准是"四窨一提"，即要窨制四五遍才能让茶坯充分吸收茉莉花的鲜香。每次茶坯吸收完茉莉花香后，都要筛出废花，然后烘干，再循环往复。

先贤的一次意外之举，竟演绎着传奇。于是，茉莉花种植范围迅速向周边扩散，所谓"遍于附郭"也。福州以北门战坂为始，周边茉莉花产地有水部、福峡公路旁、福湾公路旁、旗山周边、洪塘、淮安、凤岗、甘蔗、莲峰等。至于质量等次，时人有"'湖花'（福峡公路旁、福湾公路旁所产的茉莉花）第一，'东门花'（远洋、鼓山山麓所产的茉莉花）次之，北门战坂所产的茉莉花再次"之说。从此，在福州的广宇下，翠丛晴雪，芳味香风，福州城简直就是一座"花岛"。福州城也迅疾成为茉莉花茶的窨制中心与集散地。一时间，制作茉莉花茶的商号大量兴起。北京、天津、江苏、安徽、浙江、江西的商家不惜路途遥远，将顶级绿茶运抵福州窨制，然后销至华北、东北等地。

一朵花改变了一座城。福州以最快的速度重构经济体系，迨至茶港喧嚣停歇，茉莉花茶香却飘起来了，可谓一个产业转型升级的成功案例。从此，古城福州又添新的文化地标。

茶港，还是茶城

对于今日的福州茶产业发展规划乃至于经济社会文化发展规划与远景目标，不断有人建言打"茶港"牌。追忆祖先远去的骄傲与辉煌固然

▶ 在福州，茉莉花最主要的去向是用来窨制茉莉花茶（视觉中国 供图）

有理，但仅仅把正紧锣密鼓打造国际化大都市的福州定位为"茶港"会不会太逼仄了，太小家子气了？茶港时代来临后的福州，不就是一座典型的茶城吗？

福州早在唐代就进入茶的历史。唐时，侯官之九峰、长乐之蟹谷、福清之灵山、永福（永泰）之名山室等诸邑皆有茶。不仅种植普遍，品质也不逊色。唐元和年间（806—820），福州方山寺院和尚怀恽（怀晖）在麟德殿给皇上讲法时，受赐茶，饮后觉得不咋样，讲了一句大实话："这茶不如我们方山的好。"出家人不打诳语啊！确实，其时的方山茶已经有一定的知名度了，诗人李群玉将其与当时最有名的贡茶顾渚紫笋相提并论："顾渚与方山，谁人留品差？"

1958年，考古人员在福州冶山发现一块唐代残碑，是唐元和八年（813）福州刺史裴次元主持福州马球场建造时所立，描绘球场周围二十处佳景，其中有茶诗《芳茗原》曰："族茂满东原，敷荣看膴膴。采撷得菁英，芬馨涤烦暑。何用访蒙山，岂劳游顾渚。"诗的大意是，冶山周边有茶园，品优质高，叶肥芽嫩，馨香四溢，提神醒脑。在福州也能品鉴到如此好茶，这下再也不用钦羡蒙山、顾渚的茶了。唐僖宗时期（862—888），毛文锡《茶谱》载："福州柏岩极佳。"其说的也就是后世常提及的鼓山半岩茶。据说，王审知倡建涌泉寺时，令有罪者谪居于此，因陋就简，植茶以供寺僧。

至宋，福州茶风更胜。福州的乌山、于山，与茶有关的摩崖石刻就有好几处，不妨撷其一二。如乌山清尘岩的一方题刻载，宋徽宗崇宁四年（1105）夏，毕之进受约于仁王寺，在横山楼宴饮，食罢一帮好友登致养亭，观薛老峰，啜茶于道山亭，然后过南涧寺祖师阁，少休后才依依不舍地离去。当时，福州饮茶之风很普遍，而乌山是登高之处，文人雅士尤其钟情，往往三五好友在此抒怀，品几杯茶，再清话几时，直到暮色四起。另一则就更有说法了。宋政和五年（1115），进士郑尚明与道士佳妙、祯福、白老在三笑岩"试茶"。不了解宋代茶生活者可能一瞥而过，实则"试茶"二字不能轻易放过。

其一，试茶是当时流行的风气，就是试新茶，欧阳修、蔡襄、梅尧臣等有专门的试茶诗文留世。福州名士陈襄也留有《古灵山试茶歌》，很有价值。

其二，试茶，试什么，怎么试，大有学问。用欧阳修的话说就是"泉

▲ 蔡襄手书"苔泉"的石刻

甘器洁天色好，坐中拣择客亦嘉"，即茶新、水洌、器洁、人嘉、环境适宜，这也就是永叔先生著名的"五好"论。五好兼具，试茶自然才能试出"人间香味色"。茶有色香味之美，才生气全矣。蔡襄毕竟更专业，说还要烹煮技艺好。人嘉，嘉在哪？在情怀，不仅自己享口舌之福，还要化作甘霖，泽润天下。

其三，试茶，实则是中国茶文化之脉的连绵，赓续至明代，更为丰润韵长。

蔡襄在福州为官时喜欢用龙腰的泉水点茶，至今还有"苔泉"石刻存世，后人经此，难免有所感怀。清代福州人叶观国就曾咏道："茶园嫩叶拣春前，官焙场开北苑先。蟹眼试汤谁第一，欲招水递致苔泉。"鼓山茶与龙腰水，是明清以来福州市井巷陌人家的标配。

有人说，清幽与淡雅才是真正永恒的色香味。试茉莉花茶，首先鼻品，冲泡后闻得花香，感官受到刺激，身上的每一根神经似乎都被撩拨了起来；次则目品，欣赏杯中茶叶上下沉浮，翩翩起舞；再者口品，徐徐啜上一口，渐渐地感受茉莉花的鲜灵与高山绿茶的清雅。三品过后，便感神清气爽，如临仙境。

城市千姿百态，万般风情，唯福州独有茉莉花香。近世以来，大小茶港无数，堪称茶城者，中国的省会城市里，除了广州、成都，不就是福州吗？茉莉香飘，是对福州最好的代言、最灵动的立传。

港落而茶兴

福州早期经营茉莉花茶的商号大多集中在上下杭以及苍霞洲茶道、福全社、荔枝弄等处，如今统称为上下杭历史文化街区。上下杭紧邻台江码头，是商品天然的集散地。商业繁荣时期，店铺鳞次栉比，山货无所不有。晚清民国时期，商会就有几十个，会馆数十家，如南郡会馆、兴安会馆、浦城会馆、建郡会馆、寿宁会馆，极一时之盛。

福州周边茶商纷纷将茶运至福州窨花而后再销售。福鼎最著名的绿茶莲心茶，在福州加工后销往美洲。由外省运来福州窨花的绿茶，历史名茶有黄山毛峰、六安瓜片、龙井（窨香花后为花龙井）、碧螺春等。来福州窨花的著名茶号、茶商就更多了。据徽茶巨商吴炽甫的账簿载，其"吴介号"茶庄茶叶从安徽屯溪经杭州运至福州，发生的费用有"水脚、栈用、山下力"等。1917年的资料载："二驳钱满儿船装，五月初三日发。雀舌70件，雨前140件……共计17850斤。以上之货，运杭州交公昌和转锦裕隆报关，转运闽省同德茶庄收。托平安水渍险银6500两"。同德茶庄为吴炽甫在福州开设的茶庄，主要用于窨制花茶，然后贩运至天津、营口等地营销。

民国时期，在福州花茶的采制季节，茶农、花农、茶工等从业者达10万人之巨。从茉莉花茶产量看，1900年为1500吨，1928年增至6400吨，此后十年是茉莉花茶的全盛时期，1933年更是创下了7500吨的生产高峰值。

1940年，福州有登记的花香茶庄89家，规模不一。福华茶厂鹤立鸡群，注册资金为210万元，其他如福胜春（注册资金为15万元）、泉祥（注册资金为12万元）、何同泰（注册资金为8.4万元）、吴馨记（注册资金为8万元）、兆丰（注册资金为8万元）、吉春（注册资金为6万元）、张崇德（注册资金为6万元）、公泰（注册资金为5.5万元）、光春（注册资金为5.5万元），以及义胜春、隆记、德昌、义兴泰、德兴厚、源丰和生顺。民国时期，规模较大的茶商开始配置机器设备，并严格管理，严把茶叶生产过程中拣筛、烘焙、窨花、起花、匀堆、装箱等工序质量关。

窨花之花，当然不全是茉莉花，最重要的是花要有清香，首选是茉莉花，次选是珠兰花。这两种花与其他花的不同之处在于要纳入产业统计，政府要抽捐1.6元/担。其余属于杂花，当作副产品用。珠兰花产

地以连江、闽侯、长乐为主，种苗来自连江。罗源、宁德产的绿茶多烘珠兰花。珠兰花之外是玉兰花，核心产区在福州凤岗、淮安等地。再次是水栀花，多产自凤岗、浦上等地。还有柚花、木兰花、代代花、栀子花、玫瑰花等。20世纪六七十年代，闽侯上街等地还大量种植玫瑰花。

福州的茉莉花种植产业，以1928—1935年为盛，种植面积达三四千亩，年产花约5万担，每亩产量约1.5担，每担市价60元。珠兰花生长期短，每担只有30元。一份1936年的福州香花茶产量统计数据显示，茉莉花茶60251担，珠兰花茶3281担，玉兰花茶3635担，水栀花茶1500担，柚花茶1300担。

当局对花香茶交易监管严厉。如茶行采购时采用三联单，一存行，一报政府，一交花农。但市场交易中各类弊端依旧难以根除。比如，有花贩将花头浸水，水汽进入茶身，影响花茶质量。再如，运输中丢失、盗窃现象让人防不胜防，运往天津、烟台、营口销售的花茶一般由招商局承运，离港时由洋关报税，交洋驳船转送轮船。鉴于洋驳船上常出现偷窃现象，商家便注明"如有残破当即剔退"汉字，但管舱人又在其上加注"原破"的英文字样，因而即便提货者发现残破，索赔也无着。

晚清民国以来，福州市场上花茶价格总体平稳。1888年的统计是50～150两/担，而同一市场上的坦洋工夫、白琳工夫分别是15～37两/担和28～48两/担，邵武红茶、沙县红茶、北岭茶还要再逊色些。纵观1903—1904年的福州茶市，花茶100～110两/担，远远高于工夫红茶的16～18两/担。

▼ 福州最大的茉莉花基地，位于乌龙江畔的帝封江湿地（大海峡图片库 供图）

日本投降后，各界忙于茶业复兴。福建省农林公司茶叶部等在福州设立花茶厂，为复兴先声，当局也推出各项举措，茶商亦雄心勃发，但没想到很快便陷入困局。

新中国成立后，茉莉花茶迎来了自己的高光时期。改革开放前，茉莉花茶出口都由福州茶厂提供。福州茶厂产的茉莉花茶还是外交茶礼和特供项目。在那个商品短缺的时代，驻华使馆人员常去外交部索要，外交部礼宾司只好催促商业部，商业部最终都把任务交给了福州茶厂。1957 年的摩洛哥卡萨布兰卡博览会上，国王欣赏福州的小包装茉莉花茶，向中国驻摩洛哥商务处购买了 300 盒，在避暑时饮用。1958 年，中茶福建公司向匈牙利出口了 5 吨茉莉花茶，并向加拿大、瑞典、瑞士、意大利等国试销。1961 年，花茶进入古巴市场。1964 年，利比亚试探性订购茉莉花茶，后订数不断增加，使得利比亚一跃成为仅次于中国香港的第二大花茶消费市场。

一味茉莉花茶香，足以流芳百代。2014 年，"福州茉莉花与茶文化系统"入选全球重要农业文化遗产名录。2022 年，福州茉莉花茶窨

制工艺作为"中国传统制茶技艺及其相关习俗"项目之一，被列入联合国教科文组织人类非物质文化遗产代表作名录。这对一座茶城来说，是对过往的总结，更是一个新发展的开端。相信在福州市人民政府的高规格规划、强力度扶持、多方位发力下，集成了农业生产、文化遗产、历史传承、生态保护、自然景观等诸要素的茉莉花与茶文化系统定能被打造成为一个新的茶产业发展标杆。

茶叶小镇，风烟团一市 🍃

茶市，是茶叶交易的场所，一般散布在人流密集且交通便捷的码头、市镇、集散地等处。近世的福建茶市大多集中在市镇，一些著名茶叶交易地的茶叶交易活跃度超过城关，名重一时，风光无限，如崇安的赤石、星村，就极负盛名。崇安茶市形成了明显的品类聚集现象，乌龙茶商号一般汇聚在赤石，经营者多为闽南、潮汕茶商。星村为正山小种等红茶的产制、运销中心，周边所产之茶往往在这里销售。星村自清初以来就极为繁盛，茶行林立，商旅穿梭，行家里手不少，直到清末民初衰败。史上有"茶不到星村不香，药不到樟树不灵"之说。

福鼎之白琳，亦兴盛一时。每逢制茶季节，浙江平阳等地的茶农、茶商来此摘茶、制茶，工人多时达数千人。《沙县志》（1928）载，沙县之琅口，清同治初期，乌龙茶交易达40余万斤，清光绪时期（1875—1908）更飙升至130多万斤。

原本一些名不见经传的小镇，因茶而行，涌现出著名字号。仅就宁德而言，著名的就有福鼎白琳镇吴阿亥的双春隆、袁子卿的合茂智等，以及屏南县双溪镇的六合春。屏南六合春是周绍京兄弟于清同治十一年（1872）创办，一度生意兴隆，在周边县域设有19个分号，存续半个多世纪。特别是历史悠久的寿宁斜滩镇，这里的先民们利用河床开阔、水量丰富的优势开辟了斜滩到福安、赛岐、三都澳等水路运输，使之在晚清民国时期成为周边政和、松溪、泰顺、庆元等闽浙诸县最大的茶叶集散地。"风烟团一市，茶香绕千家，百里最繁华"，斜滩生意鼎盛时有20多个商号3000多人从事茶业经营，并于1936年成立了茶业公会。周元丰、复兴、振泰源、郭怡成等是当时的著名商号。尤其是周元丰，

◀ 福州是世界茉莉花茶的发源地，是中国茉莉花茶的主产区之一，具有享誉世界的茉莉花茶文化优势（视觉中国 供图）

于1923年始创，其制作的"和合牌"工夫红茶盛极一时，而白毫银针主要出口欧洲，时人称"运出一船茶，载回一船银"。而今，繁华已远去，但茶香仍袅娜。祖宗遗留的"茶码古镇"已经成为历史文化名镇，为斜滩干事创业乃至于高质量发展增添了自信和动力。

茶市的交易方式各地有异。如民国初在福州茶市，从闽江上游运下来的茶叶在买卖双方谈妥后，一般在洪山桥交付货物。常规程序概括起来是"三步走"：

先看货。一是"干"看，即看形状、闻香气、观色泽。用手握一把茶后放下，视掌中茶末多少即可识茶之优劣。二是"湿"看，即观汤色、品滋味、看叶底等。接下来是双方唇枪舌剑去议价。最后是权重，就是称重量。这在如今根本不是问题的事项，在晚清民国时期却是大问题。因为各地所用秤不一，买者、卖者所用秤不一，所以度量标准也就成为当局监管的重要事项之一。地底下的秦始皇要是知道了这种情况，估计想要向天再借2000年吧。

茶叶交易市场里，"牙人"是少不了的，毕竟茶市分散，交通不便，强梁截劫，地方不靖，故而必须经过中间人的斡旋。茶市上的牙人与我们常说的"经纪人"还不能等同。经纪人一般是在城市从事商品或者期货、不动产等交易的中间人，而牙人一般在农村集镇从事农产品交易。民国时期，福建茶市上流行的货币也不统一，有日本圆银币、墨西哥银元、港币、番票（茶庄发行的银票），因此牙人还负有调解的责任。

茶叶价格明显受时局、产区、茶号声誉影响很大。以下是1934—1939年福建几个茶区茶叶价格的波动区间：闽北崇安红茶最高价为195～310元/担，最低价为40～80元/担；闽东屏南红茶最高价为80～100元/担，最低价为34～45元/担，差异悬殊。同样是在闽北，崇安乌龙茶最高价为360～420元/担，最低价为55～100元/担；水吉乌龙茶最高价为110～120元/担，最低价为64～68元/担。

运输是茶业的四大槛之一，对山高林密的福建来说更是难上加难。有水路者，当然先选择水路。如沙县茶起运点一般为琅口，至南平约120里，用民船运输的运费为每担3元，在南平转福州用汽船，约400里，每担运费为4元。闽江是福建最重要的内河水道，闽江口至南平水路200里，险滩20多处，行船得雇佣当地人，加之民国时期盗匪出没，大大增加了成本。没有水路的只能靠挑夫肩挑。福建山间的古茶道特别

◀ 福鼎的茶青交易市场（吴维泉 摄）

多，无数默默无闻的挑夫的一生就往返在悠悠古道上。从宁德到福州走山路，挑夫的费用是每担绿茶 7 两白银，每担红茶 18 两白银。

福建茶叶运输的"行路难"图景，不唯挑夫汗血濡染、出没风波里，茶商亦须肩负生计。闽南等地的一些茶商每年赴武夷山采办茶叶之时，茶庄人员集中在福州等地，重金雇佣军警保护才敢买舟上行，运输成本提高尚且是小事，生命之虞可就难估量了。泉苑老板张伟人就险些命丧土匪枪口，其子接手后生怕重蹈父亲覆辙，死活不愿意亲自赴外采办。

商业史上，一些城镇因交通便捷而成为经济中心，又因经济地位而成为政治中心、文化中心，也会因交通变革而永远告别高光时刻。这一切变化，只是规律使然，我们只能尊重。小镇如此，就一个国家而言，何尝不是同样的道理呢？苏伊士运河开通，轮船代替帆船，海底电缆联通，这些无形或有形的"交通"变迁使伦敦获取了世界茶业的控制权，而中国则沦为世界茶业的看客。再如丝绸之路，在棉花广泛栽植前，丝路总能衰而复振，而棉花普及后，丝绸贸易缺乏强劲的海外需求来拉动，

如釜底抽薪，终难继续。变迁不以人的意志为转移，但对变迁的麻木是不能原谅的，后人不知要以多少磨难和屈辱来补偿。今天，乡村振兴与以县城为重要载体的城镇化建设，势必催发一批市镇的复活与重生。虽然历史不会简单重复，但市镇兴衰的基本要素不会改变，资本、人力不可或缺，而独特的历史文化延伸的茶脉一定可以作为重要支撑。

洪字茶的现代意义

苍霞洲的那幢红砖楼

福州台江的苍霞洲，原为闽江水域，后因泥沙淤积成洲。苍霞境内河沟纵横交错，明末以来苍霞洲就是福州舟楫穿梭、货畅其流的商业中心。迨至民国，更是商贸繁盛，轮船公司、电话公司总部、星闽日报社等均在此落户。民国时期那位"不懂外语的翻译家"林纾也在此筑苍霞精舍，而且一待就是 15 年。

林纾没有经营过茶叶生意，但关注民生，有一篇《论中国丝茶之业》的文章，呼吁机器制茶。林纾的妹夫高莲峰一家从事茶叶经营活动，有一阵子生意不景气，加之高父卧病，经济拮据，无奈出售家业，租赁在河边陋室中。林纾观其生活简朴，神情淡定，安慰道："通啬如一，尔家行复昌矣"。果然在不久之后，高家茶业重振，并营造新舍于苍霞洲。

如今，闽江水带走了苍霞洲边的弄潮儿，两岸的高楼拼命向上索要空间……触目所及之处都在改变。但岸边的一座红砖建筑却留住了时光的脚步，那就是民国时期著名的"刀牌烟仔洪字茶"的厂房。

1926 年，洪字茶第二代掌门洪发绥为解决产销矛盾，在苍霞洲靠闽江边处收购了银钱制造局一座旧屋及屋后靠江一整片 3 亩多的空地，用来建厂房和住宅。新厂房高 4 层，水泥结构，墙体厚度 48 厘米。厂房内冬暖夏凉，不会因湿度变化而影响茶叶质量。天花板分为两层，屋顶为玻璃材质，里面则是可以推动的木窗，通过移动木窗来通风，以便员工操作。

洪字茶的现代化茶厂在当时的福州可谓独一无二。其于 1930 年落成时曾轰动一时，引得不少民众不惜大老远跑来观光。可惜，如今少了

◀ 位于福州"闽江之心"的福
胜春制茶厂旧址，正在建设
游客服务中心和闽江展示馆
（叶诚 摄）

面北的门楼和朝南的连接天桥，以及茶王野墅，但主体"躯干"依旧高
高耸立在闽江岸边，遗世而独立，犹如昔日茶城最后的守护神。

"我愿结识天下人"

　　洪家祖居金门县烈屿青岐村，世代以操持航运业为生。洪字茶第一
代掌门洪天赏生于 1859 年。其父中年时一次前往文莱途中遭遇海盗，
身受重伤。离世前，将 6 岁的洪天赏托付大哥带往福州生活。

　　洪天赏到福州后跟随大伯学武习文，自幼就打下南拳基本功。由于
家处台江尚书庙附近，洪天赏自小就崇拜民族英雄陈文龙，耳边更是常
听到林则徐虎门销烟的故事，遂养得一身正气，常常济危扶困，打抱
不平，深得后洲坞里一带的闽南乡亲和福州邻里的敬重。在 1928 年的
洪天赏夫妇七十双寿宴上，他禁不住老友陈衍撺掇，在坞里老厝的众宾
客前，还把平生所学演绎得虎虎生风。

　　当时，福州外销的茶叶先是在台江码头用小木船装载，运抵马尾，
再搬运到大船上运往海外。洋行常与码头搬运工闹摩擦，往往这时，洋
行就仗势欺人。洪天赏则看不过去，率领搬运工据理抗争，逐渐成为台
江码头船帮（船工和搬运工多为闽南籍）的头领。

　　洋行为平息矛盾，也看到洪天赏的能力，遂于 1878 年授权洪天赏
挂牌"洪怡和"商号，并代理怡和洋行福州的船运码头事务。但年纪轻
轻的洪天赏很快就预见到传统木帆船运输的衰亡，于是果断转而投身于

茶业。1885 年，洪怡和商号改为洪怡和茶庄，进入茶叶制作领域，尤其对福州的茉莉花茶情有独钟。

1897 年春，洪天赏在后洲坞里开设洪春生茶庄，业务兴盛，产品远销南洋等地。随着业务拓展，制茶工坊不够使用，洪天赏就在祖厝边闽江中搭柴排为工坊，并且在台江中选路购买一座二层洋房为分工坊。至 1901 年，洪春生茶庄更具规模，于是盖了新厂房和部分住宅。新厂房为二层砖木结构，占地二亩多，是当时福州一流的厂房。1902 年，洪家中选路分工坊命名为"福胜春"茶庄。其中，"福"字是为纪念第二代掌门洪发绥的师门福生隆茶行，"胜春"二字是鞭策自己要胜过带"春"字的几家老牌茶行。

洪家商号所制作的茶叶注册了"洪"字商标，时人称为"洪字茶"。洪字茶经营品种有武夷岩茶、茉莉花茶、黄山毛峰、西湖龙井、包种茶、珠茶等。日俄战争后，日本占领了旅大，并要求清廷割让。面对耻辱，一身侠义的洪天赏以茶为武器，通过茶盒包装，呼吁国人"同心协力，争回旅大"。

洪天赏的业务也拓展到了厦门，洪家在厦门水仙路开设了洪春生茶庄分号。除了茶叶业务外，此店还接待和资助来厦门的有困难的金门乡亲。后为扩充南洋生意，其又在镇邦路 25 号开福胜春茶庄分号。

洪天赏与台江苍霞洲青年会一带的名流素有交往。性情狷狂的林纾，特立独行，敢于讽时骂世，与洪天赏的品行很对路。洪天赏与陈宝琛、陈衍、林纾、洪亮等人有一张合影，很可惜毁于 1955 年国民党军机轰炸福州引发的大火中。

洪天赏之子洪发绥深得陈衍赞赏，称其"能恢父业而体父志"。洪发绥 9 岁时，洪天赏就将他送到邻居杨氏所开的福生隆茶行拜师学艺。过了三年时间，其艺成回家，跟随大人学制茶。洪发绥 20 多岁时曾蒙福州西禅寺古月禅师开示，领悟到要把茶事业做好，就必须要广结善缘，服务好大众。此后，洪发绥发下誓愿："我愿结识天下人"。40 多岁时，他与鼓山涌泉寺虚云大和尚结缘，更加坚定地认识到"我愿结识天下人"与佛门中的"普法天下"一脉相承，并将其印在福胜春茶叶罐上。

洪发绥有着天才的商业思维，行动果敢干练，与客商谈业务、处理电话、回复商业信函等井井有条。每天进出的茶叶数量、工价，以及须支付茶农的报酬等，其口头就能快速算得丝毫不差。

▲ "洪"字商标

为了选制和采购各地名茶，了解各地茶叶的生长及制作工艺等，洪发绥走遍了福建茶区的山山水水，上至崇安、政和、福鼎、建阳、建瓯、松溪，下至安溪，甚至广东的潮汕等地。他也常常冒着生命危险，在群山峻岭中转悠。

也就是在这个时期，他将崇安武夷岩茶、正山小种及各地名茶和本庄制作的各类茉莉花香茗、水仙、乌龙、奇茗色种等红绿青黄诸色名茶，通过福州、厦门的洪春生茶庄、福胜春茶庄，天津洪怡和茶庄、洪发绥茶庄，汉口和营口的福胜春茶庄等销往中国上海、香港、台湾等地，以及新加坡、印度尼西亚等东南亚各国和苏联、美国、英国等欧美国家。天津的洪怡和茶庄、洪发绥茶庄以及汉口、营口的福胜春茶庄还代理全国各地的名茶。到 20 世纪 30 年代中期，洪字茶已在全国及东南亚、韩国等地设立茶庄和代理商数十处，从后人拾掇的资料看，不低于 40 处，有厦门福胜春、营口福胜春、天津洪怡和、上海泰康公司、汉口福胜春、烟台福增春、大连阜增祥、南京祥泰号、青岛万利源、印度尼西亚泗水振东栈、菲律宾胡合兴、新加坡炳记、韩国仁川万россив东等。

洪发绥在新加坡、菲律宾等地考察时，发现南洋天气炎热，福建的白茶、莲心茶及茉莉花茶十分适合当地人饮用，立即结合实际情况开发出适宜的系列产品。此后，洪怡和、洪春生、福胜春在洪家两代人苦心经营 50 多年后，终成闽台茶业之著名商号。

洪字茶的秘密

洪字茶能在诸多茶行中拼杀出来，秘诀是什么？在中国近代茶叶大量掺杂使假年代，其是如何确保茶质量的，又是如何宣传、营销、推广的呢？带着一连串的疑问，我们从洪字茶遗留下来的大量商标、包装盒、老照片以及文献资料中找到了蛛丝马迹。

1930 年，苍霞洲新厂投产后，洪发绥敏锐地意识到机械制茶乃大势所趋，于是成立了手工生产转向半机械生产的筹备组，聘请电光厂赵思安工程师指导转向工作。他还设立了花茶研究室，聘请福州协和大学王调馨教授研究由花中提炼香精的工艺，制成了各种香型不同的花香香水，使窨制花茶工艺更上一层楼。第一批生产的 4 箱"夜来香花茶"，商标由四子洪汝正设计，并用雕刀在洋铁板上刻一翘起的大拇指图像。图像

▲ 福州福胜春茶庄茶叶罐

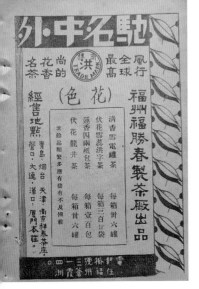

▲ 洪字茶广告

下还刻有"科学精制、天下第一香"几个字。这些一并被用油墨刷在用竹篾包装的茶箱上，得到同行的羡慕和好评。

民国时期，随着现代科学思想的启蒙，茶叶经营也书写了一段纸上意趣。茶叶广告根植传统文化土壤，注重情感诉求，抓住顾客心理，有打"送礼牌"的，有搭国货运动的便车、蹭社会热点的，还有一部分提倡卫生与科学理念，以今天的眼光看，竟没有一点违和感。洪家很善于运用茶叶包装载体如盒子、商标做宣传。全国分号及东南亚分号都被印制在不同的茶叶罐上，比如："本庄开设福州新码头新安里，采选清明幼芽新先春嫩芯窨制珠兰茉莉，各种香茗配选精良……福胜春茶庄主人洪发绥谨识。"清末民初的茶叶罐大多设计得华贵绮丽，至今观赏，仍是一种美的享受。

审视洪字茶当年的宣传广告，颇耐人寻味，越品越有味道，暂且总结如下：

一是促销针对性强，用现在的话说就是目标客户明确。面对不同层次的消费群体，都持礼有加，皆"请"字当头，如"馈赠亲友，请用高尚洪字茶——电罐清香雪，装潢美丽，气味清香"。

二是宣传了洪字茶的经营理念。比如，"家常饮料请用经济洪字茶——毛猴包种，上等茶叶，中等价钱，极合新生活宗旨。"一句轻描淡写的文字，透漏了很多信息，用现代营销的原理讲，就是帮助顾客实现价值。既然是家常饮用，就务实一点，选择物美价廉的品种吧。这也符合当时政府提倡的新生活运动之宗旨。与当时的许多茶商一样，洪字茶的促销活动常常利用政治态势。再看看洪字茶是怎么为顾客考虑的："货选正路，窨制得法，茶身幼嫩，香味鲜浓。兹为顾客起见，分装十斤箱、五斤箱两种。"

义举

值 1928 年洪天赏夫妇七十双寿之际，陈衍献寿序，文中对传统的"五福"论做了阐发。他认为除了"攸好德"个人能自主外，其他四者皆听天由命。攸好德，就是修德。怎么修德呢？陈衍引用太史公"君子富好行其德，人富而仁义附焉"的观点，高度赞赏洪家的诸多义举。

一战后，市场萧条，大量茶庄倒闭，福州多家钱庄存有大量茶庄的

"死押"茶叶，不知如何是好。有家钱庄的主人脑瓜子灵，看到洪家福胜春茶庄在福州久负盛名，就通过熟人找到洪发绥帮忙。洪家极为干脆，通过各地茶庄迅速地把钱庄积压的茶叶消化掉。此举不仅解决了钱庄的燃眉之急，更得到了钱庄的信任和支持，为日后洪家在金融领域的发展也打下了基础。一时间，茶叶有积压的商家纷纷来找洪家解决难题。中洲岛的新常安轮船公司大老板王梅惠就利用洪字茶关系网售茶2000担。有一年，乾和裕钱庄发生滚票（挤兑）事件，当日急需现款大洋15万元，老板找到洪发绥，请求其帮忙。洪家一方面作担保，替他向中亭街中国银行借现款大洋15万元，另一方面让人在乾和裕钱庄的店面贴出告示：凡持乾和裕钱票者，不论多少钱，三日内可到福胜春制茶厂或洪春生茶庄取现。最后，中国银行用福州当时的第一辆小轿车运送大洋，每趟8000元，只运了3趟，就平息了事态。1935年10月，由福州钱庄业巨商发起和组成的私营福州商业银行在南台下杭路成立，洪发绥为首任董事长。

洪家义举不胜枚举，且坚持做两件事，一是"刊书劝善"，二是"制药施济"。即便运输茶叶，也随身携带书与药。一次远航，洪家船队有4艘船遭遇风浪，其中一艘船岌岌可危。船员立即将茶叶等货物搬运到其他船上，刚刚搬运完毕，那艘船就沉没了，货物没受损失。陈衍闻之，笑侃是洪家长期行善的结果，并泚笔以记。在修建南郡会馆时，有人怂恿一寡妇在现场天天吵闹，挡着墙体走向，不让施工。洪家秉持结识天下人的宏愿，"让他三尺又何妨？"，于是演绎了福州版的"六尺巷"的故事。至今，墙体留下的缺口尚在。

为了实现更大的梦想，洪家在福州台江鸭姆洲购地30多亩，拟建年产可达20万担的机械化茶厂。图纸已经由美国一建筑公司设计完毕，但世事难料，这一宏伟蓝图却因日本的入侵而停止。福州沦陷时，洪发绥将茶厂关闭，带领全家50多人避难于厦门鼓浪屿和香港等地。

战后，福州统计沦陷时期工商业损失。福胜春制茶厂提供了详细的报表，计有花茶被抢损失、被敲诈银钱损失、被强行收购损失、以伪币强换法币损失、花茶被伪商会强抽登记费损失、横征暴敛损失、派工损失、物品损失、疏散乡村途中衣物等被抢劫损失等等，合200多万元。统计表最后一句话很扎眼，令人无比唏嘘："因损失重大，无力维持，停止营业。"

▲ 旧时福胜春制茶厂生产场景
（叶诚 翻拍）

在国运多舛的时节，茶商举步维艰。好在有一代代像洪天赏、洪发绥这样的茶人，他们知难而进，明知不可为而为之，在洋商的打压下，在官僚资本的挤兑中，赓续了中国茶业的血脉。

如今，洪家第四代已重拾祖业，一个远去的老字号又回来了。

老字号，为一座城市增添了诸多分量，是一个城市历史进程的记忆与符号。在林林总总的老字号身上，还蕴含着诸多的历史文化信息。老字号命名考究，平仄搭配，富有韵律，或寓意美好期盼，或出处高古。老字号在栉风沐雨、磕磕碰碰的经营中，沉淀下了丰厚的制作、推广经验，有些经验甚至是独一无二的，传承着中国传统商业文化的精髓。这些信息，依旧值得当今茶人借鉴。

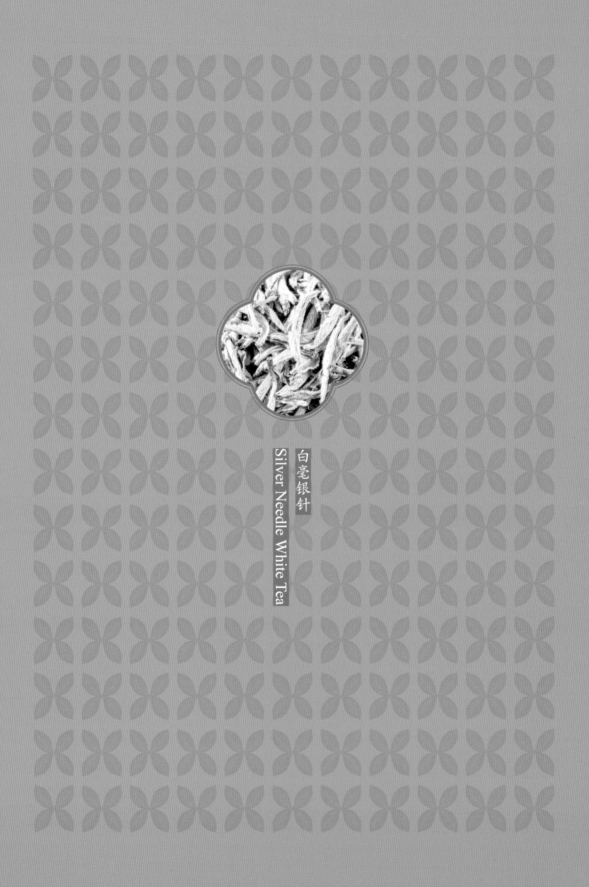

白毫银针

Silver Needle White Tea

奇茗神话传古今，岩壁大红永世存。

庄晚芳《岩茶大红袍》

只此是茶香

新中国的成立，结束了百年来国家蒙辱、人民蒙难的历史，中国茶史亦翻开新的一页。国家非常重视茶业，建国不到 1 个月就召开了全国茶叶会议。

福建也响应国家号召，积极改造老茶园，开辟新茶园，全民所有制的国营茶场与集体所有制的乡镇茶场、茶叶初制厂蓬勃兴起。城市茶业主体于 1955 年底之前基本完成公私合营。福建在茶叶栽培、制作、品种选育等领域领先全国其他地区。

1984 年的茶叶流通体制大改革后，民营茶厂纷纷设立，个体从业者异军突起，中国茶业充满前所未有的活力。

新时代，福建茶依旧引领中国茶产业风向标。各地的茶园、茶叶市场里，永远闪现着福建人自信的身影。

The establishment of the People's Republic of China marked the conclusion of a century-long era of national humiliation and the suffering of its people, ushering in a fresh chapter in the history of Chinese tea. The country attaches great importance to the tea industry. Less than a month after the founding of the People's Republic of China, the National Tea Conference was held.

In response to the call of the state, Fujian tea industry actively renovated the old tea gardens and created new ones. State-run tea farms, collective township tea farms and primary tea processing plants flourished. The main body of urban tea industry had basically completed the transition to the public-private joint management by the end of 1955. Fujian leads the rest of the country in tea cultivation, production and variety selection, etc.

After the great reform of the tea circulation system in 1984, private tea factories were set up one after another, and individual practitioners sprang up. China's tea industry was full of unprecedented vitality.

In the new era, Fujian tea still leads the wind vane of China's tea industry. In tea gardens and tea markets around the country, the confident figures of Fujian people always shine.

茶叶生产必须现代化

著名茶学家陈椽先生的《茶业通史》的最后一章的最后一节的最后一目很特别，不是惯常的"大总结"，而是以"茶叶生产必须现代化"作结尾。这应该是一个中国"茶叶梦"，是一代毕生奉献给中国茶业的茶人，在目睹近世中国茶业苦难境遇后生发出的强烈期盼复兴的心愿，更为中国茶业未来发展指出了唯一路径——中国茶业必须现代化。

1954 年，新中国就提出国家要实现 "四个现代化"的战略任务。经济恢复与建设时期的福建茶业发展，正与新中国现代化建设同步。

改造茶园，提升技术

20 世纪 50 年代初，福建茶业发展的关键词是改造老茶园。民国时期遗留下来的三四十万亩茶地，时人概括为"三低一高"，即低标准开垦茶地、低标准种植茶树、低标准管理茶园，以及高强度掠夺式采摘。结果可想而知，茶树长势差、树幅小、产量低，茶园未老先衰现象突出。

从 1952 年起，福建省农林厅福安茶叶试验场在寿宁梅洋、福安坦洋、霞浦草岗等地设点，针对衰老与半衰老茶树推广修剪技术等，以提升茶叶栽植技术、茶园管理水平。经过 10 年的努力，整个闽东茶区衰老低产茶园基本改造完毕，达 18 万亩之多。

而在福州，则针对茶树的不同生长期，对症下药。幼年期茶树以定型修剪为主，后期配合轻修剪，使树冠达到定型的标准；成年期茶树以轻修剪为主，交替使用深修剪，以维持树冠上部分枝丫的强壮；衰老期茶树则先重修剪或台刈，然后再定型修剪和轻修剪，以重新塑造树冠。

1957 年，经科研人员升华，安溪茶人培育的短穗扦插技术更加成熟，农业部迅疾组织全国茶叶观摩会学习安溪植茶经验，掀起了一场茶叶栽培技术的革命。

永春北硿华侨茶场是一家老茶场，于 1917 年就开始植水仙、佛手茶了。其在民国时期惨淡经营，于 1949 年时处于半荒芜状态，后改制为安置归国华侨的茶果场。直到 1965 年召开全国华侨农场茶叶生产工作会议时，永春北硿华侨茶场的乌龙茶毛茶亩产才 20 多千克，后经林桂镗等专家指导，通过深翻、压青、施肥、台刈等改造，1968 年平均

▶ 短穗扦插

亩产增至 55 千克。茶场制作的"松鹤牌"闽南水仙曾煊赫一时，出口日本、东南亚等地。

至 20 世纪 70 年代，福建积极响应"种茶是百年大计"的号召，总结之前茶园开垦经验，茶园改造能力明显提升，原有的顺坡多改为等高梯层茶园，以利于植物保护。茶园改造面积也从 1952 年的约 35 万亩，提升到 20 世纪 70 年代末的将近 150 万亩。

福建传统制茶工具是由以"竹、铁、布、土"为原料的篮子、簸箕、竹笼、料壶、茶鼎、焙笼、茶巾、灶、焙筒等组成。新中国成立初期的发展规划中即强化"改"的理念，包括脚揉变手揉等，随后推广的初制机械有萎凋机、杀青机、揉捻机、解块机、烘干机等，铁锅被杀青机取代，干燥剂取代了焙笼。茶叶精制程序包括筛分、切细、风选、拣剔与再干燥等，制茶的各个环节都有相应的机械设备，同时这些机械设备也在不断升级换代，如滚筒杀青机、连续滚筒杀青机、槽式杀青机、滚槽式杀青机等，新设备不同程度地在茶叶制作中使用。技术改进节省了能源，提高了功效。1961 年，福安茶厂建成全国第一条茶叶精制全程机械化生产线。建瓯茶厂、政和茶厂规模大、设备好，生产了大量的优质茶叶。一些老商标长留茶人记忆中，如"北苑牌"闽北水仙。

1962 年，林瑞勋成功研制出速溶红茶、速溶绿茶、速溶茉莉花茶，开启了中国茶叶精深加工的先河。林瑞勋一直在福州商检局从事茶叶检验工作，是中国检验茶叶的权威人士。后世之人遂将 1962 年作为中国茶叶精深加工的肇始。

福建在茶产业发展中注重规划、资金扶持、技术指导，强化重点，如 1956 年 5 月的全省茶叶工作会议就确定了 14 个县作为发展茶叶主要县。在茶业的现代化探索中，福建注重科技和教育，较早确立可持续发展理念，大力保护茶树种质资源，选育与推广新品种，生产全过程管理的现代化意识浓烈。20 世纪 90 年代起，茶园改造就实施山、水、园、林、路综合治理，"三保"（保水、保土、保肥）取代了"三跑"（跑水、跑土、跑肥），采摘时采养结合，加工环节无污染。这时期，一些新品种异军突起，如寿宁高山茶、金骏眉，一些产品获得农业部农产品地理标志登记证书，一些县获得"全国重点产茶县""中国茶业百强县""中国十大生态产茶县"等荣誉。

进入新世纪，福建茶园面积在生态承载力范围内适度增长，而茶叶产量却大幅增长。2001—2022 年的 22 年间，福建茶园面积从 196 万亩增加到 361 万亩，虽然茶园面积只增长了 80% 多，但茶叶产量却从 13.39 万吨增加到了 52.08 万吨，增长了近 3 倍。

改革助推现代化

新中国成立初期，茶业经济政策是"以产定销、以销定产、产销结合"，即派购政策。1953 年，茶叶由供销社统一经营，传统的茶叶市场陆续关闭。计划经济时期，福建茶叶的生产过程与全国其他省份一样，上级下达开垦面积、预购数量，下拨定金，银行系统有茶叶生产专用贷款，一切按计划进行。为鼓励茶叶生产，政府实行奖售政策，好茶多奖，次茶少奖，粗茶不奖。奖售物品主要是粮食、化肥、棉布等。1956 年，寿宁县制定标准：交茶 50 千克，1~2 级奖售 14 千克粮食，3 级奖售 11.5 千克，4~5 级奖售 9 千克。茶叶收购则因地制宜，遵守按质论价的原则。农户粗制茶分优等、上等、中等、下等、劣等五级，有些地方考虑季节因素则"级"下再设"等"。一份尤溪县 1956 年的资料显示，各等级茶叶收购价分别为 2.4 元 / 千克、2 元 / 千克、1.6 元 / 千克、1 元 / 千克、0.6 元 / 千克。为确保按质论价原则的落实，政府相应成立了审评委员或者小组，人员由相关部门负责人与茶叶专业人士组成。

1984 年，这是一个对中国茶业发展来说具有划时代意义的年份。

这年的 6 月 9 日，《国务院批转商业部关于调整茶叶购销政策和改

革流通体制意见的报告的通知》（国发 1984 第 75 号）颁行，改革了新中国成立以来茶业的统购统销政策。通知规定，除了边销茶外，其余的都由市场来调节，极大地释放了茶业生产力。

茶农积极性得到前所未有的激发。有的积极承包茶山，如建瓯南雅镇陈水光于 1985 年就组织 46 户茶农承包茶山 1000 多亩；有的利用世界银行贷款开发茶园，如建阳地区于 1986 年实施世界银行贷款红壤一期项目，在全区 68 个乡镇的 245 个村设立项目点 319 个，开发红壤山地，建设高标准茶园 36105 亩。

民营茶厂纷纷设立，个体从业者异军突起，茶叶专卖市场出现，而传统的国营茶厂在茶业经济结构调整中逐渐退却。福建省内的国营茶厂毛茶收购量于 1982 年创下 25424 吨的最高纪录（占当年全省毛茶产量的 77.6%）后开始下滑，于 20 世纪 80 年代末急速萎缩。国有茶厂虽尝试进行经营体制改革，如引入承包制，但终究没能脱胎换骨。如著名的建瓯茶厂于 1989 年就进行了股份制改革，国家、集体、个人混合持股，但后于 2000 年 12 月 31 日被外资购并。

国营茶厂，见证了新中国的壮阔历程，承载着无数茶人复兴中国茶业的梦想。前辈数十年留下的奋斗印记不该被我们所遗忘，因为这些履痕透射出的智慧、创新、进取的光芒，依旧是引领当今茶业前行的路标。

福建的国营茶厂是与新中国建设同步的，至 1953 年，先后建成福州茶厂、福安阳头茶厂、福安赛岐茶厂（分厂）、福鼎茶厂、政和茶厂、建瓯茶厂、漳州茶厂和安溪茶厂 8 家精制茶厂（后世福建茶界引以为豪的"八大茶厂"）。1970 年，为了缓和花茶生产不足的问题，增建了沙县茶厂。随着茶叶产量的不断增长，1976—1986 年，福建又增建了松溪茶厂、建阳茶厂、周宁茶厂、寿宁茶厂、霞浦茶厂、柘荣茶厂、龙岩茶厂、福州农工商茶厂、永春茶厂、顺昌茶厂 10 家地方茶厂。全省国营精制茶厂鼎盛时期共有 18 家（其中，花茶厂 8 家，乌龙茶厂 6 家，制坯与窨花工艺混合的茶厂 4 家）。至 1990 年，全省国营茶厂年加工能力达 5 万吨。

福州茶厂是新中国成立后福建最早创办的使用机器制茶的四家茶厂之一。福州茶厂成立后，职工热情高涨，发挥主人翁精神，开展民主管理、爱国主义生产竞赛，土法上马，因陋就简地对手工工具进行技术革新，实现了花茶制作的半机械化和机械化生产。1955 年，福州茶厂牵

▲ 1952 年，苏联茶叶专家来福州茶厂参观访问（福州茶厂供图）

▲ 寿宁县竹管垅乡高山茶园（卓仕尉 摄）

头制定出全国花茶级型的统一标准，用以指导出口检验与销区产品质量
验收。1963 年，商业部委托福州茶厂起草全国统一的花茶制作工艺、标
准化技术与质量标准，并将其作为国内技术范本。此后的 20 多年时间里，
福州茶厂一直承担全国茉莉花茶级型标准样制定与换样工作，包括毛茶
收购标准样、茶坯级型标准样、花茶产品规格标准样以及连年换样工作
等等，可谓一家典型的标杆企业。福州茶厂每个时期都会推出自己的创
新技术。尤其是首创的"花茶连窨新工艺"，是花茶制作史上的里程碑，
于 1993 年被国家科学技术委员会列入"国家级科技成果重点推广计划"。
福州茶厂的代表性茶品"一珠"（茉莉龙团珠）、"双礼"（茉莉外事
礼茶、茉莉广交礼茶）、"三眉"（蛾眉、凤眉、秀眉）、"四毫"（茉
莉大白毫、闽毫、雀舌毫、白毫银针）是中国茉莉花茶产品的最高水准，
也是中国花茶高品质的象征。那个时代的外销花茶，几乎全部由福州茶
厂制作。

如今，虽然绝大多数曾经笼罩着耀眼光环的国营茶厂都不复存在了，
但福州茶厂依然在坚守。

茶业体制改革同样对茶政提出挑战。福建茶业管理部门在积极引导
茶产业健康发展中多富有超前眼光，比如，用法律条规为茶产业发展保
驾护航。2012 年 6 月 1 日，《福建省促进茶产业发展条例》颁布实施。

▲ 福州茶厂窨花机早年进行拼
合的场景（福州茶厂供图）

◀ 一路走来，福州茶厂始终坚
持传承与创新，依靠过硬的
产品质量，创造了一个又一
个行业奇迹（福州茶厂供图）

这是全国第一部茶产业发展的地方性法规。由此，福建茶产业全产业链条呈现新气象，诸如茶叶交易平台建设提速，大大加快了茶叶市场流通效率；新技术推广明显加快；茶叶专业合作社生机勃勃；生态茶园建设的理念深入人心，茶农在茶园施肥、茶树病虫害防治、茶园套作间种中摸索出了一些新经验；红茶、白茶、乌龙茶、茉莉花茶等国家标准的制定工作开展得红红火火，标准体系不断完善，《乌龙茶——定义和基本要求》《白茶加工技术规范》《生态茶园建设标准》等国际、国家和福建省地方标准先后实施；茶叶产品可追溯制度成为现实，并不断完善等。

标准就是典型的现代化产物。这些标准涉及种植标准、制作标准、品鉴标准、分级标准等，引领传统的耕作、制作方式向现代茶业科技体系转化。在开展标准化制定方面，福建是领跑者，并且实现了标准化与产业化互动。例如茶园管理，武夷星茶业有限公司运用生态化技术手段，将茶园管理和茶树养护的过程分解为33次田间管理，包括防护林养护（1次）、水土流失防护（1次）、清理茶面草（3次）、锄草（12次）、病虫害物理防治与生物防治（4次）、开沟（2次）、施肥（2次）、深翻（1次）、种植梯壁草（2次）、修剪（2次）、修边（2次）、客土（1次）。通过精细化管控，最大限度地保持茶园生态，相较于传统管理模式，其可谓一个革命性的变化。

早在1999年，华侨就在龙岩创办云顶茶庄园。目前，闽南、闽东、闽北等地有30多个茶庄园。2019年，福建推出第一个茶庄园地方标准《茶庄园建设指南》。

如今，福建的茶企逐步引入生态化管理理念，改变传统茶叶种植模式，尤其是龙头茶企起着示范带动作用。武夷星茶业有限公司就系统性地应用物理防控、生物防控、生态防控、生物农药防治等先进的绿色防控技术，在国内率先构建了"林－果－花－茶－草"生态复合型立体式茶园，实现了精细化生态管理，解决了不使用化学农药就能实现茶园高产、产品绿色生态的问题，为茶行业的绿色生态发展提供了样板。

2018年，福建茶业迎来高光时刻，全产业链产值突破1000亿元，福建也成为全国首个突破千亿元的省份。不独如此，福建省多茶类的发展和优良种质资源的推广、应用、普及是全国第一，单产也是全国第一。茶叶在农村脱贫致富和乡村振兴中的拉动效应明显，茶叶第一大县安溪县从国家级贫困县一跃成为全国百强县，书写了一个发展的奇迹。

▲ 多年来，安溪县委、县政府一直为茶园精细化管理提供支持，持续推广茶园种树、梯壁留草、种草等，探索形成"头戴帽、腰系带、脚穿鞋""茶园周边有林、路边沟边有树、梯壁梯岸留草""县域大生态－茶山小生态－茶园微生态"等诸多复合生态种植模式，提高茶园大生态保水能力（谢旭东 摄）

燕子窠的春天

2021 年 3 月 22 日，习近平总书记在福建省武夷山市星村镇燕子窠
生态茶园考察时强调，要统筹做好茶文化、茶产业、茶科技这篇大文章，

肯定了茶在脱贫致富奔小康与乡村振兴中的作用，指出要坚持绿色发展，强化品牌意识，优化营销流通环境，总结科技特派员制度的经验等。

燕子窠静卧于武夷山古茶道旁，"五口通商"之前，武夷山天心岩、马头岩、慧苑坑、弥陀岩、竹窠、青狮岩、莲花峰等处产制的茶叶都须

▼ 武夷山市星村镇燕子窠生态
　茶园（邱汝泉 摄）

经过燕子窠古茶道挑到星村镇茶市售卖。燕子窠古茶道宽 1.5 米左右，铺鹅卵石，每隔一段距离即有凉亭，清乾隆二十八年（1763）的贡茶碑最初即立于此。著名的遇林亭窑也静卧在此。当年，遇林亭窑生产的黑釉瓷器也须经人工挑运，沿着古茶道远走他乡。

而今，燕子窠气象开阔，茶业发展立意高远，其生态茶园是优质高效生态茶园的示范基地，人们在这似乎看到了武夷茶业的新希望。

福建省将建设好中国（福建）茶产业互联网综合服务平台（福茶网）作为贯彻习近平总书记重要讲话精神的举措之一，以促进茶产业高质量发展。福茶网围绕茶叶交易、茶叶大数据、茶产业服务和茶文化推广四大功能，从产业链角度出发，融合数字科技，以建成全球最专业、最权威、最具公信力的茶产业互联网综合服务平台为目标。

福建省农业农村厅及时推出福建茶业贯彻新发展理念的意见，福建茶业高质量发展新格局初步形成。武夷岩茶、安溪铁观音、福鼎白茶、福州茉莉花茶以及福建的红茶这 5 类拳头产品的有关单位和机构将带领全省茶产业形成产业集群，金观音、金牡丹、紫玫瑰、春闺等优良品种将得以大力推广，茶叶精深加工、茶产业数字化应用等将有实质性突破。

历史上，茶业只是进行两维度的开发，而现在，茶业走向多维度空间。茶与科技、文化、产业、生活的融合，将使茶业更加时尚多元化。

郭元超与福云系

名茶贵在种

中国的茶树品种资源，为世界之最。春天的茶园里，茶树品种绚丽多姿，争奇斗艳。直立参天，高达二三十米的乔木大茶树与彼伏矮小的小灌木并存；叶长逾尺的大叶种与长近寸许的匍匐于地的"瓜子茶"相映成趣。在福建的茶场，有迎着飞雪报春时的早生茶种，如霞浦元宵茶、从广东潮汕引进来的迎春等；有春过人间仍在眠的晚生种，如武夷山的不知春。有的嫩芽密布茸毛，状如银针；有的曲茎多姿，身披紫袍，无比尊贵；有的一身黄金披挂，威武雄壮……

万紫千红总是春。万紫千红既是大自然的恩赐，也是一代代茶人充

▶"白茶茶王"白毫银针（图虫创意 供图）

满智慧的付出。其中，茶树育种对茶产业发展至关重要。茶界有"名茶贵在种"之说，用现在的话说，茶种就像是茶业的芯片，其秘诀在于优良品种能够更好地利用土壤、肥力、水分等自然物质条件。传统上，茶树繁殖采用有性繁殖方法，即利用自然杂交的茶果或茶籽直接播种在茶园或育苗移栽。虽然这种方式简便省力，但品种易变异。近世多采用无性繁殖法，以保持茶树性征的稳定。

品种资源是茶树选种的物质基础，福建无性系品种类型独步全国。新中国一成立，福建茶树育种工作就迅疾起跑。这与一个人分不开，他就是郭元超。

我走近郭元超，是从他的一本影集开始的，更准确地说，是从影集的序开始的。为影集作序，很少见，足见影集对主人的重要。郭元超写道，致力于茶树品种研究数十年，"不辞千里跋涉，不畏高山远阻，披星戴月，栉风沐雨，穿梭八闽，踏遍青山，南至戴云山系，北上武夷山岭，东登天山太姥，西征上杭长汀，考源探境，查宝求源，征奇茗于天下，集群姿于同堂。"

这不知是郭元超最好的自我介绍，还是最不好的？你不知道他是茶学家，还是茶农。或许这是作物育种专家的群体特征。他们是科学家，却躬行田垄，我们最熟知的可能是袁隆平。而郭元超是我国著名的茶树育种和茶树栽培学家，与研究团队成员沈丰年、黄修岩、黎南华等育成福云6号、福云7号、福云10号等福云系列优良茶树品种。他在福建多个茶区发现野生茶树，主持建立了中国第一座茶树品种资源圃，该圃汇聚了最丰富的乌龙茶品种资源，主持编著了中国第一部《茶树品种志》。在茶界，中国的第一，往往也是世界的第一。

成就卓著，但足下之路是一步步丈量出来的。每一个印痕串起来，是茶业发展之路，也是未来中国茶业发展的内在逻辑。

1953年8月自福建农学院毕业后，郭元超即一头扎进福安县社口镇深山里的福建省农业厅福安茶叶试验场，并于次年就以茶树栽培试验组组长的身份展开茶树品种研究。当时的茶叶科研一派凋零，郭元超与同事从基础工作做起，先是进行全省茶树资源普查、鉴定与收集利用，接着对无性繁殖法进行调查、总结与试验。其间建立了品种观察园与选种材料种质库5处，建立了茶树品种比较试验基地，鉴定福鼎大白茶、福鼎大毫茶、梅占茶、毛蟹茶、福建水仙茶、大叶乌龙茶、佛手茶、政和大白茶、铁观音、黄金桂等无性系品种，及时解决了当时生产之需。郭元超数十年的茶叶科研工作岁月，是在枯燥的量树冠、数花丝、数茶叶叶片锯齿数量、剥茶果果壳中度过的。

▲ 工作中的郭元超（福建省茶叶学会 供图）

▲ 郭元超（左一）介绍福云6号的选育经过（福建省茶叶学会 供图）

令人惊艳的福云系

1952年，福建开始引进云南大叶种，最初在茶叶研究所试种。1957—1961年间大量引种，在福安、福鼎、霞浦、安溪等地试种。但各地疏于管理，效果不怎么理想。不过，西南茶区乔木大叶实生种与东南茶区小乔木无性系良种的千里姻缘，竟创造了育种奇迹。

郭元超团队以福鼎大白茶（绿茶良种）为母本、以云南大叶种（红茶良种）为父本，通过自然杂交，于1958年从母本树上采籽播种而得到了第一代有性群体——福云杂交种，简称福云58型。1962年，郭元超团队从福云58型杂交种第一代有性群体中，通过单株观察分离，并用无性繁殖法选育出福云6号。同年，选出的还有福云7号、福云8号、福云10号和福云23号等20多个单选型号。

经过上述自然杂交、后代获得、单株分离选育三个阶段，郭元超团队接下来就开展小区（小范围）比较试验，这一阶段是在1964—1971年间。茶树是多年生植物，不像水稻、蔬菜一年多生，至少6年才能看出端倪，并且中间过程不可控。试验结果可谓惊艳，优点多多：一是福云杂交的几个单选品种单产显著高于福鼎大白茶、政和大白茶、福建水仙、梅占等福建著名的无性系品种；二是具有父母本遗传性状，表现在早芽、富白毫、分枝多、芽头密、抗性强、产量高、品质好；三是适宜制作红茶、绿茶和白茶，制作的绿茶的品质优于福鼎大白茶，制作的红茶的品质则胜过云南大叶种；四是短枝扦插出苗率高，移栽成活率也高。

虽然小区试验大获成功，但这还只是特定地域气候条件下的表现。在更大的区域和不同的气候、土壤、肥管等条件下的适应性怎样呢？能发挥出原有的经济性状吗？这就必须经过试验来解答。

1969年，郭元超带领的科研人员首先在社口镇茶场试种福云7号、福云8号2万株，约10亩地，然后少量向福安其他茶场以及霞浦等地推广。鉴于见效出奇得快，于是进一步向外推广，并扩散至省外。

"株出于群而胜于群。"虽然无性系出自实生茶种，但普遍高于原

▶ 福云 6 号茶树

种群生产水平是其最大特点，其次是便于采摘与茶园维护，产量也高。推广试种的结果更是无比惊喜。1975 年冬，霞浦遭遇史上罕见的寒潮袭击，持续了四五天，尽管 3 年前引种在洋里大队茶场的福云种没有出现死株现象，可当地的云南大叶种却惨不忍睹。在省外的试种，刻意选择了不同的地理、气候环境，有高原区的贵州湄潭、盆地区的四川永川、平原区的浙江余杭等，不论在哪儿，福云系种苗都显示出抗逆性强、经济性状好等特征。

1982 年，郭元超带队对栽植福云系列品种的福建 15 个茶场进行实地调研。不管是闽北建溪两岸的南平西芹茶场、建瓯凤山茶场（史上著名的北苑贡茶核心产地）、邵武水北公社茶场，还是木兰溪畔的仙游度尾公社茶场、莆田华亭山牌茶场，福云系列品种均呈现出共同的特点：适应性强、生长快、产量大、品质好、抗病虫害。这些特点与省内宁德、福州、三明等茶场的栽植结果以及省外栽植福云系茶种的情况惊人地一致。

茶界有言，一个品种足以造福一个民族。种质资源是国家财富。

◀ 云南大叶种古茶树鲜嫩芽叶
（视觉中国 供图）

1991 年 3 月，郭元超调查社口、冬瓜坪、南山、坦洋等村茶户的结果显示：福云 6 号、福云 7 号五至七年生茶树平均亩产达 200～250 千克，比茶农传统上栽植的菜茶高一两倍，每亩产值三四千元。菜茶，是茶农自选自育的地方有性系群体种。在传统的无性系良种普及之前，茶农多栽植菜茶，如寿宁县就有斜滩菜茶、南阳菜茶、凤阳菜茶等。依靠栽植福云系茶种带来的经济效益，社口镇的农村经济率先起飞，茶农走上脱贫之路。20 世纪 90 年代初，社口镇就是全国著名的"茶叶明星镇"了。

▲ 郭元超（左一）向浙江大学
刘祖生教授介绍福云 6 号的
性状（陈荣冰 供图）

岁月不居，时光如流。福云系列品种问世 60 多年来，创造了多项第一。福云 6 号是中国目前推广面积最大的无性系品种。福云 7 号、福云 8 号、福云 23 号在 1978 年获得全国科学大会成果奖，是新中国第一批获奖的农作物新品种。

"名种出好茶"，就育种选育而言，福建在全国领先。除福云系外，如今市面上追捧的不少品种都是那个时代培育的。如 20 世纪 60 年代，朱寿虞在武夷山茶科所时成片繁育出肉桂。如今，肉桂是武夷岩茶的当家品种之一。茶树品种选育需要一代代人传递接力。如郭吉春团队赓续前贤，以铁观音为母本、黄金桂为父本，采用人工杂交育种法选育出金观音、黄观音、金牡丹 3 个国家级良种。"茶树品种王国"这一大奖章，是由福建几代茶人的心血凝聚而成的。如今，其不断发扬光大，不少茶企都有自己的种质资源圃，不少茶农都有拿手的育种绝活。例如，武夷星茶业有限公司就持续建设茶树种质资源圃和种质资源库云平台，实现对种质资源的战略管理。目前，该公司建有全国茶企自建规模最大的种质资源圃 40 亩，共保存种质 3240 份。

福建是茶树优良品种最多的省份，我们熟知的铁观音、福鼎大白茶、福鼎大毫茶、政和大白茶，以及福云 6 号、福云 7 号、福云 10 号、本山茶、黄金桂、福建水仙茶等茶种都是国家级良种。福建现有经整理并登记在册的品种及育种材料达 600 多个，其中，国家级良种 26 个，省级良种 18 个。如此丰富的茶树良种为创作各种名优茶、提升茶叶品质奠定了物质基础。福鼎大白茶在茶树育种史上留下浓墨重彩的一笔，是茶树育种中最广泛的亲本之一，其优质、高产、适应性强的基因遗传至后代，繁衍出诸多国家级良种，除了福云系列良种之外，还有霞浦春波绿、迎霜、劲峰、翠峰、浙农 12、浙农 113、浙农 117、茂绿、中茶 302、春雨 1 号、春雨 2 号、湘妃翠、鄂茶 1 号、黔湄 809 等。

不少人常误把国家级茶树良种与历史名茶、茶叶品牌价值混同。茶树良种标准包含丰产性、适制性、适应性和抗逆性等。良种的培育周期是很长的，育成要二三十年，还要经审评与市场检验，非一朝一夕之功。

如今，常规的茶树育种技术正面临升级换代，诱变育种、分子育种已引领育种潮流，以解决育种周期长，难以早期鉴定和以产业需求为导向的育种使命，如适合机采的品种等难题。比如，武夷星茶业有限公司就利用信息化手段搭建茶树种质资源库云平台，对全国及福建数百种茶树品种进行基本信息收集和展示，包括形态特征、生物学特性、品质特性、抗逆性、抗病性等。在茶树种质资源采集系统大数据基础上，可根据新品种性状，如产量、品质、抗性、发芽期、花果、生化成分，利用人工智能（AI）技术进行匹配，这样不用种在田里，就能预测出结果，省去了传统育种中海选而大规模进行杂交的过程，大大节省了试验成本，缩短了育种周期，显著提升了育种效率。

新时代，打好种业翻身仗的使命在肩，新一代福建茶人有了一个新的身份，即科技特派员。他们长年扎根沟壑坑涧，在茶园放飞自己的梦想，把论文写在田野大地上，怎么看，都像一批多年生的茶作物。

天风相送

▲ 中茶福州分公司 1950 年工作总结会议出席人员合影

有这样一帧老照片，上方的文字清晰地记录了它的背景：中茶福州分公司 1950 年工作总结会议出席人员合影。场景、人员着装与表情都极富那个时代的特征。前排正中央抱小孩的，就是当时的福建省工商厅副厅长兼中茶福州公司的首任经理胡铁生；他左手第二人，就是日后大名鼎鼎的张天福。

中茶福建公司的雏形福州分公司是 1950 年 2 月 20 日成立的。公司按照国家“扩大外销、发展边销、照顾内销”的茶叶贸易方针，制定了毛茶采购等级的标准样，以指导和促进茶叶品质的提高；要求全省茶区成立茶叶采购站，加大采购规模，加快采购速度，以解决民国时期遗留下来的乱象；充分利用福建得天独厚的自然资源与丰富的优良茶树品种，先后在福安、福鼎、福州、建瓯、政和、安溪、漳州等茶区创办茶厂，恢复了茶叶生产，扩大了茶叶精制规模，实现了精制茶的机械化生产。这些茶厂，日后均成为计划经济年代地方茶叶生产的重要力量。

苏联是中国茶叶出口的主要目的地，乃至于出现专有词汇"苏销茶"。1950 年 2 月 24 日，毛主席访问苏联返途经伊尔库茨克时参观了茶业包装厂，那里加工的茶叶就是从中国进口的。福建出口苏联的红茶，有的经福鼎、赛岐转运至上海，然后经拼配再出口。新中国成立后，苏联专家也经常来中国考察茶情，于 1952 年就参观过福州茶厂。1952 年，福建销往苏联的红茶为 2.7 万担。后来，中苏关系恶化，红茶出口一度受阻，不少地方被迫"红改绿"。如今，时移世异，苏联已经不复存在，但乌兹别克斯坦、俄罗斯依旧是进口中国茶叶的大户。

▲ 1952 年，苏联茶叶专家莅临中国茶业公司福建省公司福州分级厂参观指导

从新中国成立至 20 世纪 90 年代初，中国外销茉莉花茶由中茶福建公司出口；1956 年之前，广东口岸也出口一部分白茶，后来就全部改由福建口岸出口。中茶福建公司的茉莉花茶、白茶、乌龙茶的出口数量及金额长期稳居全国首位。

善创新的中茶人

数十年的发展历程，中茶福建公司在生产加工、研发推广、提高茶叶品质等方面自觉地贯彻着创新精神。

说起技术创新，中茶福建人个个都如数家珍，掰着指头一一道来，什么红茶萎凋环节，改日晒为冷发酵与烘干技术；绿茶改晒青为烘青，并创始了炒青眉茶的出口记录；不断改进茉莉花茶的窨制工艺；推出乌龙茶罐装饮料；各茶类创新品种货号等等，难以计数，无一例外地彰显着中茶福建人的执着、坚韧与使命感。

以白茶来说，新中国成立初期，为扩大收购、采购范围，1956 年，中茶公司就推出民主评茶法。执行过程中细致严谨，"对样评茶、按质论价"，色泽、嫩度、净度、形状、香气等指标并重。

20 世纪 50 年代末到 20 世纪 60 年代中期，为了克服雨天做茶的困难，提高品质，中茶福建人攻克了白茶加温萎凋等一道道难题。当时条件有限，何岩兴、林漱峰、林朝炽等人因陋就简，采用"领导 + 技术人员 + 老茶农"三结合的方式，由中茶福建公司主导，吸取民间老茶农长期积累的做茶经验，有组织、有计划地实施，指导建阳县回龙公社沙堤大队白茶初制厂进行白茶加温萎凋试验，并取得成功。1964 年，在福安坦洋、福鼎白琳、福安水门等白茶产区初制厂进行试验推广，并在 1965

▲ 中茶福建公司的白牡丹茶

年春茶生产实践中取得了很好的成效。

20 世纪 60 年代，为适应香港市场需求，令茶汤稍浓，以更好地竞争香港市场，中茶福建公司开始大力研制新工艺白茶。1964 年，新工艺白茶在福鼎湖林茶厂首创试制。1968 年，将萎凋茶叶进行短时、快速揉捻，并迅速烘干，生产出新工艺白茶。新品白茶条索更紧实，汤色稍深而浓，在香港市场销售得很好，惠及福建白茶产业，至今还有企业生产。当时，跟着师傅学茶的年轻人刘典秋后来成长为公司的主要负责人。

泰国、新加坡对我国采取贸易歧视时，出口白茶采取香港转口的方式。1964 年开始，中茶福建公司将早期的"包销"改为"代销"，并在经营中不断提高优良大白茶比例，抬升了白茶出口的价格。即便在动荡年代，白茶出口业务也没有间断。1968 年的出口量为 200 吨，1969 年的出口量为 300 吨，1977 年的出口量突破 500 吨。20 世纪 90 年代，出口地由传统的中国香港、东南亚地区向欧洲、日本拓展。中茶福建公司出口的白茶产品也更加丰富。

撬开日本市场

自 20 世纪 70 年代中日邦交正常化后，日本人开始重新打量当时的中国，中国也希望开拓日本市场。1981 年，中茶福建公司的陈彬藩履职福建省外贸总公司驻日本全权代表。一次，一个日本人以日本"茶道"自诩，对中国茶文化看不上眼。陈彬藩不卑不亢，以"道不可轻言"思想应对，阐明中国人的品茶之道。这次交锋令日本人折服，也使陈彬藩感到日本对中国茶文化有很大的误解，要在日本推广中国茶叶，必须正本清源，以文化搭台。

于是，他借各种机会在各种场合介绍中国茶文化。他与日本知名文化、科教界名流交朋友，利用日本报刊，甚至 NHK 电视台，从茶文化、茶叶保健功效等方面宣传推广乌龙茶。他还推出了专门的著述《茶经新篇》（日文版），介绍中国茶文化精神。终于，许多日本人诧异自己对中国茶的理解很肤浅，竟然有那么多中国茶品闻所未闻。自乌龙茶受到日本演艺明星的青睐以及日本医药卫生组织发布的研究报告显示乌龙茶减肥效果明显、可降低胆固醇后，乌龙茶奇迹般地在日本市场走俏起来。

陈彬藩在日本工作生活多年，日本人快节奏的生活方式给他留下了

▲ 中茶福建公司的乌龙茶

深刻的印象：街道上行人步履匆匆，口渴了，常常就着冷水或冷饮以快速缓解。陈彬藩敏锐地观察到了这一现象，更洞察到其中潜藏的商机。茶，是不是也可以变成这样方便快捷的饮料呢？他忽发奇想，要更大范围地普及乌龙茶，就必须给茶"降温"，使之由热饮变成冷饮。不久，他的这一想法就变成了现实。

中茶福建公司多年前就与日本三井物产株式会社长期合作，研发乌龙茶自动化生产线，推出茶叶精制加工生产线，在投料、烘干、筛分、砂石选别、静电选别、目视挑拣、去除杂物等环节大大精简了人力，提升了效率，实现了茶叶清洁化、智能化精加工。20世纪90年代，中茶福建公司不仅与日本三得利公司等合作探究乌龙茶对人体的功效，同时还成为日本三得利、伊藤园、朝日啤酒等茶水饮料商的原料供应商与战略合作伙伴。茶水饮料产品包装上永远不缺那句广告语："福建茶叶进出口有限责任公司推荐100%福建乌龙茶"。

"蝴蝶牌"商标与"小黄听"

在1984年国家改革茶叶购销流通体制前，中茶福建公司就已经洞察到茶叶市场的深刻变化，及时推出技术含量高的小包装产品，商标是"蝴蝶牌"。其实，"蝴蝶牌"商标于20世纪60年代就开始使用了，不过之前外包装箱上印的是"中茶牌"商标。

1985—1986年的连续两年里，"蝴蝶牌"一级茉莉花茶、小包装袋泡茶荣获法国旅游业协会颁发的国际美食旅游大赛金桂叶奖。中茶福建公司国内品牌业务定位在花茶和白茶，"蝴蝶牌"商标为"福建省著名商标""福建省国际知名品牌"，"蝴蝶牌"花茶、白茶为"福建名牌产品"。多年来，中茶福建公司的这只"蝴蝶"姿态轻盈，色彩绚烂，迎风而舞，给多少海外游子带去了儿时的记忆，抚平了多少思乡的愁绪。

中茶福建人还对他们的"小黄听"很自豪。在他们心中，那是一款传世产品，那是一款中茶福建公司创造的至今难以超越的经典茉莉花茶。"小黄听"是一种亲切的称呼，因为产品包装为沙黄色，外观轻巧。"小黄听"用英语、法语、阿拉伯语、西班牙语等多种语言作为标签，出口世界各地。几十年来，"小黄听"单品出口销售量第一，获得了2015年国际茶业大会"金丝路功勋奖"。

▲ 中茶福建公司的"蝴蝶"标识

▲ 中茶福建公司的经典茉莉花
　茶"小黄听"

开拓南美市场

虽然南美与中国相隔遥远，但彼此间在200年前就有了茶缘。19世纪初，几百名中国茶农远渡重洋奔赴巴西，将种植茶树的技术传播到南美。为纪念这些种植茶叶的中国茶农，巴西里约热内卢市在蒂茹卡国家森林公园修建了一座"中国亭"。2018年8月15日，巴西首个"中国移民日"，在有着200年历史的里约热内卢植物园的一棵古老茶树下，迎来一块来自中国福建的华安石纪念牌，牌上写着："1812年，首批抵达巴西的中国人在此栽下茶树，此为中国—巴西友谊的见证。"

今天，茶已经成为巴西人的重要饮品。在2000年以前，南美市场人群主要消费红茶，货架上满是立顿、川宁等国际大品牌的红茶袋泡茶，很少能看到中国绿茶的身影。2005年，中茶福建公司敏锐地意识到中国绿茶大规模走向欧美市场的契机，积极开拓南美市场，在智利市场和秘鲁市场签约了绿茶袋泡茶GT701、GT702的代理商，开始大批量

地将中茶福建公司"蝴蝶"牌绿茶袋泡茶引入 WALMART、LIDER、JUMBO 等重要大型连锁超市。

2013 年后，中茶福建公司定期向南美客户提供蝴蝶品牌的茶叶、茶杯、茶盅、宣传光碟、广告图片等，定期配合南美客户在 WALMART、LIDER、JUMBO 等连锁超市中开展产品促销、试饮试泡等现场产品推介及多种形式的广告宣传活动。短短两年，仅智利代理商这一家客户的年出口金额就大幅提升，其更一跃成为中茶福建公司的核心客户，南美市场的出口额也得以大幅增长。

▲ 中茶福建公司的绿茶袋泡茶 GT702

林桂镗马里种茶记

交锋

1961 年 12 月，福建省农业科学院茶叶研究所所长林桂镗授命远赴非洲。那时，他有一个新的身份：中国援助马里农业专家组组长。专家组共 6 人，远赴马里的任务就是帮助马里人民种植甘蔗、水稻，还有茶树。

马里于 1960 年才独立，因为之前是法国殖民地，所以即便独立后，农业部门仍为法国人所把持。马里人善食牛羊肉，非常喜欢喝茶以解腻，因此每年都要进口茶叶数百吨。很早以前，马里人就有一种朴实的愿望，种茶以自给自足，可是殖民者万般阻挠。理由倒是冠冕堂皇，比如，常年气温高达 40 多摄氏度，湿度才百分之十几，雨量不足 1000 毫米，雨季短促且集中。虽然雨来时疾风骤雨，泥沙俱下，但一会儿就艳阳高照，好像刚才的事根本就没发生过。这样的环境怎么种茶？

林桂镗是茶学科班出身，工作后一直在福建茶叶生产第一线，论种茶经验，显然没得挑剔。可是，在这个号称"非洲火炉"的国家种茶，无疑是个巨大的挑战。林桂镗深知任务艰巨，一路上都在头脑中预想着可能遇到的种种困难。可到了马里首都巴马科以后，他才真正意识到摆在面前的难题比想象的严重得多。

1962 年 1 月初，林桂镗团队到巴马科没几天，当时还留在那儿的马里政府农业技术顾问法国人布撒就主动找上门来。他顶着"西非农业

权威"的帽子，陪同的还有一帮法国人。

布撒以教训的口吻说："在几内亚靠近大西洋的某些地区，气候比较湿润，还可以种茶，而要在马里种植茶树，你们简直是妄想！"

林桂铠从容应道："布撒先生，你的根据是什么呢？"

布撒搬出那一套所谓"气候不适宜"论，又如数家珍似的背诵起来，那神气活现的样子，好像已经压服了中国人。没想到林桂铠反问道："你们在马里种过茶树没有？"

布撒一时哑口无言，他只好耸了耸肩，脸憋得通红。林桂铠见状，面向这几个法国人，坚定有力地说道："我们中国人习惯以实践来作判断，就让我们试验后，用事实来回答这个问题吧！"

▼ 马里是西非的一个内陆国家，是世界上最热的国家之一（图虫创意 供图）

千里勘测

虽然林桂镗不信邪，但他深知，一系列的疑难都要用实际操作来回答。

马里政府派了一个工作人员来陪同，是农村发展部的一位副处长，叫阿马杜。他们立即着手去各地勘察。调查期间，他们穿越在马里的乡间。每到一个村庄，他们都要到农民家中去走走看看。林桂镗感觉到坐在农民家的羊皮上，听当地老农民谈天说地蛮惬意的。当地农民热情，请林桂镗吃抓饭，中国的专家团队也痛痛快快地体验着马里乡间习俗。

一路奔波，艰苦程度可想而知。衣服一天要换洗几次；头发长了，自己想找个修剪的地方都困难。是年2月4日，林桂镗他们住在塞古的马尔卡拉旅馆时，那天晚餐特别丰富，比往常多了好几道菜。一问才知，那天是中国的农历除夕，菜是阿马杜特地为中国专家准备的。连日来，林桂镗等人马不停蹄，早把这么重要的节日忘了。阿马杜异常兴奋，喋喋不休地对中国专家组说："我很高兴和中国专家在一起工作，这使我从中知道了许多事情。通过你们，我了解了中国人民，我们是兄弟。来吧，我们一起欢度中国的节日。"

阿马杜对中国专家很尊敬，与之也相处得很融洽。一有空，他还要求中国专家教授汉语，有时还要求中国专家教他唱《东方红》。林桂镗他们也跟着阿马杜学习马里的班巴拉语，跟着他学唱马里歌曲。阿马杜对歌颂他们民族英雄松迪亚塔的歌曲特别钟情，这给中国专家留下了深刻的印象。一个民族，不能遗忘了自己的英雄。这在全世界大概都是一样的。

与马里朋友相处是愉快的，但随着时日的飞逝，林桂镗心里的丝丝不安感渐渐升起。塞古、莫普提等马里中部、北部的许多省、县的农村都留下了林桂镗的足迹，可还是找不到一块适宜种茶的地方。那是些什么地方呢？要不，热得可怕；要不，旱得要命。尤其是靠近撒哈拉沙漠一带，非洲人称之为"沙漠岸"。在那里，每年11月到次年5月都是旱季，滴水不见，怎能种茶？有一些地方，从表面上看，土地肥沃，很适宜种茶，但可能没有河流，灌溉成问题，又或者是低洼地，雨季一来，一片汪洋。

一个多月过去了，依旧没有一点眉目。尽管林桂镗的思想负担愈加沉重，但只要他一想到肩负祖国所托、人民期待，责任给予了无限的勇气和力量，就连干旱、高温天气也阻挡不了他前行的步伐。又过了一个月，2000 多千米的路途不知不觉被他远远地甩在了身后。

几乎走遍了半个马里，林桂镗终于在锡卡索巴兰古尼村庄找到了一块比较理想的场地。那里位于马里南部，靠近象牙海岸，盛产杧果、菠萝、香蕉。这次的意外发现，还要感谢马里农村发展部新作物处处长伏法纳、锡卡索农业处长帮迪亚以及农民碧哈玛，正是他们的引导，才使林桂镗有了意外之喜。林桂镗立即估量了这个地方的条件：旱期只有 6 个月，常年雨量达 1300 毫米，红黄壤土，呈酸性，比较肥沃，水利条件较好。经初步判断，可以在这个地方试种，于是，他当即决定在那里建立试验基地。

意外与惊喜

这时，已近中国传统的清明时节，也是该茶籽播种的时节了。林桂镗准备着手播种出发前随身带去的茶籽。那是从湖南三个茶树品种中精选出来的，种仁粒粒饱满，籽叶肥大湿润，品质极好，现在它们就要在这个友好的国家生根开花了。但打开包装袋后，林桂镗傻眼了，"这哪里是我带来的茶籽？"干瘪的种仁，灰暗的外壳，完全变了样。冷静之后，林桂镗明白过来了，他是经莫斯科到达马里的，这些茶籽经不起骤冷骤热的折腾，严重失水了。怎么办？虽然林桂镗明知茶籽已失去生机，但他还是抱着一丝希望，用各种方法进行发芽试验，不仅在室内用湿沙堆积，而且在室外建苗圃播种，只愿能发芽，哪怕百分之几也好。两个星期过去了，连一点动静也没有！林桂镗把埋在苗圃里的茶籽扒出来，一看，愣住了，茶籽早就霉烂了。更紧要的是，时近清明，稍一延误，不但要误季，而且祖国各地播种结束后，也不可能有多余的茶籽了。

眼看援助马里种植茶树项目就要落空了，殖民者所谓"马里不能种茶"的谬论可能就要甚嚣尘上了，林桂镗越想越感到问题严重，可全身没有一点力气，只能暂时蹲在苗圃里大口大口地喘气，原本就有的哮喘病也更加严重了。

同行的水利专家李伟质、甘蔗专家唐耀祖跑来安慰林桂镗，并建议他向大使馆汇报情况。在巴马科中国大使馆，赖亚力大使一边安慰林桂镗，一边说已经向国内发报索取茶籽了。赖亚力大使的安慰虽然减缓了

人越来越多了。原来，阿达玛拉米撒把村里人都请来参观了。从他们的表情里，林桂镗明白了：马里人比中国人更希望茶籽发芽。他们生活的土地长期被认为"不能种茶"，现在既往认知就要被颠覆了，怎能不喜出望外呢？情同此心，心同此理啊！

林桂镗心中的石头终于落地。此后，中国专家组每天走在茶园路上遇到马里人民时，无论是大人还是小孩，男的或是女的，都一边举手向林桂镗他们打招呼，一边嘴里喊着："中国人！中国人！"

新的难题

茶苗虽然出土了，但这并不意味着茶树能够顺利地生长。摆在林桂镗面前的问题还多着呢！首要问题是，该怎样保护幼苗在这如火的炎阳和干燥的热风中度过。传统的办法是遮阴。但在热带地区究竟怎么遮，用什么东西来遮，林桂镗一点经验也没有。马里的专家建议采用绿肥作物遮阴，可马里虽有一些绿肥品种，但生产能力很差，不能起遮阴作用。

正当林桂镗一筹莫展时，马里农村发展部新作物处处长伏法纳来了。林桂镗看到这位处长信心满满的样子，就知道他有办法。果然，伏法纳说，邻国象牙海岸有许许多多绿肥品种，他亲自跑了一趟，采集了20多种绿肥作物和4种遮阴树种子。经过田间种植观察和比较，他发现，其中的3种绿肥作物生长快，旱期能起遮阴作用，雨季又可掩埋为肥料，1种生长迅速的遮阴树可成为茶树幼龄和壮龄期间最好的遮阴物。

自茶籽播种那天开始，林桂镗每天都往返约30千米，到茶园和马里工人们一起劳动，一起观察热带环境对茶苗生长的种种影响。不料，一天，林桂镗发现有几株茶树的叶子萎黄了，有几株茶树干枯了，之后每天都有增加。林桂镗心痛极了，与马里工人没日没夜守卫在茶树旁观察。不久，真相大白，原来是非洲土蝗和白蚂蚁在作祟。土蝗好对付，只要通过人工捕捉和药剂喷射就能制止住。令人头疼的是白蚂蚁，不但种类繁多，小的像黄蚁，大的似马蜂，而且在非洲到处都是。它们成群结队来到茶园，在茶树根颈处啃个不停。幸亏马里学员乌斯曼介绍了一种当地人采用的防治白蚂蚁的农药"灵丹粉"，才控制了这种害虫。

考虑到地理气候条件不同，种植茶树肯定要因地制宜。林桂镗与马里人民紧密合作，选择种茶地点，进行几项对比试验，采用深垦、直播、灌溉、遮阴、定型修剪、防治病虫害等技术措施，茶树终于迅速地成长起来。

茶树在马里试种成功，马里人民更加坚定了自力更生发展民族经济的信心。马里政府初步决定，到 1969 年底，发展茶园面积 400 公顷，产茶 400 吨，争取实现自给自足。这无疑是摆在林桂镗面前的又一道难题。为了协助马里人民实现这个宏伟的计划，林桂镗与伏法纳跋涉在马里西部肯尼巴省及基达省人迹罕至、野兽出没的地方，勘察宜茶地区。那一带到处是疏林灌木草原，汽车不能通行，只能靠两条腿前行。当地农民带着刀枪，披荆斩棘，担任保卫者和向导。晚上，林桂镗就与当地农民一起吃小米糊糊，睡茅寮。经过两个多月的奔走，他们终于又找到了几片适宜种茶的地区。

▲ 工作中的林桂镗

总统来到茶园

马里土地上第一次长出茶树这样天大的喜讯传遍了马里，最高兴的可能是总统了。莫迪博·凯塔总统通令国民到锡卡索巴兰古尼茶园来参观。

于是，从巴马科到锡卡索 400 千米的公路上，参观的人如赶集般络绎不断。周边的巴马科、塞古、卡伊大区就不用说了，北部畜牧区加奥大区也有不少人不远数千千米来一睹茶树风采。马里农村发展部部长库亚特到茶园参观后也十分兴奋，并随即问林桂镗：用马里茶树的树叶做出来的茶叶的品质会不会和中国茶一样好？能不能即刻制出一批来尝尝？

这正合林桂镗的心意，他也担忧这一问题。既然部长提出来了，正好趁势而上。倒是马里的技术人员与学员觉得诧异：怎么种茶的也能做茶？原来，他们在工作中习惯了分工，一个人只能做一种事，做这个就不做那个。他们甚至怀疑林桂镗的话，希望中国派一个制茶专家来。殊不知，制茶对林桂镗这样级别的专家来说是囊中探物之事。自从 1952年到福建山区的茶叶试验场工作以后，林桂镗一直跟茶农们一起参加生产劳动，从中学会了许多田间实际操作技术和制茶技术。十几年来，穿行于茶山，不论是陡峭崖壁，还是泥泞小道，他常常头戴竹笠，足登解放鞋，身背军用水壶，活脱脱一副农民装扮，一天下来一身泥土。

▶马里独立后的首任总统——
莫迪博·凯塔

　　说做就做，马里人喜欢绿茶，绿茶一般采用炒制，可是在马里根本找不到一个制茶工具。林桂镗只好向大使馆借了一口铁锅，用手工精制了两千克"炒绿"，送给马里政府。马里朋友们尝后，觉得品质与他们从我国进口的"4011"号茶叶一样。库亚特喝了"炒绿"，非常高兴，即刻把林桂镗制出的茶叶命名为"49-60"号茶。"49"表示新中国成立的年份，"60"表示马里独立的年份，寓意很明确，他们不会忘记中国，不会忘记中国福建茶人的贡献。"49-60"号茶的诞生，给马里人民极大的鼓舞，更给他们以观念与心理的冲击。

　　后来，为拓展茶园，林桂镗到马里西部地区勘察宜茶地区时，卡伊大区长阿里乌里就亲口对林桂镗说："中国是出口茶叶的国家，你们来帮助我们种茶，这是真诚无私的援助。殖民者们绝不会在他们的消费市场生产他们的出口产品，只有你们这样做。我们珍视你们的无私援助。"巴马科市市民特劳雷也曾对中国援外组的一位成员说："中国对我们的援助是一种什么样的援助呢？中国是一个出口茶叶的国家，马里正是它理想的市场。而中国为了帮助我们自力更生，发展经济，帮助我们种出了茶，使自己失掉了一个市场，这就是中国的援助。如果说我以前根本不相信世界上会有什么无私援助的话，那么我现在就亲眼看到了。"当然，他们可能不知道，世界上所有国家的茶叶都是直接或间接从中国引进的。

　　对于绿茶试制的成功，马里政府非常重视，又迅速要制出一批茶叶，林桂镗只好又手工炒制好 4 盒。马里总统莫迪博·凯塔还将林桂镗制出的"49-60"号茶叶作为珍贵礼品送给尼日尔、毛里塔尼亚、塞内加尔、象牙海岸等邻国的贵宾。

　　1963 年 12 月至 1964 年 2 月，周恩来总理访问非洲十国。在马里时，周恩来总理品尝了林桂镗制作的这款茶，并在大使馆与林桂镗等专家合影留念。也正是在马里，周恩来总理提出了中国对外经济技术援助八项原则，受到非洲国家的普遍欢迎。

　　1964 年 3 月 13 日，马里总统莫迪博·凯塔专程到锡卡索参观茶园。

▲1964 年，马里总统莫迪博·凯塔（右一）参观林桂镗（左二）援建的茶园

▲ 1974年1月，连环画《友谊茶》正式出版发行
▼ 马里首都巴马科是该国最大的城市（视觉中国 供图）

总统亲切地与林桂镗握手，又是问候，又是祝贺，好像见到了多年未见的老友。在茶园，总统一待就是两天。

1964年6月，林桂镗离开马里。此后，中国陆续派出其他茶叶专家与技术人员前往指导。

1965年3月，福建省农业科学院茶叶研究所的郭元超与福鼎的李观妹就出现在马里的茶场。

再后来，林桂镗的事迹被广为宣传，还被改编为连环画，名字极富时代印记，叫《友谊茶》。

台湾茶人回福建

　　20 世纪 80 年代，随着海峡两岸上空的阴霾散去，两岸茶缘重新接续起来。1988 年，台湾茶人范增平到上海等地演示茶艺；次年，台湾天仁集团陆羽茶艺文化访问团李瑞贤、蔡荣章等一行在北京、合肥、杭州演示茶艺，大陆茶人为之一振。

　　对于茶艺，我们不该陌生，是台湾茶人将之重新带回大陆。之所以说是"带回"而不是"带来"，是因为台湾茶的根在大陆，即便"茶艺"一词，也是原创于大陆。著名茶学家胡浩川于 1940 年首提"茶艺"一词。

20 世纪 70 年代后期，经著名茶学家林馥泉等人的推动，"茶艺"一词终于传播开来。林馥泉在台北开办茶艺讲座，编写茶文化读物，创办茶叶刊物，积极宣传茶文化。茶艺这种文化形式在大陆很快被接受，福州出现了大陆第一家茶艺馆——福建博物馆茶艺馆，尔后，茶艺馆迅速遍布全国。

李瑞河带来新思维

在返乡探亲或寻根问祖的台湾人中，不乏台湾茶人。出生于福安的吴振铎，于 1946 年去台湾，再回到家乡已是 1988 年的事情了。吴振铎在回乡省亲时专门赴武夷山。1944 年，他曾在崇安茶场工作，如今重返故地，感觉一切都是那么亲切。在参观茶圃时，对于素来繁杂的武夷茶品种，他却如数家珍，令陪同人员目瞪口呆。吴振铎在台湾时培育了台茶 1 号至台茶 17 号，其中最具代表性的是台茶 15 号和台茶 16 号，即在两岸名声煊赫的金萱和翠玉。1990 年，经吴振铎考察证实，台湾的青心乌龙就是源于建瓯的矮脚乌龙。

同一年，李瑞河也辗转回到祖籍地漳浦。与吴振铎的心境完全不同，李瑞河发现这是一个适合再创业的地方。原来，李瑞河之前在台湾经历了一段事业的低谷期。茶农出身的李瑞河于 1953 年开始做茶叶生意，于 1961 年独自在台南创立天仁茗茶店，后将其发展为综合性集团。1993 年，李瑞河正式把投资重点放在大陆。最早落地的项目之一，是在福州投建天元茶业公司，合资经营福州北峰的优山茶场。

如今，大家对茶叶连锁店的销售模式不以为奇，实际上那是李瑞河从台湾引进来的。1994 年 10 月，李瑞河在漳浦成立天福茗茶第一家门店，随后迅疾向厦门、福州、上海、北京、潮州等发展，使之成为引领茶叶经销的最时尚的模式，为茶界效仿。天福茗茶门店在福州开张时，以现在的眼光看来，并不算漂亮的门店、并不算精制的真空塑料袋包装等，让福州消费者大为惊讶，有人甚至怀疑，这是不是在卖茶？毕竟，福州市场上之前的茶叶销售都是附着在杂货店内的，茶叶用木箱包装，客人需要多少，铲出来过秤，用牛皮纸袋包装。不少销售人员都掌握着娴熟的称重技能，顾客需求多少，一铲就能铲得准。1998 年，天福门店达到 100 家。2004 年，加拿大温哥华开设了天福茗茶首家海外连锁店。

◀ 茶艺，是"茶"和"艺"的有机结合（视觉中国 供图）

▲ 福州北峰的优山茶场（范本仁 摄）

2010 年，天福门店总数超过 1000 家。2015 年，拉萨天福茗茶连锁店开张，天福茗茶实现了连锁店在中国各省份的全覆盖。

茶业怎样经营？是以茶农的思维来经营，还是以茶商的思维来经营，还是以企业家的思维来经营？多年后再看天福茗茶，李瑞河带给大陆茶业的最大启示就是经营理念。漳浦天福茶博物院就是一种企业家思维的反映，跳脱出传统思维来种茶、制茶、做茶食品、办茶博物院和茶职业技术学院等，成为茶行业创业者的标杆。不少茶企老板毫不讳言地说，他们当初就是模仿天福茗茶起步的。

后来，越来越多的台湾茶人带给福建新的种植技术、茶园管理技术、茶叶加工技术、茶叶品种、经营理念，越来越多的台湾茶人穿梭在八闽绿海似的茶园中。

▼ 世界上最大的茶博物院——漳浦天福茶博物院的标志性天壶（蓝智伟 摄）

美丽茶业

漳平市的永福镇，是台商在福建投资茶产业最密集的乡镇之一、中国最大的青心乌龙茶生产基地。如今，在永福镇，每当春天的脚步轻盈而来，高山茶园即焕发出一派生机，茶芽从树梢奋力抽出，挣扎向上，而茶园中粉红的樱花也格外妖娆，如丝带般装点着茶山。坐上小火车观茶赏樱，满目红颜绿波，别有一番情趣。每年逾 50 万人次在此接受一番茶业美学的洗礼，为当地创收超 1 亿元。而这一切，始于一个台湾茶人：谢东庆。

谢东庆是台湾彰化人，是第一个到永福镇种植台湾高山茶的台农。台湾的青心乌龙茶最适合在海拔高、纬度低的地方种植，永福镇正好具备了这样的地理条件。于是面积近 600 亩的台品高山茶场诞生了。1997年 1 月 20 日，谢东庆在永福镇种下了第一棵高山茶苗。在永福镇产出的高山茶品质究竟怎样？谢东庆拿回台湾评审，结果显示，茶叶品质可完全媲美台湾原产地的茶。于是，谢东庆信心更足了，一方面进一步扩大种植规模，加大基础设施投入力度，蓄水池、喷灌设备、排水沟、茶山道路硬化、休闲栈道及护坡改造和种植绿化树等一一上马；另一方面又建设标准化茶厂。

在谢东庆的带动下，更多的台湾茶农穿越台湾海峡，在永福镇开山种茶，将 5 万多亩荒山变为美丽农庄。台湾茶人带来了精细的茶园管理经验，融入观光、休闲理念，大大拓展了茶产业链。茶场开发伊始，他们就在茶园道路两旁种下樱花，探索"茶园 + 樱花"模式的休闲农业，使茶园变公园。望着一树树的樱花、一片片的茶园，心随着春光而舞动。后来，其他茶农纷纷效法，不知不觉间，永福镇被誉为"中国最美樱花圣地"。

实际上，一部茶史告诉我们：茶的衍生需要美的哺育与涵养，茶正是在美的熏染下不断褪茧化蝶，成就特有的气质。中国茶业发展的隐形线索就是对美的追求，茶好、水美、器洁、人雅，乃至于每种茶背后的传奇故事等，无一不是茶叶、茶馆、茶具等产业发展的核心竞争力。中国茶业甚至形成了自己完整而独特的审美体系，比如，茶叶、茶树、茶园、茶水、茶器、茶艺、茶缘、茶禅、茶寿的美，往往不著一字，尽得风流。茶产业承载着茶美学，茶产业大发展不容"美"的元素流失。如今，

茶产业的健康发展为茶之美不断增添新的要素，茶园建设、茶乡旅游、茶叶营销传播、茶叶品牌塑造、茶店设计、茶叶制作，乃至不少茶企追逐的资本运作等茶产业新课题都创造了大量美的元素，需要茶人来提炼。台品茶园走观光茶业、精致茶业之路，何尝不是茶业美学的升华？

打造美丽茶产业，福建树立了示范与标杆。

茶行天下

海上商贸的历史上，茶是闽商经营的六大传统商品之一。闽商让人敬佩之处，是其与其他商帮经营理念与思维不同。历史上，闽商经营的产品因为几乎不具有垄断性，所以市场化程度极高，闽商只能竭尽心智向市场索要利润。这就成就了他们冲波踏浪、敢为人先的精神特质与市场化的商业基因。

改革开放以来，晋江凭借发展民营经济创造了"晋江经验"，而安溪人则以茶为抓手，把一个国家级贫困县脱胎换骨成全国经济百强县。他们的经验总结来总结去，根本上还是一条：认识市场，尊重市场，利用市场的力量，激发起人民浩浩荡荡的创造力量。

闽商的发展虽有起落，但永远不会沉沦。闽商行天下演绎的历史沧桑、万里翱翔、气吞山河的豪迈都凝结在中华民族的肌理深处而万古流芳。

"无安不成店，无铁不成市"

新中国成立后，安溪茶叶外销占比高达80%。因为当时茶叶产量低，供不应求矛盾特别突出，加之茶叶又是国家重要的出口物资，属于外贸出口二类商品，所以在计划经济的轨道中，统购包销，统一定价，统一调拨，统一出口，为国家出口创汇。

1952年，中茶公司在西坪设立安溪茶厂，收购加工，以供出口。1956年以后，随着对外贸易的发展，安溪乌龙茶外销市场不断拓展，跳出了东南亚"侨销茶"的圈子。1976年，厦门茶叶进出口公司在福建历史上首次向日本出口乌龙茶，虽只有3吨，但却开辟了一个新市场。如今，中国乌龙茶已遍及世界各地。

◀ 福建省赏樱胜地——漳平市永福镇樱花园（视觉中国 供图）

　　计划经济时期，乌龙茶的出口贸易由国家统一管控，实行配额制度，只有国营外贸企业才允许出口。茶叶收购价是很低的，茶农根本得不到实惠，享誉世界的名茶竟没能带领安溪乡亲们摆脱贫困。安溪县守着金山，却戴着一顶国家级贫困县的帽子。这就是市场扭曲带来的怪胎。

　　1984 年 6 月，国务院批转《商业部关于调整茶叶购销政策和改革流通体制的意见报告》，茶叶流通体制迎来大改革，传统的购销体制出现松动。海外的安溪乡亲李尚大等积极呼吁，给安溪以茶叶出口自主权。

　　1988 年 3 月，福建省对外经济贸易委员会批准安溪县成立"中国土畜产进出口公司福建省茶叶分公司安溪支公司"。这是安溪有史以来首次设立的对外茶叶贸易机构。当年，自营出口的安溪乌龙茶有 20 多吨，

▲ 安溪县感德镇石门尖茶山风光
　（视觉中国 供图）

创汇 7 万美元。安溪茶业的生产力被大大激活了，形成多渠道、多口岸出口的格局，外销市场不断扩大。仅仅过了两年，安溪乌龙茶就销往世界五大洲的 39 个国家和地区。

此后的 20 世纪 90 年代，安溪乌龙茶出口数量持续增长，覆盖地域不断扩大，在国际市场声誉高涨。

新世纪以来，茶叶出口格局更多元化，国有外贸企业、民营企业等齐头并进。以中国土产畜产进出口公司所属的厦门茶叶进出口公司为代表的外贸茶企，以溪源茶厂、兴溪茶厂、安溪茶厂等为代表的安溪茶企，还有大大小小的数十家茶企都在从事乌龙茶出口贸易。

与此同时，安溪人开始单枪匹马走天下，到全国各地推销自产茶。

1989 年 9 月，北京举办中国茶文化周活动，参加者都是一些国营大公司、大茶厂以及国外的客商，偏偏就有位安溪茶农打破常规，自己租了摊位来销售自产茶，充分张扬了血脉中流动的如祖先走街串巷吆喝卖茶那般勤劳、吃苦、勇敢以及与命运抗争的精神。现今估计有十几万安溪人在世界各地开设了数万家茶店，正所谓"无安不成店，无铁不成市"。

人民如水，能汇聚滚滚洪流。一个国家的力量正在于人民的觉悟，只有当人民知道一切，能判断一切，并自觉地从事一切的时候，才可谓"以人民为中心"，国家才有力量。

开拓海外市场，安溪茶人不拘一格，拿出祖先当年下南洋的勇气，四面出击。昔日的荣光与苦涩，此时正化作一股力量，企业的力量、政府的力量汇聚到一起，形成思想的集束效应，澎湃昂扬而行天下。

2012 年，安溪铁观音同业公会旗下的八马、华祥苑、中闽魏氏、坪山、三和这 5 家茶企，组团在法国巴黎开设安溪铁观音欧洲市场营销中心，开启了东西茶酒的对话先河。"一带一路"倡议发出后，安溪茶业通过线上线下结合、国内国外联动的营销模式，鼓励茶企抱团，数十家安溪著名茶企以海外设立分公司、办事处或营销处等不同方式，昂扬阔步走向世界。

早在 2009 年，安溪铁观音就与法国葡萄酒展开了一场"茶酒对话"，引发了安溪县对于建设茶庄园的思考。2010 年 6 月，安溪组团穿越意大利、法国葡萄酒主要产区与产业基地，学习欧洲葡萄酒在地理标志产品保护、行业自律、质量分级管理、流通管制和品牌锻造等方面的成功经验，然后结合安溪特色开始建造自己的茶庄园。庄园与茶园，虽只是一字之差，但两者从理念到内涵却完全不同。庄园涵盖种植、加工、旅游、茶文化展示等全产业链内容，是对资源集聚化、生产规模化、经营多元化、管理现代化等经营组织模式进行升级的一种组织形式。

2014 年 4 月，习近平主席在比利时布鲁日欧洲学院演讲时，以茶与酒作比："中国是东方文明的重要代表，欧洲则是西方文明的发祥地。正如中国人喜欢茶而比利时人喜爱啤酒一样，茶的含蓄内敛和酒的热烈奔放代表了品味生命、解读世界的不同方式。但是，茶和酒并不是不可兼容的，既可以酒逢知己千杯少，也可以品茶品味品人生。"习近平主席的讲话，似乎是对安溪茶人"先行先试"、展开茶酒对话的肯定，更是给安溪茶人以精神上的激励。政府、茶企、协会思想高度统一，一致行动，凝成合力，开拓海外市场捷报频传，令业界敬佩有加。

天下"三安"（在中国产茶县中具有标杆意义的福建安溪、浙江安吉、湖南安化），安溪为其一。然而，这是外人眼里的安溪，并不是安溪茶人的眼光与胸怀。"无安不成店，无铁不成市"是茶市、茶人、茶客的口头禅，然而安溪茶人的"店"是天下之店，"市"是天下之市。安溪茶人也如同他们的老祖宗一样，安溪茶业也如他们的传统一样，一抬头就看到了整个世界。在国内当领头羊，那不是安溪茶业的目标。泛舟国际商海，四海翻腾，五洲震荡，让安溪铁观音成为世界级品牌，才不辜负先贤馈赠的金字招牌，不辜负中国茶业的好时代。

2022 年 5 月 20 日，"安溪铁观音茶文化系统"被联合国粮食及农业组织认定为"全球重要农业文化遗产"。这是对铁观音茶文化认知的飞跃，也是一座富含多种元素的绿色金矿。也许不同以往的是，这次，全世界人民都在关注，安溪人迈出的每一步都具有世界意义。

认准"这匹马"

东南亚国家和日本是安溪铁观音海外出口的重要地区。从 2011 年开始，八马茶业就先行先试，开启新一轮全球化战略，从海上丝路重要节点泉州起航，以安溪铁观音著名单品"赛珍珠"展开全球巡回品鉴会，跨越市界、省界、国界，从古城泉州到郑州，从北京到香港，再到悉尼、东京、纽约、巴拿马，目前已历 25 个国家和地区。

茶叶走出去，不是简单地把茶销往国外，用当事人的话说，每一步都像是在闯关晋级。海外客户选定产品之后，八马茶业要先寄送一部分茶样。寄送的这些茶样则会被送往客户所在国指定的检验机构进行检测，只有完全符合标准之后，客户才会下单。生产过程中以及成品完成后还要再次检测。接下来是双方共同对茶叶产品进行评定，唯有茶叶产品满足双方的各项指标，方能安排装运。至于报关与报检，这是国家进出口检验检疫局的一项抽检，对于符合国家质量标准规定的茶叶，才会准予放行。由于各国或多或少都存在贸易壁垒，因此在到达目的进行卸货之前，还会由目标国再检验一次。

显然，这个关，那个关，归根结底是茶叶质量关。在生产中，八马茶业自设"关卡"，于 2002 年在全国最早推行茶叶可追溯体系。八马茶

▲ 八马茶业品牌标识

安 溪 铁 观 音 开 茶 节

八马茶业
国事用茶
更受欢迎

安溪铁观音开茶节

认准这匹马
好茶喝八马

▲ 凭借优质的产品与服务，八马茶业多次为重大外事活动提供茶叙服务（八马茶业供图）

业从源头抓起，从培训开始，从管住农药使用入手，拉网式检查和监管所有的茶园基地，建立了一整套无缝隙的安全性管理关卡：生产有记录，信息可查询，流向可追踪，责任可追究，产品可召回。

具体来说，在八马茶业，每一个生产环节都有详细的记录，每个环节都有对应的负责人可以查询。无论产品出了什么问题都能在第一时间内找到症结所在，并迅速解决，这就是八马茶业的"茶叶质量安全全程追溯系统"。只有从茶园、工厂、体验店，再到品种、种植、采摘、初制、精制、包装、营销、仓储物流等全程监控，才有了从茶园到茶杯的放心茶。目前，八马茶业已经打造出"茶园智慧化、加工智能化、管理信息化、营销品牌化"的非常完整的经营体系。

"让中国茶更简单"是八马茶业提出的新理念；"放眼世界，打造优秀民族品牌"是八马茶业的愿景。这对中国茶业而言，同样具有标杆意义。

让福州茉莉花茶香飘世界

2013 年，习近平主席分别在哈萨克斯坦和印度尼西亚发出共建"丝绸之路经济带"和"21 世纪海上丝绸之路"的倡议。这对中国来说是一个新起点，同时，这也是全球一体化进程中中国方案的卷首语。

福建是 21 世纪海上丝绸之路核心区。千百年来，福建先民"以海波为阡陌，依帆樯为耒耜"，血脉偾张、激亢勇敢地走向海洋的怀抱，在海洋上寻求与其他文明最美丽的邂逅、最深层次的交汇、最激烈无比的碰撞。福建茶从历史深处走来，又从丝路上走出去。若我们仔细观察，定然会发现，福建茶从来就没有离开过丝路，就像福建从来没有离开过海洋一样。福建茶人的身影一直活跃在丝路大道上，若丝路上没有福建茶香，将寡淡无味。

历史上，福建因茶而被世界认知；而今，福建茶带着力量与自信在世界上流转着。2005 年，中国加入国际茶叶委员会。"闽茶海丝行"，福建茶人又一次敢为天下先。以"丝路帆远，茶香五洲"为主题的大型福建茶产业茶文化推广活动，福建茶人以茶为媒，以茶觅商，以茶传道，全方位推进与海丝沿线国家的茶叶经贸与茶文化交流合作。

想当年，国力衰弱时，手里的那杯茶是苦涩的，而国力强盛后，茶该怎么喝，其实更有学问。总部在福州的福建春伦集团董事长傅天龙说，他每每看到中国出口的低级茶原料，在国际市场上以极低廉的价格，作为国外产品的配料，心就如针刺一般，痛得仿若是在卖血。是的，在几百年的中外茶叶贸易史上，中国大多数情况下是在出口初级原料，出卖劳动力，而我们对此浑然不觉。如今，充斥在国际市场上的那些低下等的茶末怎么能代表中国茶呢？

自 1985 年就赓续祖业的孪生兄弟傅天龙与傅天甫，立志以复兴福州茉莉花茶产业为己任，怀揣着让中国茶及茶文化走向世界的强烈的使命感。2012 年，傅天龙参加欧盟茶叶年会，全程听取了各国茶叶专家及茶叶厂商的交流与讨论。此行，傅天龙受到前所未有的震撼，并坦言此生难忘。那天是 5 月 3 日，600 多人的鸡尾酒会自始至终有条不紊地举行着，没有人提前离席，没有人心猿意马。那次议程的最后一项，就是福州茉莉花茶的惊艳亮相。从许多来宾品饮后的表情看，那可能是他们一生中尝到的最好的茶。

　　2013年，福建春伦集团开启了"走出去"的步伐。首站是美国西雅图。虽然当时在西雅图成立了茶叶公司，但受限于国外既有的中国茶形象窠臼，再加上运作经验不足，对市场把握不准，不够专业，福建春伦集团并未能一炮打响。对此，福建春伦集团并不气馁，请国外茶叶专家来中国实地考察，让他们到茶园走走看看，在茶厂体验一片茶青是怎么魔术般变为一杯馥郁的茉莉花茶的。中国之行彻底征服了外国茶专家，他们回国后立即发表了中国茉莉花茶的文章，极力推崇茉莉花茶，以所见所闻证实了福州的茉莉花茶是一种高品质的饮品。

　　国际市场上，服饰、珠宝、腕表有顶级品牌，茶业同样应有顶级品牌，川宁、泰舒茶、共和国茶、立顿等已经示范在先了，那作为茶叶原产地的中国怎么就不能有顶尖品牌，怎么就不能有世界一流的茶企？万里茶道上的"川"字牌，不就曾深深烙在俄国人的印记中吗？

　　2015年，福建春伦集团将目光对准了欧洲国家中的英国、法国和德国。鉴于要在欧洲最有影响力的国家站稳脚跟，并能辐射至整个欧罗巴大陆，最终，福建春伦集团选择了法国。因为法国追求高品质，被誉为"奢侈品王国"，这与福建春伦集团的初衷是契合的。福建春伦集团始终坚信茉莉花香的魅力，坚信自己的茶叶是世界顶级的。法国是个浪

漫的国度，法国人天生就对香气非常敏感，茉莉花香是他们所喜欢的香，能够引起他们的共鸣。再者，法国一直是欧洲时尚的前沿阵地，福建春伦集团希望以法国为起点，带动整个欧洲的风潮。2016 年 5 月 18 日，福建春伦集团在法国巴黎白宫饭店召开新闻发布会，宣布福建春伦集团法国分公司成立，并正式进军法国市场。此后，春伦进驻香榭丽舍大街一家米其林三星餐厅和巴黎雅典娜酒店等，将茉莉花茶推荐给顾客，使福州茉莉花茶融入法国的美食中，终受到顾客的好评。春伦还在法国每年策划一次推广会，邀请法国主要奢侈品品牌的经营者参与，向他们展示春伦产品的个性化魅力与中国茶文化的博大精深，也让他们感受茉莉花茶与各自品牌的契合点。

目前，福建春伦集团法国分公司已将春伦茶品销往摩洛哥、卡塔尔等阿拉伯国家以及瑞士等地。

2022 年，福建春伦集团在日本开设"福茶驿站"。"福茶驿站"是2022 年 5 月由福建省侨联发起，以"福润五洲，茶和天下"为主题的全球公益性文化交流平台。该平台以"侨"为桥，以茶为媒，开展茶文化交流活动，让海外人士品福建茶，知福建茶，爱上福建茶。

▼ 福建春伦集团生态茉莉花园
　（福建春伦集团 供图）

何止于兴，相期以强

千百年来，茶以草木之微承载着中国与世界的对白，曾是中国最接近世界的商品，最先感知国际市场的风云变幻。茶叶是纤小嫩弱的，韬曜含光而不张扬的，至清至洁的。茶也是寄情的，修行的，言志的。虽然历史的时空没有留下茶香的痕迹，但谁都感受到了茶香拂面而过。虽然茶叶的物理形态消失了，但文化与精神深深地沉淀进中国人的血脉，产生了强大的辐射力、穿透力和影响力。

国运衰则茶业亡，国运盛则茶业兴。昔日国门洞开后群狼环伺的时代已远去了。岁月更迭，中国正重返世界舞台的中央。先贤黄儒有言："因念草木之材，一有负瑰玮绝特者，未尝不遇时而后兴，况于人乎！"现在，我们迎来了茶业大发展最好的时代。经济总量、技术设备、科研水准、产业升级、资本力量、广阔市场、文化自信，以及茶史上最美好的茶政时代，可以说，一个都不缺。

中国茶业何止于兴，当相期以强！

新中国茶业数十年的发展史，可谓是一场工业化与商业化的启蒙与洗礼。中国茶业规模早已重返世界之巅，不过，当今茶业生产方式中"大国小农"的特征还很明显，大量存在"散、乱、杂、小"现象，劳动力、土地等资源利用程度以及生态环境承载量等又遇到临界点，茶业现代化还在由追求数量、粗放经营向追求质量、提升效益转型的路上，强大茶产业还任重道远。

问题归问题，好在中国茶产业正朝着高质量发展之路前行，而且既符合产业发展规律，又富有中国传统底蕴。布罗代尔说："茶在中国与葡萄在地中海沿岸起的作用相同，凝聚着高度发达的文明。这两种植物都有自己的疆域，它们的起源古老，栽培技术逐渐改进，臻于完善。"中国茶与域外茶是不一样的，中国茶历史悠久、资源丰富、品类繁多，且各有千秋，每一款名茶都是数百年制作技术升级、文化传承的结果，孕育着原住民的农业方式。传统耕作方式不是落后，恰恰是先进与强大。中国的土地利用、劳动力供给、茶业传统决定了中国茶产业的强大必须走自己的路，也一定能走出一条中国特色的产业强、企业强的发展之路。

武夷山的不少茶人，一生穿越在坑、涧、窠、岩，对沟壑边的每一株茶树都烂熟于心。他们在采茶的同时整理名丛，移植嫁接，皓首穷经。他们似乎与大山早有一个默契：焙出人间至味，走做精致茶之路。武夷山的武夷星茶业有限公司，依托自身科技实力，把坑、涧、窝、窠、岗、洞、岩等不同山场茶标准细化，打造出山场茶标准，解决了数百年来困扰生产者与消费者的产品标准化、稳定化、规模化问题，彰显出把优质资源转化为效益的能力。武夷星茶业有限公司的茶树种质资源圃达 40 亩，为全国规模最大；武夷星茶业有限公司多年来的武夷岩茶市场占有率第一；武夷星茶业有限公司以"中国茶行业旗帜性企业"为发展愿景，是中国茶行业第一个获得"全国质量标杆"的企业。

福鼎的品品香茶业有限公司多年来运用现代茶业产业化联合体的经营模式，组织茶农按照标准种茶，把分散的茶农聚集起来，每年发放白茶防病虫害生物制剂及有机肥料，定期组织茶农进行培训，从源头改变茶农思想，让茶农真正可以通过"一片叶子"改变命运。公司不懈追求技术创新，更强化技术转化及应用，一举突破了传统白茶制作靠天吃饭的困局，大大提高了白茶生产效率。其"花香白牡丹茶及其加工工艺"解决了普通白茶外形不够美观、香气淡薄、滋味醇和度不足等问题；"白茶自动萎凋方法及其装置"采用除湿供热、循环利用、温湿度自动调控

▼ 武夷星种质资源圃（武夷星茶业 供图）

技术，以电代煤，大大节约了人工成本；研制出 LED 光源萎凋复合式白茶自动化生产线，填补了 LED 应用在茶叶初制加工中的空白，把合适的阳光、温湿度的室外环境搬到室内。这项技术在茶企中广泛应用，提升了全行业的标准化、智能化生产水平，推动了白茶产业的持续繁荣。

福州茉莉花与茶文化系统、安溪铁观音茶文化系统等已入选全球重要农业文化遗产名录，我相信，今后还会有更多的茶文化项目登顶农业文化遗产殿堂。这既是个巨大的荣耀，也为茶业跃升打开新的思维空间与价值空间。比如，人们可以深耕农业生产系统，可以做个文化与技术传承者，可以在人与自然协调的生态综合化中激发出新业态，为茶史勾画出新的坐标。

中国茶业的业态必将是多层次的，终将产生产品卓越、品牌卓著、创新领先、治理现代化的世界一流茶企，同时也还会存在大量具有竞争力的中小茶企，以及钟情于传统制茶技艺的传承人。

历史上，中国茶叶种植区域最大，品种最多，历史文化背景最深厚，尽管中国茶人亲阅沧海，履历巫山，但因为他们没有掌握茶界的"世界语言"，在创造茶规则方面能力屡弱，所以即便他们辛苦种茶、制茶、卖茶，却依旧摆脱不了"陶者"与"蚕妇"的命运，依旧只是茶人，反而是域外的一些人倒感觉很好似的。英国历史学家马克曼·埃利斯等著的《茶叶帝国》开篇即炫耀道，茶这种"大批量的农产品让英国人成为现代公民，成为世界公民"。而今，中国已经融入世界经济体系，经历了现代化的洗礼，经济实力已经强大，这些都为中国茶文化的现代化提供了强大的支撑，为中国茶发挥引领作用、中国茶人创造规则提供了保障，也将为人类开拓出新的茶业生产方式与生活方式，并贡献中国茶人无与伦比的智慧。

中国茶业的千年标杆，是给福建茶的身份证。习近平总书记所言的"茶文化、茶产业、茶科技"统筹发展，无疑是为福建茶业下达了新的先行指令。

历史上，中国茶对世界做出了独一无二的贡献。而今，中国作为世界上最大的茶叶生产国和消费国，与世界各国共同推动全球茶产业持续健康发展、茶文化深度交融，造福人类社会。

◀ 品品香管阳河山高山生态茶园（品品香茶业 供图）

▲ 世界红茶的发源地——武夷山市星村镇桐木村（视觉中国 供图）

　　千百年来，评价福建茶业者，遣词造句时均有个特点，即一点不再含蓄，而是直接果敢，恣意渲染，先是惯用"最""极""绝""第一"，后又喜用"开新纪元""独"之类的字词，如"白茶为福建独有"。乌龙茶、红茶、茉莉花茶、白茶源于福建，在流播埠外之前，妥妥的是福建独有。

　　我探赜索隐，穷理致知，因袭谢在杭先生"无一议不心自计策"的研学态度，融会前贤思想精华，为茶业立言：福建是中国茶业的标杆。于是，我写了这本《茶坐标——标杆千年福建茶》。不知身为读者的你们听闻后是什么感觉。赞同也好，反对也罢，不过相信你们一定体触到了福建茶业的优越感，甚至正享受着福建茶业释放出的种种红利。

　　标杆定位了高度，也指明了方向，因此，每一个标杆都值得敬畏。茶史告诉我们，敬畏的最好方式就是超越。陆羽《茶经》是茶业史上最伟大的标杆，但很快就有了《补茶经》《续茶经》等。

　　对于福建茶业生生不息的秘诀，前贤垂范，今人克绍箕裘，诸如时下福建茶业正打造品牌，走向世界，"三茶"统筹发展先行先试。

　　《茶坐标——标杆千年福建茶》只是提供了一个认知福建茶业的视角，还装不下福建茶业的千年积淀。前贤的创新创造，还须有更深层次的表达，需要一本厚重的《福建茶业通史》。在中国，福建的植茶历史不是特别长，福建的植茶面积也不是特别大，但福建的茶树品种是最多的，福建的茶叶色彩是最斑斓绚丽的，福建的茶叶香气是最富有层次的，福建的茶汤滋味是最醇厚的。于兹迄今，福建茶产业是高质量发展的，是故我们不宜再零零星星地解读、各自为政地解说、令人难以信服地解释。认知中国茶乃至于世界茶，须建立一个坐标系，福建正是这个坐标系的原点。而这个原点，也只能是福建。

纵使《茶坐标——标杆千年福建茶》收笔了，可仍有大量福建前贤创新创造的智慧结晶静卧在档案馆、博物馆、图书馆以及其他各类机构中，我希望与同好者们继续耙梳。在此，感谢茶界同道者杨江帆、刘宏伟、陈荣生、吴雅真、叶乃兴、郑廼辉、李远华、陈强、王顺明、危赛明、王东铭、林霄、傅天龙、魏文生、田斌、谢寿桂、谢付亮、张斌、赖晓东、林琴琴、陈奕甫、叶国盛、刘斌、洪植锦、欧阳芬，以及海内外学者水海刚、刘成虎、须贺努、秋宓等，提供了学术支持和文献资料。感谢福建画报社社长、总编辑黄伟岸以及图书编辑们的全力帮助。由于时间仓促、能力有限，不妥之处在所难免，敬请各位方家批评指正。

与诸位因茶结缘，那就让我们一起感谢茶，致敬茶吧！

金稿
于癸卯年春风啜茗时

图书在版编目（CIP）数据

茶坐标：标杆千年福建茶 / 金穑著 . —福州：海峡书局，2023.11
ISBN 978-7-5567-1032-4

Ⅰ.①茶… Ⅱ.①金… Ⅲ.①茶业－产业发展－研究－福建 Ⅳ.① F326.12

中国版本图书馆 CIP 数据核字（2022）第 247199 号

出 版 人：黄伟岸
监　　制：薛瑜婷
责任编辑：高莹莹
装帧设计：林　笃
图片后期：林谷垚
英文翻译：马经标
英文审校：庄郁军　陈伟荣
包封绘图：池志海

茶坐标——标杆千年福建茶
CHA ZUOBIAO——BIAOGAN QIANNIAN FUJIAN CHA
金　穑 / 著

出版发行：海峡书局
地　　址：福州市白马中路 15 号
邮政编码：350004
经　　销：福建新华发行（集团）有限责任公司
印　　刷：福建建本文化产业股份有限公司
地　　址：福州市仓山区建新镇红江路 6 号金山工业集中区浦上工业园 C 区 17 号楼 3 层
开　　本：787 毫米 ×1092 毫米　1/16
印　　张：23
插　　页：10
字　　数：528 千字
版　　次：2023 年 11 月第 1 版
印　　次：2023 年 11 月第 1 次印刷
定　　价：218.00 元

国际书号：ISBN 978-7-5567-1032-4
审 图 号：闽 S〔2023〕260 号

如有印、装质量问题，影响阅读，请联系福建画报社调换。
联系电话：0591-87538749

八闽之境，世界共茗。